本书受以下项目资助

广州市科技计划项目"广州市重大经济活动知识产权评议制度研究"（项目编号：201709020023）

广东省哲学社会科学规划项目"广东传统工艺知识产权保护现状调研及问题分析"（项目编号：GD16DL09）

国家教育部人文社科规划基金项目"我国知识产权质押融资实证研究"（项目编号：10YJA820085）

中国
知识产权质押融资
实证分析与研究

ZHONGGUO
ZHISHICHANQUAN ZHIYA RONGZI
SHIZHENG FENXI YU YANJIU

丘志乔　著

知识产权出版社

全国百佳图书出版单位

图书在版编目（CIP）数据

中国知识产权质押融资实证分析与研究／丘志乔著 . —北京：知识产权出版社，2018.6

ISBN 978－7－5130－5646－5

Ⅰ.①中… Ⅱ.①丘… Ⅲ.①知识产权—抵押—融资—模式—研究 Ⅳ.①F830.45

中国版本图书馆 CIP 数据核字（2018）第 136842 号

责任编辑：雷春丽　　　　　　　　　　　责任印制：刘译文

封面设计：SUN 工作室　韩建文

中国知识产权质押融资实证分析与研究

丘志乔　著

出版发行：	知识产权出版社 有限责任公司	网　址：	http：//www.ipph.cn
社　址：	北京市海淀区气象路 50 号院	邮　编：	100081
责编电话：	010－82000860 转 8004	责编邮箱：	leichunli@cnipr.com
发行电话：	010－82000860 转 8101/8102	发行传真：	010－82000893/82005070/82000270
印　刷：	北京虎彩文化传播有限公司	经　销：	各大网上书店、新华书店及相关专业书店
开　本：	720mm×1000mm　1/16	印　张：	20
版　次：	2018 年 6 月第 1 版	印　次：	2019 年 7 月第 2 次印刷
字　数：	296 千字	定　价：	78.00 元

ISBN 978－7－5130－5646－5

前　言

　　知识产权质押融资，顾名思义，是指企业或个人以合法拥有的专利权、商标权、著作权中的财产权等知识产权经依法评估后作为质押物，向银行申请融资。2008～2017 年年底，国家知识产权局已在全国 29 个地区开展知识产权质押融资试点工作；其中，2017 年，专利质押融资总额 720 亿元，同比增长 65%；质押项目数 4177 个，同比增长 60%。① 2016 年，我国商标办理质权登记申请 1410 件，同比增长 20%，帮助企业融资 649.9 亿元，同比增长 90%。著作权质权登记 327 件。② 令人欣喜的还有我国的知识产权数量持续快速增长：2017 年，我国发明专利申请量为 138.2 万件，同比增长 14.2%。共授权发明专利 42.0 万件，其中，国内发明专利授权 32.7 万件，同比增长 8.2%。共受理 PCT 国际专利申请 5.1 万件，同比增长 12.5%。其中，4.8 万件来自国内，同比增长 12.5%。③ 2017 年，全国商标注册申请量 590.16 万件，同比增长 54.96%，呈现大幅度增长的趋势，我国的商标注册年申请量连续 16 年居世界第一位。④ 2017 年，全国著作权登记总量达 2 747 652 件，其中，作品登记 2 001 966 件、计算机软件著作权登记 745 387 件、著作权质权登记 299 件，相比 2016 年的 2 007 698 件，同比增长 36.86%。⑤ 2017 年 4

①　国家知识产权局. 知识产权局举行 2017 年主要工作统计数据及有关情况发布会 [OL] [2018 - 01 - 18]. http://www.scio.gov.cn/xwfbh/gbwxwfbh/xwfbh/zscqj/Document/1617672/1617672.htm.

②　知识产权行业发展与投融资报告（2016 - 2017）[OL] [2018 - 05 - 13]. http://app.myzaker.com/news/article.php? pk = 5a31d8a41bc8e01532000017.

③　国家知识产权局. 知识产权局举行 2017 年主要工作统计数据及有关情况发布会 [OL] [2018 - 01 - 18]. http://www.scio.gov.cn/xwfbh/gbwxwfbh/xwfbh/zscqj/Document/1617672/1617672.htm.

④　中国政府网工商总局公布 2017 年度商标申请与注册数量 [OL] [2018 - 05 - 13]. http://www.gov.cn/xinwen/2018 - 02/24/content_ 5268386.htm.

⑤　国家版权局办公厅关于 2017 年全国著作权登记情况的通报. 国版办发〔2018〕3 号.

月，中国农业新闻网报道，截至 2016 年年底，我国农业植物新品种权总申请量超过 1.8 万件，总授权量超过 8 000 件。① 截至 2017 年年底，国家林业局已受理国内外植物新品种申请 2 811 件，授予植物新品种权 1358 件。②

与此同时，与前述成绩形成鲜明对比且令国人忧虑的事实是：第一，2017 年，专利质押项目数 4 177 项，占当年国内发明专利授权 32.7 万件的 1.24%。第二，据公开文献，2014 年，全年专利权质押融资惠及 1850 家中小微企业，③ 目前中小微企业数约 110 万家，当年受惠企业数占比为 0.168%。④

国家出台知识产权质押融资的政策，旨在通过发挥知识产权的交换价值，解决科技型中小企业融资难的问题。新闻媒体等对此普遍持欢迎和支持态度；银行金融机构的反应则相对不那么强烈，融资主体科技型中小企业仍然面临融资难题。大多科技型中小企业认为，知识产权质押融资可望而不可即；银行对知识产权质押融资尚未普遍愿意接受。⑤ 与此同时，知识产权质押融资也面临知识产权价值评估难、风险管控难以及质物处置难的现实困境，这是重大的现实课题，亟待理论界和实务界切实回应，并深入研究和有效解决。

---

① 中国农业新闻网. 我国农业植物新品种权总授权量超 8000 件 [OL] [2018 - 05 - 13]. http：//www.farmer. com. cn/jjpd/hyyw/201704/t20170413_ 1289636. htm.

② 中国园林网. 1999 - 2017 年林业植物新品种统计分析报告 [OL] [2018 - 05 - 13]. http：//news. yuanlin. com/detail/201854/264888. htm.

③ 中国高新技术产业导报. 我国 2014 年专利权质押金额达 489 亿元 [N]. 中国高新技术产业导报，2015 - 01 - 13.

④ 依据专利质押项目总数与有效专利总量的比值，以及专利质押项目总数简化为专利质押企业总数与中小企业总数的比值计算.

⑤ 丘志乔. 我国知识产权质押融资保障体系的构建 [J]. 金融与经济，2011 (9)：18.

目 录 Contents

第一章
绪　论

本书直面现实，对我国知识产权质押融资试点开展实证分析与理论研究。

第一节　研究价值

一、理论意义

知识产权质押融资是一个世界性的新课题。美、日等发达国家，开展此项业务最早分别是 20 世纪 70 年代中期、90 年代中期。在我国，近年来开展的知识产权质押融资工作，对政府、银行、企业等而言，都是一个创新的领域。与此相关的法律如知识产权法、物权法、合同法等，有必要进行系统的衔接与契合。对知识产权质押融资的实践进行实证研究，可以检视现行制度的合理性与周延与否，为加强和深化知识产权与质押担保法律制度的融合提出理论研究的问题并指明方向。具体表现在以下几个方面。

（1）深化对知识产权质押融资立法完善的理论研究。包括立法的价值、立法模式的选择、知识产权质押的标的、知识产权质押的设立、知识产权质押的效力、知识产权质押融资保障制度的建构与完善等。

（2）深化对知识产权质押合同的理论研究。包括合同的成立与生效、出质人和质权人的权利与义务、合同的履行、质权的实现、质物的处置、风险的分担、违约责任等。

（3）深化对知识产权价值评估的理论研究。包括价值评估的理论依据，现行价值评估方法的优点与缺点，价值评估体系的科学建构的目标、原则与内容，价值评估体系的效果研究等。

二、应用价值

本书面向现在的问题，以期研究成果能直接应用，从而实现经济效益和社会效益。

（1）为知识产权实现"转变经济发展方式"的重要作用提供鲜活的实践范例。

（2）为知识产权质押融资在全国的进一步推广提供可行的建议和方案。

（3）为企业有效解决知识产权质押融资难题提供方向和操作指引。为银行等金融机构提供金融创新和业务拓展的思路。

第二节　拟解决的问题

一、调查研究我国知识产权质押融资状况

（一）调查与分析知识产权质押融资的态度、倾向性

态度决定行为，调查政府部门、企业、银行、中介、市民，尤其是调研参与试点工作的政府、企业、银行、中介的态度。

（二）调查与分析知识产权质押融资总体情况

主要对融资企业名称或所在行业、融资银行、知识产权类型、知识产权评估价值、融资金额、融资时间、融资期限等进行调查与分析，侧重知识产权价值评估方法及其效果。

（三）调查与分析知识产权质押融资模式

主要对模式类型、构成要素、实施时间、实施情况、实施效果、影响因素、改进措施、优化方式、推广应用等进行调查与分析，侧重调研模式的成效、问题、原因、措施。

（四）调查与分析知识产权质押融资典型个案

主要对融资企业名称、所在行业、融资银行、知识产权类型、知识产权评估价值、融资金额、融资时间、融资期限、合同履行情况、政府部门的作用、中介机构的作用、实施的情况、实施效果、影响因素等进行调查与分析，侧重调研政府、中介的作用。

（五）调查与分析知识产权质押融资程序

主要对知识产权评估、银行审批、意向书签订、知识产权质押登记、合同拟订、合同签订、银行放款、质权的处置等进行调查与分析，侧重调研风险控制措施及其效果。

（六）调查与分析知识产权质押融资环境

主要对相关法律规范、企业的知识产权状态、融资银行的业务准备情况；知识产权价值评估体系和方法、知识产权管理系统、中介服务机构、融资风险分散渠道、融资主体的意愿状况、知识产权交易市场情况，知识产权价值变现方式等进行调查与分析，侧重调研相关措施的内容及其效果。

二、与知识产权质押融资相关的理论研究

（一）知识产权质押合同的理论研究

研究合同的成立与生效、出质人和质权人的权利与义务、合同的履行、质权的实现、质物的处置、风险的分担、违约责任等。

（二）知识产权质押融资保障体系的构建

研究构建保障体系的必要性与可行性论证，构建保障体系的目标与原则，保障体系的组成部分，保障体系的建设、充实与完善、保障评估体系的效果等。

（三）知识产权质押融资制度的立法完善

研究立法的价值、立法模式的选择、知识产权质押的标的、知识产权质押的设立和效力、知识产权质押融资保障制度的建构与完善等。

（四）知识产权质押融资的困境与出路

研究知识产权质押融资面临的主要问题、问题的表现形式、问题产生的原因，现行相关法律制度的缺失与不足、法律制度破解困境的对策与具体方案等。

三、我国知识产权质押融资具体模式与典型个案分析

（一）知识产权质押融资具体模式分析

我国的知识产权质押融资试点工作，在实践探索的基础上，形成了以下几种典型模式：一是政府指导下的间接模式。以北京海淀区为代表，简称"北京模式"。二是完全市场化的直接模式。以上海浦东、天津、江苏镇江等为代表，尤其是上海浦东的实践，内容、形式、措施、成效等突出，简称"浦东模式"。三是直接模式 + 间接模式的混合模式。以湖北武汉、江西南昌等为代表，简称"武汉模式"①。四是直接模式 + 间接模式的优化模式。如广东的南海、广州、东莞等，简称"广东模式"。最早实践摸索这一组合模式的是第一批试点中的广东南海，随后逐渐推广至广州、东莞等试点城市，之后拓展至广东非国家试点地区如深圳、珠海、顺德等应用实践。② 与之有所不同，湖北武汉等地的混合模式，则是一种组合式的模式，既有直接模式，又有间接模式，称之为"武汉模式"。此外，试点城市如天津、成都也摸索出具有自身特色的天津模式、成都模式。本书拟重点分析前述四种典型的质押融资模式，包括模式类型、构成要素、实施成效、推广应用等，侧重分析融资模式的构成、成效、推广等。

（二）知识产权质押融资典型个案分析

前述几种典型的知识产权质押融资模式的形成与实践应用，是在融资企业、融资银行、政府部门、中介机构等同心协力、相互协作的过程中产生、

---

① 欧晓文. 科技型中小企业知识产权质押融资模式探究——基于北京、上海浦东、武汉模式的比较 [J]. 现代产业经济，2013（7）：60 - 64.

② 丘志乔. 广东知识产权质押融资模式探析 [J]. 广东工业大学学报（社会科学版），2011（3）：6 - 10.

发展、丰富与完善的。鉴于融资企业，尤其是科技型中小企业，如何帮助其有效解决资金瓶颈问题，或者说融资难问题，是国家知识产权局部署知识产权质押融资试点工作的政策出发点和根本目的，且与融资企业同为融资主体的融资银行，是发放贷款的重要主体，攸关具体的某一项融资个案业务的成功。本书侧重从融资银行、融资企业为研究对象入手，通过所设计和制定的结构化观察表分析工具，对典型的知识产权质押融资个案进行分析，内容包括融资银行名称，融资企业名称、性质、团队、声誉、产品、装备、未来，知识产权质押物，融资金额、过程、成效、后续进展以及经验小结等。包括对广东南海即"广东模式"中典型案例——佛山市勤联医疗器械有限公司专利质押融资案例、"北京模式"中典型案例——交通银行北京分行"展业通"知识产权质押融资案例、"上海模式"中典型案例——浦东新区"科技发展基金"知识产权质押融资案例等进行分析。

四、我国知识产权质押融资存在的问题及成因

我国知识产权质押融资试点工作取得积极成效，毋庸置疑；与此同时，毋庸讳言，亦遭遇现实困境，存在亟待解决的现实难题，主要包括评估难、风险高、质物处置难、质权变现难等。[①] 现实困境及其主要表现如下：难题一，知识产权评估难。知识产权的价值不易确定，无统一的知识产权评估规则，欠缺权威评估机构等。难题二，质权登记程序繁杂。知识产权质权登记机关分散，若以两项以上知识产权质押，需多机关登记等。难题三，知识产权质押风险高。面临法律风险、市场风险、道德风险、贬值风险等风险。难题四，知识产权质权实现难。知识产权质物处置难，知识产权交易市场不发达等。难题五，科技型中小企融资难。资金瓶颈且普遍无不动产等抵押物；核心资产是专利、注册商标或软件版权等知识产权。难题六，商业银行贷款门槛高。不轻易对中小企业放贷，对知识产权质押融资新型方式普遍不接受等。

国学大师钱穆先生的至理名言指出：一切问题，由文化问题产生。一切问题，由文化问题解决。[②] 法律领域的问题也正是如此，由文化问题产生，

① 丘志乔. 知识产权质押保障体系的构建 [J]. 金融与经济，2011（9）：20.
② 钱穆. 文化学大义 [M]. 台北：中正书局，1981：3.

也将由文化去解决。因此，对于知识产权质押融资的现实难题，以法律文化的视角进行分析研究和探寻解决，是适于采用的研究方法之一。台湾辅仁大学黄源盛教授认为，法律文化略可分为法律规范、法律制度、法律实践、法律意识、法律思想等几大面向。据此五大面向，分析知识产权质押融资面临的上述现实难题，其成因主要为：一是法律意识成因。知识产权意识普遍淡薄，重视有形财产多于无形财产，银行重视资金安全胜于融资方式创新等。二是法律思想成因。偏重知识产权创造多于应用，优先考虑抵押担保，偏重保护债权人多于债务人等。三是法律规范成因。知识产权法律中欠缺知识产权质押的法律规范；担保物权法律中知识产权质押、知识产权质权规定过于原则，实操性不强；商业银行法律规范偏重资本安全等。四是法律制度成因。知识产权法律总论制度尚未有知识产权质权、抵押权、留置权等担保权制度；担保物权法律制度按照物的理念来设计和规定权利质权，不符合权利的本质和特殊性；知识产权质权登记公示制度不健全；新型担保融资有待商业银行法律制度予以立法保护等。五是法律实践成因。知识产权质押融资实践时间不长仍待摸索，社会公众普遍接受知识产权质押融资这一新生事物需要更长时间；创新性融资担保方式的实践亟待普及和推广；知识产权质押融资成本高、质押融资金额不高等。

五、完善我国知识产权质押融资的法律方案

因应知识产权质押融资的现实困境及其成因，完善之道在于解决与完善。

总体思路： 借鉴国外知识产权质押融资有益经验，结合国内实际，在全社会重视宣传和普及推广知识产权质押融资，立法完善现行法律制度与法律规范，健全和建构配套的知识产权质押融资保障体系。

基本原则： 重视知识产权应用原则；结合知识产权特殊性设计知识产权担保制度原则；商业银行等金融机构公平对待中小企业原则。

实现路径： 建构知识产权担保法律制度；借鉴国外知识产权质押融资实践经验；构建我国知识产权质押融资保障体系；建设知识产权法治文化；全面总结我国知识产权质押融资实践经验与深入推广。

方法措施：在全社会营造重视知识产权的氛围和环境，普及和宣传知识产权知识；培育知识产权文化，使人们普遍尊重知识产权，接受知识产权价值；立法完善知识产权质押涉及的知识产权担保制度的实体规范和程序规范，担保之实体规范和程序规范；建立健全知识产权评估、登记公示制度，知识产权交易、保险制度等知识产权质押融资保障体系；全面总结国内实践经验，发挥政府、银行、中小企、中介、公众的积极作用，实现多元联动，支持国家此项创新实践深入推广。

第三节　研究方法

从法学、经济学、统计学、金融学多个学科视角，综合知识产权法、物权法、合同法、经济法、行政法等多个部门法律进行研究。采用调查问卷、数据统计、案例剖析、文献搜集、演绎与归纳等研究方法，定性研究与定量研究相结合，理论研究与实证分析相结合。

一、规范分析法

规范分析法，又称文献分析法，是社会科学研究中，就所研究的问题，运用与之相关的文献，包括论著、论文、统计数据、典型事件、典型个案等进行理性分析，归纳与总结的科学的研究方法之一。规范分析的方法包括演绎分析法、归纳分析法。前者主要用于从基本的原理、原则，或者命题、定律等作为分析的起点，结合所研究的问题，进行推理、论证和思辨分析；后者则是从一系列的典型事例、案件中，抽象、归纳出具有共同性、一般性的趋势、规律、规则、定律或者共识、原理、原则等。本书运用了演绎分析法和归纳分析法。[①]

（1）运用演绎分析法。例如，从法律文化视角分析知识产权质押融资的困境与出路，其演绎分析过程是：法律文化的含义、构成；知识产权质押融

---

① 丘志乔.知识产权质押制度之重塑［M］.北京：知识产权出版社，2015：15.

资的法律文化分析；知识产权融资的现实困境及其表现；知识产权质押融资困境的法律文化视角成因分析；法律文化视角下完善知识产权质押融资的法律方案。

（2）运用归纳分析法。例如，对于知识产权质押融资立法完善之知识产权质押的未来立法定位。通过收集、探讨和研究相关文献，根据其理论依据、论点等归纳总结出学界已有的关于知识产权质押立法定位的三种学术观点。观点一：知识产权质押名为质押，实为抵押，故应定位为知识产权抵押，属于权利抵押。观点二：肯定知识产权质押属于权利质押，但认为应抛弃将权利质押列入质押体系中的传统归类，将其与权利抵押合并，称为"权利担保"制度，形成一种与动产担保、不动产担保相并列的一类担保制度。观点三：认为将知识产权质押更名为知识产权抵押或将知识产权质押归之于权利质押，再与权利抵押合并建构自成体系的权利担保制度这两种方法皆无法根本解决知识产权质押面临的理论和实践问题，应引入让与担保制度。此观点又分为两派，一派主张让与担保制度与权利质押制度并存；另一派则主张废除权利质押制度，直接规定让与担保制度。

二、比较分析法

比较分析法，顾名思义，就是对研究对象之间进行异同对比的分析研究方法。本书多处运用了比较分析的研究方法。

例如，关于我国知识产权质押担保融资试点典型模式比较，从可担保的知识产权的类型、贷款的年限、贷款的额度、风险的主要承担、相同点和不同点、优点和缺点等内容进行列举，比较分析。

三、实证分析法

实证分析法，是运用数据、事例等来对研究对象进行实际情况的分析与梳理，发现和得出事物或者现象的一般规律和共同趋势的分析研究方法。本书在论证过程中也运用了实证分析的研究方法。本书根据研究对象、研究内容和研究工作的部署，设计并制定了包括态度倾向性问卷；融资银行、融资企业、中介机构访问提纲；典型融资模式结构化观察表、典型融资个案结构化观察表等分析工具。例如，前往知识产权质押融资试点地区进行实地调查，包括广东的广州、南海、东莞，北京的海淀区等。其中，到北京调研还拜访了国家知识产权局、国家工商总局商标局、国家版权保护中心等机构。对试点地区实践的模式、具体情况、有效经验、取得成效和存在问题通过问卷、访谈、观察等实证调研的方法，相对全面地掌握和了解其现状，并采集一批数据，收集典型模式、典型个案等资料。在实证调研的基础上，统计处理数据，归纳分析典型模式、典型个案等。

第二章
国内外研究综述

他山之石可以攻玉，研究各国知识产权质押担保、融资交易的实践做法与经验，进行合理吸收和消化，再结合本国国情，进行立法完善和健全配套保障体系，是发展我国知识产权质押融资实践的有效途径。

第一节　国外研究情况

知识产权质押融资是全球性新课题之一。[①] 美国最早的与知识产权质押有关的判例发生于 1974 年[②]；日本自 20 世纪 90 年代开始由开发银行为科技型企业提供知识产权质押融资金融服务[③]；韩国、新加坡等是在 21 世纪才开始知识产权质押融资的业务与实践[④]。由于全球的知识产权质押担保交易实践仅有数十年，相关的知识产权质押担保的理论研究与传统的动产担保的理论研究相比，其成果无论是在数量与质量上，还是在深度与广度上，都相对逊色。主要研究内容包括以下几个方面。

其一，知识产权担保的法学理论问题。美国哥伦比亚大学法学院教授

---

① Pippin Way, Inc. v. Four Star Music Co. Andrea Tosato. Security Interests over Intellectual Property [J]. *Journal of Intellectual Property Law & Practice*. 2011 (6)：104.

② Xuan – Thao Nguyen. Collateralizing Intellectual Property [J]. *SMU Dedman School of Law Legal Studies Research Paper*, 2008：31.

③ 李希义. 日本政策投资银行开展知识产权质押贷款的做法和启示 [J]. 中国科技论坛, 2011 (7)：147.

④ 李竹音. 中国知识产权质押融资制度研究 [D]. 河北科技大学硕士学位论文, 2010：26 – 28.

Alejandro M. Garro 撰文专门探讨如何依据联合国贸易法委员会的《动产担保交易指南之知识产权担保权补编》（Legislative Guide on Secured Transactions Supplement on Security Rights in Intellectual Property，以下简称 SSRIP）创设知识产权担保权、知识产权担保权合同的形式、效力、优先权规则等法律问题。① 美国路易斯维尔大学法学院助理教授 Lars S. Smith 就美国《统一商法典》（Uniform Commercial Code，以下简称 UCC）第九编关于知识产权担保的法律理论争议问题，即知识产权作为可担保的客体，到底是视为一般动产的范畴，抑或是商业侵权行为所得的赔偿呢？作者主要就包括知识产权在内的一般动产的范围、担保的法律特征、知识产权担保权的含义、知识产权可否完全地留置担保等进行探讨。②

　　其二，知识产权担保的法律实践问题。SSRIP 出台之前，联合国国际贸易法委员会（United Nations Commission on International Trade Law，以下简称 UNCITRAL）曾经组织世界各国权威的知识产权专家、学者以及官员、律师等，专门就知识产权担保权的法务问题召开论坛征集意见和建议，③ 集中讨论知识产权担保权设立的经济与知识产权融资需求实践背景、④《动产担保交易指南》（Legislative Guide on Secured Transactions，以下简称 LGST）的主要内容、⑤ 商标担保、⑥ 专利担保、⑦ 版权担保⑧以及其他非传统知识产权类型

---

① Alejandro M. Garro. The Creation of a Security Right and its Extension to Acquisition Financing Devices［M］. *Rev. dr. unif.* 2010：376 – 390.

② Lars S. Smith , Llewellyn Joseph Gibbons. Mastering Trademark and Unfair Competition Law［M］. Carolina *Academic Press Mastering*. 2013：190.

③ *Papers Presented at the UNCITRAL Second International Colloquium on Secured Transactions*：Security Interests in Intellectual Property Rights，18 – 19 January 2007，Vienna. ［2014 – 10 – 18］，http：// www. uncitral. org/uncitral/en/commission/colloquia/2secint. html.

④ Ad Hoc Working Group. Report and Analysis of the Ad Hoc Working Group on Intellectual Property Financing regarding the UNCITRAL Draft Legislative Guide on Secured Transactions.

⑤ Ulrich Drobnig. Key Objectives, Scope of Application and Basic Approaches to Security.

⑥ Jeremy Phillips. Introduction to trademarks as collateral (including nature of asset, relevant terminology and examples of financing transactions) .

⑦ Nguyen Xuan – Thao. Collateralizing Patents：Debtor's and third Party's Rights.

⑧ Thomas Dreier. Introduction of Copyright (Copyrighted Works and Industries Concerned), and Creation (Description of the Object that Might Serve as Collateral, and Restricted Transferability of Author's Rights) .

如商业秘密等担保。① Akin Gump Strauss Haur & Feld 有限责任律师事务所合伙人专门以电影业为代表，对运用版权等知识产权担保融资的媒体融资法律实践的前景、可能面临的法律问题以及注意事项、应考虑的因素等进行分析和探讨。②

其三，知识产权担保的法律制度规制问题。美国南卫理公会大学法学院（Southern Methodist University Dedman School of Law）教授 Xuan – Thao Nguyen 专门研究知识产权担保，其中涉及知识产权权利、知识产权资产、担保融资中的知识产权，包括 UCC 第九编在内的知识产权担保融资法律体系、知识产权担保权的既存法律争议、促进知识产权担保融资与法律改革的建议等。③ 其他研究包括与知识产权担保相关的担保交易、担保融资、登记、优先权、法律适用、法律冲突问题等。例如，美国芝加哥 Goldberg Kohn 律师事务所主任 Richard M. Kohn 从实务角度撰文探讨包括知识产权等资产在内的担保交易对中小企业融资的重要意义、适用情形、法律适用问题以及如何完善 SSIRP 有关配套制度等。④

总体而言，国外学者，尤其是美国的法学教授、法律实务者就知识产权担保融资、担保交易等进行了广泛深入的研究和探讨，前述相关学者的研究及其成果使本研究的视角具有国际化、开放性。可以说，美国是知识产权担保融资交易最活跃、法律规制最为健全的国家；与此同时，亚洲的日本、韩国、新加坡等经济科技发达国家也具有丰富的知识产权质押担保融资实践经验，可供我国学习和参鉴。

一、美国

在全球的发达国家中，美国的担保法律制度相对完善，UCC 规定，一般

---

① Paul Seiler. Trade Secrets and Non – traditional Categories of Intellectual Property.

② Steven E. Fayne. Media Finance：The Next Generation ［J］. *Southwestern Journal of International Law*, 2011（18）：23～264.

③ Xuan – Thao Nguyen. Collateralizing Intellectual Property ［J］. *Georgia Law Review*, 2007（42）：1–45.

④ Richard M. Kohn. The Case for Including Directly Held Securities Within the Scope of the UNCITRAL Legislative Guide on Secured Transactions. Rev. dr. unif. 2010：413–418.

无形财产权可以用作担保物，知识产权被认为属于其中。① 关于知识产权质押贷款纠纷解决的判例，最早是在 1975 年的 Pippin Way，Inc. v. Four Star Music Co 案件（比宾之路银行诉四星音乐公司）中确立的。② 发展至今，知识产权质押贷款是美国现代商业银行和贷款公司的一项基本业务，且形成由政府、民间机构共同为质押融资担保的发展模式。其一，由美国小型企业局提供融资保证。包括小型企业贷款保证、小型企业投资公司计划和再保证三种方式。其二，保证资产收购价格机制。这是 M – CAM 公司 2000 年发展的新型融资模式，旨在为寻求融资的知识产权企业提供信用担保。融资企业以自身知识产权向金融机构融资的同时，用作质押担保的知识产权，将来可以预定的价格售予 M – CAM 公司。

二、英国

早在 20 世纪 30 年代初期，英国就进行了中小企业知识产权质押融资。英国法无动产担保物权观念。一般认为，英国法律有质押、合同留置权、按揭、债务负担四类协定的担保。③ 动产，包括有体财产及知识产权、商誉、债权等无体财产（也称权利动产，thing in action or chooses in action）。以知识

---

① UCC § 9 – 102. (a) (42). "General intangible" means any personal property, including things in action, other than accounts, chattel paper, commercial tort claims, deposit accounts, documents, goods, instruments, investment property, letter – of – credit rights, letters of credit, money, and oil, gas, or other minerals before extraction. The term includes payment intangibles and software. "Collateral" means the property subject to a security interest or agricultural lien. The term includes: (A) proceeds to which a security interest attaches; (B) accounts, chattel paper, payment intangibles, and promissory notes that have been sold; and (C) goods that are the subject of a consignment. 美国 UCC 第九章明确规定了能够设定担保物权的担保物可以有一般无体财产权。这其实是一个比较宽泛的概念，也就是那些除了应收账款、投资财产、担保债权凭证、物权凭证、商事侵权赔偿请求权、有体动产、储蓄账户、票据、信用证权利、货币以及开采之前的石油、煤炭、天然气或者其他矿物以外的任何动产，都可以被认为是足以充当担保物的一般无体财产。这之中也包括知识产权。

② 在该起破产案件里面，美国四星音乐公司将名下所有音乐作品的版权都质押给了比宾之路银行。而在四星公司取得了比宾之路银行的贷款后，又在未经比宾之路银行同意的情况下，私自把已经质押给比宾之路银行的音乐作品版权转让给了第三方。而直到四星公司由于经营不善导致了破产倒闭，比宾之路银行才最终发现其享有优先受偿权的版权已经被四星公司私自转让出去，于是就向当地法院提起了诉讼。法院经过审理认为，四星公司的版权转让是属于未经质权人认可的恶意转让行为，不能够成立；最终法院判决，四星公司的所有音乐作品版权作为已经事先质押给了比宾之路银行，所以比宾之路银行应该享有优先于受让人的债权。

③ 何美欢. 香港担保法 [M]. 北京大学出版社，1995：182.

产权，例如商标担保债务履行或担保债权，通过签订书面的担保协议进行。英格兰称之为"质押"，苏格兰谓之"担保"。① 以专利设定担保，可以是专利的申请权或专利权中任何可以被转让的权利，方式是按揭（mortgage②）。此外，版权、设计依法可以转让和按揭。可见，英国法质押、按揭、担保等功能等同于知识产权质权，皆是债的担保制度。在效力上，当债务人不履行债务时，债权人可依法对质物进行法律上的处分，如拍卖或变卖，以卖得价金受偿。③

三、德国

德国民法典将质权分为动产质权和权利质权，权利质权的标的包括债权、股权、证券等无形财产权利；并规定权利质权可以准用动产质权的规定。关于知识产权，在德国，包括工业产权和著作权。工业产权的类型包括专利、实用新型、商标、设计。关于知识产权的利用方式，德国专利商标局官网关于"专利利用"一词的英文解释是：Patent exploitation—The patent owner can exploit his patent, among other things, by utilising it himself, by granting licences or by selling the patent④。从该解释来看，专利权人可以通过许可或出售专利的方式来运用专利。但是，并没有提到质押，或者担保。究其原因，德国规定有让与担保制度，而知识产权一般视为动产，如果不被视为可以移转占有的动产，在这种情况下，也可以成立法定质权⑤。换言之，在德国，知识产权质权可依法定情形设立生效，产生担保应有的法律后果。

---

① In the United Kingdom, the Trademark Act was amended in 1994. Under the 1994 Act, a registered trademark may be the subject of a security interest (referred to in England as a "pledge" and in Scotland as "security") in the same way as other personal or moveable property and the grant of a fixed or floating security interest in a mark is recordable at the British Trademark Office. see Lanning G. Bryer. An International Perspective of Intellectual Property Security Interests. INTERNATIONAL INTELLECTUAL PROPERTY LAW & POLICY [J], Feb 24, 2014: 40 – 7.

② The Patents Act of 1977 refers in clear terms to the possibility of taking a security interest in patents. It confirms that any patent, application for a patent or any right in a patent may be assigned or mortgaged, and it provides that a mortgage (as defined in Section 130 of that Act) will include a charge securing money or money's worth. see Lanning G. Bryer. An International Perspective of Intellectual Property Security Interests. INTERNATIONAL INTELLECTUAL PROPERTY LAW & POLICY [J], Feb 24, 2014: 40 – 7.

③ 胡开忠. 权利质权制度研究 [M]. 中国政法大学出版社，2004：28.

④ Patent exploitation [OL] [2018 – 05 – 13]. http：//www. dpma. de/english/service/glossary/n_r/index. html#a9.

⑤ 王利明. 物权法专题研究（上）[M]. 质押若干问题研究，吉林人民出版社，2002：172.

四、日本

在亚洲，日本的知识产权质押融资市场是相当先进的。自 1995 年日本开发银行首开此项业务以来，日本知识产权的质押融资、担保业务，由政府政策性金融机构、民间金融机构承办。方式有二种：第一种，债务融资。由政府的金融机构或民营银行和其他的金融机构发放贷款，通常是以知识产权作为质押担保或直接给予认股选择权。第二种，信用保证协会。1955 年成立的日本信用保证协会，是不以营利为目的，主要为中小企业提供公共信用担保的政策性金融机构。

日本发展知识产权质押担保的背景。《日本民法典》第 348 条规定："质权人，于其权利存在期间，可以以自己的责任转质质权，于此情形，对因不可抗力造成的不转质就不会产生的损失亦应负责。"对承诺转质，该法典的第 350 条以有关"留置权等规定的准用"来实现间接确认。即质权人可以在取得出质人同意的前提下，以登记之质权为自己的债务设定担保。部分日本学者认为，"以不动产为中心的有体物一直是债权担保的主要标的"。① 然而，因为 20 世纪 90 年代亚洲爆发规模较大的金融危机，日本经济大受打击，至今仍未恢复。于是，相当部分原本用来担保的土地、建筑物等不动产价值降低，一些金融机构出现不良债权危机。为此，日本不得不寻求新的担保资源方式，通产省专门委托财团法人知识产权研究所对知识产权担保前景和可行性深入考察。经过系统的科学评估，后者发表《知识产权担保价值评估方法研究会报告》，认为，知识产权是一种新型的可用来融资的有潜力的资产。② 自此，日本知识产权担保迅速发展。

为降低相关风险，美国、日本设有专责担保资产的评估和管理公司。例如，美国的高登兄弟集团（Cordon Brothers Group），不仅在美国本土开展业务，且与日本开发银行合作，建立了高登兄弟日本公司（Gordon Brother & Japan Co.，Ltd.），为担保的知识产权提供评估和管理服务。

---

① 转引自胡开忠. 权利质权制度研究 [M]. 中国政法大学出版社，2004：181.
② ［日］高石义一监修. 知的所有权担保 [M]. 银行研修社，1997：10（19），转引自胡开忠. 权利质权制度研究 [M]. 中国政法大学出版社，2004：19.

五、韩国

韩国知识产权局从 2009 年开始和国内的金融机构以及研究机构签订了相关的协议。协议规定，由韩国具备相应资质的研究机构对小型企业所拥有的专利发明技术实施价值评估，评估合格的小型企业可以在不需要固定资产担保的情况下从金融机构中获得贷款，为中小型企业的技术融资带来极大的方便。韩国对知识产权担保贷款的重视，在 2011 年颁行的《韩国知识产权基本法》得到立法体现。该法第 25 条（促进知识财产的应用）第 5 项规定，加强对知识财产的投资、融资、信托、担保、保险等方案。①

六、新加坡

2014 年，新加坡政府推出一项总值 1 亿新元（约合 5 亿元人民币）的知识产权融资计划。该计划通过政府与银行共同承担部分债务风险，帮助新加坡企业使用知识产权获得银行贷款。其做法是：由新加坡知识产权局委任三家专业机构评估企业的专利，企业可以把专利作为抵押资产，向新加坡的大华、华侨和星展银行申请贷款。一旦企业无法偿还贷款，这笔钱将用于承担银行的部分亏损。新加坡知识产权局表示，"该计划的贷款对象是拥有大量专利和少量固定资产的科技领域创新型企业，为这些企业提供一个新的融资渠道"②。新加坡的知识产权保护制度在国际享有美誉，据《世界经济论坛全球竞争力报告（2014/2015）》（World Economic Forum's Global Competitiveness Report 2014/2015）称，新加坡名列全球第一、亚洲首位；同属亚洲的日本名列第七，中国香港排名第十③。新加坡的知识产权融资计划表明，一个国家或者地区在加强保护知识产权的同时，也越来越重视知识产权的应用，发挥知识产权的价值，以促进创新。

---

① 韩国知识产权基本法（中文译文）［OL］［2018 - 05 - 13］. http：//xgskjj. gov. cn/a/bumenzhinen/zhishichanquan/3/2013/0108/1829. html

② 李宁. 新加坡推出一亿元知识产权融资计划［N］. 人民日报，2014 - 04 - 10.

③ Singapore's IP Ranking［OL］［2018 - 05 - 13］. http：//www. ipos. gov. sg/MediaEvents/SingaporesIPRanking. aspx.

第二节　国内研究情况

一、大陆地区

在我国，知识产权质押融资是近年来出现的新的融资方式。1999 年，工商银行山西省忻州分行首开知识产权质押融资先例；2006 年，全国知识产权质押融资研讨会召开，随后，沪、京银行试水；2008～2010 年，国家知识产权局先后启动三批共 16 个城市开展的试点工作。经过十几年的探索，知识产权质押融资取得显著和积极成效。做一个简单的对比：从《中华人民共和国担保法》（以下简称《担保法》）开始颁布实施之日起，截至 2006 年 9 月 4 日，在国家知识产权局办理了专利质押登记备案的质押合同 295 个，其中包括专利项目 682 项，质押贷款的总金额不到 50 亿元人民币①；而从 2008 年国家知识产权局部署试点开始，截至 2014 年，知识产权质押融资金额已超过 1100 亿元人民币。知识产权质押融资实践成效鼓舞人心，但是，知识产权质押融资的进一步推广和普及拓展，在许多方面也面临着现实困境和亟待有效破解的难题，涉及价值评估、风险控制、质权处置、质权实现等。

国内对知识产权质押融资的研究，主要包括理论研究和实务研究两大类型。理论研究，主要涉及知识产权质押融资制度、知识产权质押制度、知识产权担保制度、知识产权质权制度、动产担保交易等②；实务研究，主要包括知识产权价值评估、知识产权质押融资风险控制、知识产权质押融资法律

---

① 张卫，罗彩云.我国知识产权质押若干问题研究［J］.河南省政法管理干部学院学报，2007（5）：210.

② 相关研究包括左玉茹.知识产权质押融资热的冷思考——基于我国中小企业融资模式与美国SBA 模式比较研究"［J］.电子知识产权，2010（11）：48－49；丘志乔.法价值视阈下知识产权质押制度的反思与重构［J］.暨南学报，2013（8）：80－89；李鹏.知识产权担保制度研究［M］.知识产权出版社，2012；胡开忠.试论完善我国知识产权质权制度若干途径［J］.安徽大学法律评论，2002（2）：125－134；高圣平.动产担保交易制度比较研究［M］.中国人民大学出版社，2008 等。

障碍分析、知识产权质押融资法治研究、知识产权质押融资政府支持研究、知识产权质押融资现状调查等①。

国内已有的研究，其视角多为单一学科，或为法学②、经济学③，或为金融学④、管理学⑤。以法学学科研究视角居多，概因知识产权质押融资制度是涉及法学中民法法律部门的法律制度之一，毋庸置疑，其有关的环节或者具体问题也涉及经济（如质押担保的成本效率）、金融（如质押担保融资）、管理（如质押融资风险管控）等学科。知识产权质押融资的研究大多为知识产权质押融资制度和法律的探讨，知识产权与质押担保融合的理论研究尚不够深入；围绕知识产权质押融资案例的实践分析则过于简单，亟待全面、系统地研究与总结。已有的研究方法，多为文献分析、规范分析，实证分析比较少。总体而言，理论研究欠缺系统化和体系化，实证研究大都止于所收集的客观数据的分析，深层次的理性分析相对匮乏。

二、港澳台地区

港澳台地区的法律制度相对完备。作为知识产权价值运用主要方式的知识产权担保交易法律制度，在普通法传统的香港法域，则由知识产权法律等单行法规制，为广义的动产按揭担保制度，归之于财产法体系。在承继大陆法传统的台湾法域，是规定于民法典物权编，为权利质权制度之一；澳门法域，规定于民法典债法，是债的担保制度之一。关于知识产权质押融资的相关具体规定，在香港，其公司条例规定商誉也可以质押；澳门有商业登记及

---

① 相关研究包括杨松堂. 知识产权质押融资中资产评估 [J]. 中国金融，2007 (5)：16 - 17；张伯友. 知识产权质押融资的风险分解与分步控制 [J]. 知识产权，2009 (2)：30 - 34；黎四奇. 知识产权质押融资的法律障碍及其克服 [J]. 理论探索，2008 (4)：139 - 142；周天泰. 知识产权质押融资法治研究与建议 [D]. 华东政法大学 2006 年博士学位论文；陶丽琴，魏晨雨，李青. 知识产权质押融资中政府支持政策的实施和完善 [J]. 法学杂志，2011 (10)：40 - 43；谢昌. 对浦东知识产权质押贷款的调查与分析 [J]. 浦东开发，2008 (4)：34 - 36 等。

② 如，乔生，班小辉. 知识产权质押融资制度现状与完善 [J]. 法律适用，2009 (8)：95 - 96；张弛. 从法律视角论知识产权质押融资风险控制 [J]. 银行家，2007 (12)：119 - 121.

③ 如，李琳. 融资新渠道：知识产权质押贷款 [J]. 上海经济，2007 (1)：67 - 68 等。

④ 如，吴大庆. 探索推动知识产权质押贷款发展的有效途径 [J]. 中国金融，2007 (5)：18 - 19 等。

⑤ 如，杨晨，陶晶. 知识产权质押融资中的政府政策配置研究 [J]. 科技进步与对策，2010 (13)：105 - 107；李希义，蒋琇. 政府支持下的知识产权质押贷款模式及其特征分析 [J]. 科技与法律，2009 (5)：8 - 12 等。

其规章规范质押的登记；台湾金管会也表示，将研拟"无形资产监价准则"，让中小企业用知识产权等无形资产作为融资担保品①。

至于知识产权质押融资实务，台港澳地区的实践需要和愿景主要体现在与内地之间的区域经贸合作协议及其内容。表现之一，在大陆与台湾签署的《海峡两岸经济合作框架协议》（Economic Cooperation Framework Agreement，以下简称 ECFA）第 6 条规定了经济合作，所列举合作事项如知识产权保护合作、金融合作以及中小企业合作等，与主要适用于解决科技型中小企业资金瓶颈问题的知识产权质押融资在理念上相一致。《海峡两岸知识产权保护合作协议》规定，促进海峡两岸著作权交易、知识产权业务信息交换与合作、成立专利等知识产权工作小组负责具体工作规划和方案等，为海峡两岸开展知识产权担保交易、融资合作提供法律依据和法制保障。表现之二，在内地与香港签署的《建立更紧密的经贸合作关系的安排》（Closer Economic Partnership Arrangement，以下简称香港 CEPA），其《补充协议十》关于贸易投资便利化之第 2 项明确规定："双方采取以下措施，支持研究粤港共同推进知识产权交易与融资。"而质押担保等，正是实现知识产权交易与融资的法定方式。表现之三，在内地与澳门签署的《建立更紧密的经贸合作关系的安排》（Closer Economic Partnership Arrangement，以下简称澳门 CEPA），其《补充协议八》关于贸易投资便利化之第 4 项增加规定："双方同意加强创新科技产业领域的合作，使澳门科技资源融入国家创新体系。"指引两地合作开发"非物质文化世界遗产"等文化创意科技产业的知识产权价值，知识产权担保交易与融资则势必成为实质推动两地实务合作的方式与方向。

关于知识产权质押融资，国际上的理论研究和实践开展，尤其是美国、日本等国家的经验成效，颇具借鉴价值。结合我国建设知识产权强国，实施知识产权国家战略，落实知识产权行动计划的现实需要，本书拟立足于知识产权质押融资试点实践，展开实证分析和理论探究。以充实和丰富知识产权质押融资相关的理论研究内容和体系，夯实实践问题分析研究的理论基础和深度，为深化国内知识产权质押融资实践，科学合理立法完善知识产权质押制度提供思路和参考。

---

① 丘志乔，蓝艳华. 知识产权质押融资在糖业的应用探讨 [J]. 甘蔗糖业，2012 (2)：58.

第三章
知识产权质押融资的一般理论

第一节　知识产权质押融资的出现

知识产权的价值，重在运用。方式包括应用知识产权使用价值的（知识产权实施），以及应用知识产权交换价值的质押、转让、许可、信托、证券化等。其中，质押担保融资为世界新课题且为各国实践重视的方式。发达国家如美国、日本、韩国，专门立法为知识产权质押担保融资实践提供法制保障。例如，美国 UCC 第九章专门规定包括知识产权在内的动产担保交易；《日本民法典》与知识产权单行法律共同规制著作权、专利、商标等知识产权质权制度；《韩国知识产权基本法（2011）》第 25 条规定了关于促进知识产权的应用方式，包括知识产权质押与抵押等担保。国际组织如 UNCITRAL）获世界知识产权组织（World Intellectual Property Organization，以下简称 WIPO）支持，2010 年制定《担保交易立法指南知识产权担保权补编》（Legislative Guide on Secured Transactions Supplement on Security Rights in Inteuectual Property，以下简称 SSRIP），倡导和鼓励全球各国重视和发展知识产权担保。①

世界经济的一体化，使得我国经济必定融合于世界经济，为顺应国际趋势，务必检视其自身的知识产权担保交易法律制度，促进知识产权应用。2008 年 6 月，国务院发布《国家知识产权战略纲要》，明确要"加强知识产

---

① SSRIP. X. Law applicable to a security right in intellectual property. p. 127.

权创造、保护、质押、转让"等，知识产权国家战略，是我国必要的、及时的因应。知识产权质押关涉权利质权问题，就我国大陆法律来看，1986 年颁布的《民法通则》中并未规定权利质权，直至 1995 年施行的《担保法》，才规定可以质押的权利，① 包括依法可以转让的商标专用权、专利权、著作权中的财产权。2007 年 10 月 1 日施行的《物权法》进一步扩大且具体列举了债务人或者第三人有权处分的权利可以出质，可以转让的注册商标专用权、专利权、著作权等知识产权中的财产权也在其中。② 有关知识产权质押的具体操作规则，则主要是通过《专利权质押合同登记管理暂行办法》《著作权质押合同登记办法》《商标专用权质押登记程序》等一些部门规章来调整和规范的。此外，各省市也先后出台了一些地方性法规来鼓励知识产权质押融资。例如，2003 年北京颁布《关于促进专利权质押和专利项目贷款的暂行办法》，天津市知识产权局与农业银行天津市分行签署了《专利权质押担保银政合作框架协议》。2006 年北京交通银行专为中小企业知识产权质押融资开展的"展业通"业务启动。其他地区如湖南、广州也纷纷出台相关政策。总而言之，担保法、物权法等为知识产权质押融资提供了法律保障，但是，必须正视的现实是：统一且成熟的知识产权质押融资制度体系尚未形成，现有的法律规定存在相互冲突、不相符合、存在明显不足等立法缺憾。例如，知识产权部门规章与物权法之规定冲突；又如，知识产权质押客体如果是两项以上不同类型的知识产权须在不同等级机关登记，既增加交易成本，又妨碍交易便捷及效率；再如，法律未对质权人和出质人的权利义务作明确规定，导致当事人交易安全得不到有效保障等都有待修改完善。③

---

① 《中华人民共和国担保法》第 75 条，可以质押的权利有：（1）汇票、支票、本票、债券、存款单、仓单、提单；（2）依法可以转让的股份、股票；（3）依法可以转让的商标专用权、专利权、著作权中的财产权；（4）依法可以质押的其他权利。

② 《中华人民共和国物权法》第 223 条规定，债务人或者第三人有权处分的权利可以出质：（1）汇票、支票、本票；（2）债券、存款单；（3）仓单、提单；（4）可以转让的基金份额、股权；（5）可以转让的注册商标专用权、专利权、著作权等知识产权中的财产权；（6）应收账款；（7）法律、行政法规规定可以出质的其他财产权利。

③ 丘志乔. 法价值视阈下对知识产权质押制度的反思与重构 [J]. 暨南学报，2012（2）：84.

第二节　知识产权质押融资的含义和法律特征

一、知识产权质押融资的含义

知识产权质押融资，是指债务人或者第三人把依法享有处分权的知识产权中的财产权质押设定担保，以获得资金融通。如果相关债务人未能及依照约定履行债务，那么债权人依法有权根据相关的法律规定将质押人质押的知识产权出售或者拍卖，并且将所得款项作为债权的优先受偿金额。其中，为债权提供知识产权担保的债务人或者第三人为出质人，而债权人则为质权人。出质设定担保的知识产权为质押标的物，即通常所说的"质物"。

二、知识产权质押融资的法律特征

知识产权质押融资，简言之，是以知识产权设定质押来进行融资。这种新型的融资方式，与传统的以不动产或法定的动产进行抵押的担保方式相比，其主要的法律特征体现在以下几个方面。

（1）它是权利质押，即以知识产权中的财产权设定质押。

（2）它是债权的担保，即以知识产权质押担保借款合同中借款人的合同债权。

（3）质权设立须经登记公示，知识产权质权的有效设立，登记为公示方式。

（4）用于设定质押的知识产权的价值须经依法评估。

知识产权质押融资，涉及的法律主要有：知识产权法律、担保物权法律、金融经济法律等。

三、知识产权质押融资法律关系

法律关系，是法律规范和调整的，以权利义务为内容的社会关系。依据法律关系构成理论，法律关系由主体、内容和客体三个要素组成。具体到知识产权质押融资，其法律关系的构成要素，也包括主体、内容和客体三个。

（一）知识产权质押融资法律关系的主体

知识产权质押融资法律关系的主体是指在知识产权质押融资中享有权利承担义务的自然人、法人或者非法人组织等民事主体。对于知识产权质押融资，一方面，从资金融通的角度来看，是发生于资金融入的主体以及资金融出的主体，而前者，一般是面临资金短缺，急需融入资金的中小型企业；后者，是依法具有吸收和发放存款的银行等金融机构；融资的主体包括中小型企业、银行金融机构。另一方面，对于知识产权质押融资，从融资担保角度来看，是融资主体中的中小企业（债务人）以自己或者第三人依法具有处分权的知识产权设定质押，来担保融资主体中的银行等金融机构（债权人）的债权，因此，从质押的角度来看，债务人或第三人，是出质人；债权人，相应地，是质押权人，简称质权人。

（二）知识产权质押融资法律关系的内容

知识产权质押融资法律关系的内容是指融资主体依法享有的权利义务内容。主要包括出质人（债务人）的权利义务，以及质权人（债权人）的权利义务。

1. 出质人的权利义务

出质人的权利义务主要表现为出质人的移转占有义务和相应权利。

出质人的主要权利具体表现在以下几个方面：

（1）质物使用权。出质人尽管已经把自己拥有的知识产权质押给了债权人，但是，这并不代表着出质人已经完全丧失了依法享有的知识产权，所以，在出质人把自己的知识产权设定质押之后，仍旧可以依法享有知识产权，使用知识产权。

（2）求偿权和代位权。假设出质人为债务人以外的第三人，如果他自愿替债务人偿还债务或由于质权的实行而失去了所质押的知识产权，出质人可以向债务人主张求偿权和代位权。

（3）赔偿请求权。质权人如果是因为转质行为而侵害了出质人的知识产权，出质人有权依法向其要求索偿。

2. 质权人的权利义务

质权人的权利义务主要表现为质权和妥善保管质物的义务。

（1）质权实行权。质权实行权，是指被担保的债权清偿期届满，债务人未能及时清偿债务，债权人依法行使知识产权质权。由于各个国家实施的相关法律不同，所以质权的实行方法也有所不同。德国的民法明确规定质物的变价方法有三种：私人出售出卖、强制执行出售、其他方法。① 我国《担保法》针对质权的具体实行则作出了以下三种规定：①与出质人协议以质物折价；②依法变卖质物；③依法拍卖。

（2）质物孳息收取权。我国《担保法》第 68 条规定："质权人有权收取质物所生的孳息。质押合同另有约定的，按照约定。前款孳息应当先充抵收取孳息的费用。"其次充抵原债权利息，最后抵偿原债权。如果孳息不是金钱，应由当事人双方通过一定的协议来进行估价；不能达成协议的，以拍卖或其他方式让孳息能够最终变价，再根据上述程序进行充抵。

（3）债权优先受偿权。出质人与质权人既然已经给质权人的债权设立了知识产权质押，质权人依法行使质权，可以质押的知识产权卖得的价金优先受偿。

（4）转质权。对于知识产权质押的转质，《担保法》《物权法》未予明确规定，根据担保物权法律精神，质权人如果能够征得出质人的同意，可依法以自己的责任进行转质。

（5）限制转让、许可权。在具体对知识产权进行出质之后，出质人不得转许可他人使用。出质人如想转让、许可他人使用已经质押的知识产权，得和质权人通过具体的协商，在征得质权人同意后，才可以实现转让、许可。

（三）知识产权质押融资法律关系的客体

知识产权质押融资法律关系客体或称知识产权质押融资标的，为知识产权中的财产权。可以设定质押的知识产权需具备以下要件：

（1）知识产权质押客体是无形财产，但与有形财产一样，具有交换价值。

（2）所质押的知识产权，应该是属于可以转让类型的知识产权，以便实现其担保的具体职责。在《世界知识产权组织公约》与《保护工业产权巴黎

---

① 李竹音. 中国知识产权质押融资制度研究［D］. 河北科技大学硕士学位论文，2010：5.

公约》的相关规定当中，知识产权包括发明、发现、实用新型、服务标记、原产地名称、外观设计、商标、版权、商号名称、货源标记、制止不正当竞争的权利，以及工业、科学和文学艺术领域当中一切来自知识产权活动的权利。[①] 专利权、著作权、商号权、商标权等具有可转让性，依法可以设定质押。

（3）知识产权质押标的物应该是能够实现依法转让的商标专用权、专利权和著作权等知识产权中的财产权。知识产权中著作权的署名权、修改权、发表权，以及专利权中的署名权等，具有不可转让性，所以当债务人不能够如期偿还的时候，质权人也不能够进行变价受偿，因而知识产权人身权不能够作为质押中的标的物。《担保法》第75条第1款第3项明确规定："依法可以转让的商标专用权、专利权、著作权中的财产权"可以质押。

第三节　与知识产权质押融资相关的概念

一、知识产权与融资

（一）知识产权的内含

"知识产权"一词的英文为"intellectual property"，确切含义为"智慧财产权"或者"智力财产权"。但自从1976年《成立世界知识产权组织公约》（The Convention Establishing the World Intellectual Property Organization，简称WIPO公约）签订，我国在1986年《中华人民共和国民法通则》（以下简称《民法通则》）中正式使用"知识产权"这一称谓后，"知识产权"一词才被人们广泛使用和接受。世界知识产权组织编写的《知识产权法教程》认为，知识产权的对象是人脑力、智力的创造物，对这类知识财产及与之有关的各类信息享有的各种权利就是知识产权。[②] 狭义的知识产权分为文学产权和工

---

① 参见《成立世界知识产权组织公约》第2条、《保护工业产权巴黎公约》第1条第2款的规定。
② 世界知识产权组织. 知识产权法教程 [M]. 专利文献出版社，1990：22.

业产权。文学产权主要包括著作权及和著作权有关的接邻权，工业产权则包括专利权和商标权。知识产权不能通过实体占有和控制来实现其专有利益，而只能借助于法律的严格规定来确保其专有权利。并且，知识产权具有严格的地域性，其效力只限于本国境内，除非有国际公约或签订的双边或多边协定来确定，否则知识产权是没有域外效力的。知识产权是人类智力劳动的结晶，最终要归属于社会，成为整个社会的共同财富。因此，知识产权只在法律规定的期限内受到保护，超过期限该权利就会自行消灭。

（二）融资的内涵

《新帕尔格雷夫经济学大辞典》对融资的解释是：为支付超过现金的购货款而采取的货币交易手段，或为取得资产而集资所采取的货币手段。广义的融资是指资金在持有者之间流动以余补缺的一种经济行为，这是资金双向互动的过程，包括资金的融入（资金的来源）和融出（资金的运用）。狭义的融资只指资金的融入。在金融活动中，中小型企业自身固有的融资特点和缺陷，使其获得外部资金的机会明显少于大企业，中小企业融资困难是国内外普遍存在的问题，是制约中小企业发展的重要因素。在我国，中小企业对经济增长的贡献越来越突出，已成为国家扩大就业的主要渠道，也是我国技术创新的生力军，并仍有巨大的发展潜力。因此，中小企业的融资活动需要政府的引导和扶持。

融资的基本分类是直接融资与间接融资。"直接融资"，是指不以金融机构作为中间的媒介，而是由政府部门、企业结构和个人作为最后借款人，向最后贷款人实施的相关融资活动。直接融资的用途主要是生产、消费和经营。"间接融资"，是政府部门、企业结构和个人作为最后借款人，通过相关金融机构作为中间媒介，向最后贷款人实施的具体融资活动，金融媒介主要是银行、信托公司等。

二、知识产权质押与知识产权质押融资

（一）知识产权质押

知识产权质押是债权担保的一个常见方式，意指债权人与债务人或债务

人提供的第三人以协商订立书面合同的方式，实现债务人或是债务人所能够提供的第三人的动产或权利掌握的转移，如果相关的债务人不能够及时地清偿自己的债务，那么相关的债权人方面就有权利得到质押财产的优先赔偿。其中，可供质押的财产包括动产以及具有转让性的财产权利。以动产为质押标的的质押，即动产质押；以权利为质押标的的质押，即权利质押。

知识产权，一般兼具人身权和财产权双重内容。其中，财产权内容，在性质上是一种无形财产权，以之为质押标定设定的质押，即知识产权质押。其中，以依法享有处分权的知识产权财产权出质的，是知识产权出质人；相应地，依法对出质的知识产权财产权享有优先授权的，是知识产权质押权人，简称知识产权质权人。简言之，知识产权质押，是以知识产权中的财产权设定的质押。知识产权质押融资，是以知识产权质押担保来实现融资。

（二）知识产权质押融资

区别于传统的以不动产作为抵押物向金融机构申请贷款的方式，知识产权质押融资，是一种相对新型的融资方式，是企业或个人以合法拥有的专利权、商标权、著作权中的财产权经评估后作为质押物向银行申请融资。

1. 知识产权质押与知识产权质押融资的区别

知识产权质押，实质上是一种合同法律关系，知识产权质押合同的设立，须符合合同成立的一般要件，即要有当事人，以及当事人之间形成合意。知识产权质押合同的生效，须符合合同生效的一般要件，即当事人适格、当事人意思表示真实、合同的内容不违反法律强制性规定、合同的形式合乎法律规定。① 而知识产权质押融资，实质上是借贷合同关系与质押担保合同关系的结合。其中，借贷关系是主合同关系，而质押合同关系是从合同关系。借贷合同关系中的借款人（债务人），通常是质押合同关系中的出质人；而借贷合同关系中的贷款人（债权人），通常是质押合同中的质权人。

2. 知识产权质押与知识产权质押融资的联系

知识产权质押合同关系是知识产权质押融资法律关系的组成部分，它服务于知识产权质押融资中的借贷合同这一主合同法律关系。在性质和地位上，

---

① 参见《合同法》第 7 条、第 9 条的规定。

知识产权质押合同是知识产权质押融资中借贷合同这一主合同的从合同，其功能和作用在于担保借贷合同中债权人的债权。根据主合同与从合同的相互关系之基本原理，主合同的有效与否，将决定从合同的有效与否；主合同消灭，从合同消灭；但是，从合同无效，并不影响主合同的效力。因此，在知识产权质押融资法律关系中，作为主合同的借贷合同，其效力状况，决定知识产权质押合同作为从合同的效力状况；但是，知识产权质押合同，如果不成立，或者虽然成立，但是无效、可变更或者可撤销等，并不会影响借贷合同这一主合同的效力状况。

三、知识产权质押融资与传统担保融资

知识产权质押融资的核心在于：以无形资产，即知识产权中的财产权作为担保借贷合同的标的，进行资金融通。这与传统的担保融资，一般是以不动产或者有形动产等作为担保的客体进行融资是有所区别的。

由于知识产权本身的特殊性，包括无形性、地域性、时间性，使得知识产权的价值，比之于传统担保融资中的不动产，如土地、房产；以及一般动产，如生产设备、交通工具，更加难以客观准确评估其市场价值；知识产权评估是世界公认的难题。因此，对于知识产权质押融资这种创新的金融方式与工具，尽管在欧美发达国家已十分普遍，在我国则处于起步阶段，目前尚需完善的机制，包括：建立促进知识产权质押融资的协同推进机制；创新知识产权质押融资的服务机制；建立完善知识产权质押融资风险管理机制；完善知识产权质押融资评估管理体系；以及建立有利于知识产权流转的管理机制。

第四章
我国知识产权质押融资现状

第一节　知识产权质押融资总体情况

一、2008～2014 年全国专利权质押融资金额与质押登记专利数量

自 2008 年国家知识产权局连续三年部署知识产权质押融资试点工作以来，截至 2014 年年底，专利权质押融资总额为 1127 亿元。[①] 2008～2012 年，专利权质押涉及的专利为 7281 件，2013 年第一季度、第二季度在国家知识产权局登记的质押专利分别为 945 件、1023 件，[②] 如表 4-1-1 所示。

表 4-1-1　2008～2014 年全国专利权质押融资金额与质押登记专利数

	2014 年	2013 年	2012 年	2011 年	2010 年	2009 年	2008 年	合计
质押额（亿元）	489	254	141	90	74.59	64.57	13.84	1127
质押专利（件）	待公布	一季度 945，二季度 1023	3368	1951	1076	657	229	9249

---

　　① 2008～2013 年专利权质押融资金额是 638 亿元，2014 年全年专利权质押融资金额 489 亿元，2008～2014 年专利权质押总额 1127 亿元。2011～2014 年每年的专利权质押融资额见国家知识产权局官网。2008～2010 年数据来源：周训胜. 专利权质押融资的现状研究及对策建议 [J]. 科技与管理，2012 (6)：33.

　　② 数据来源：国家知识产权局专利质押合同登记信息 [DB/OL]. http：//www.sipo.gov.cn/tjxx/zlqzyhtdjxgxx/。登记信息为 2008 年度，2009 年度，2010 年度，2011 年度，2012 年度，2013 年第一季度、第二季度。

根据表 4 - 1 - 1 可以十分清楚地看到，2008～2014 年全国专利权质押融资金额，已由开始进行试点的 2008 年的 13.84 亿元增加至 2014 年的 489 亿元。在短短 6 年的时间里，融资金额增加幅度高达 34 倍。2010～2014 年，融资金额呈现稳步上升的发展趋势，如图 4 - 1 - 1 所示。

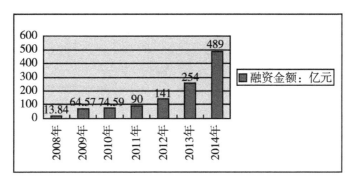

图 4 - 1 - 1　2008～2014 年全国专利质押融资金额

2008～2014 年，全国登记的质押专利数由 2008 年的 229 件，至有公开信息统计全年度的 2012 年的 3368 件，计算得出年增加幅度为 14 倍。自 2008 年国家知识产权局开展知识产权质押融资工作以来，全国专利权质押合同登记量连续 5 年保持高速增长，2008～2012 年质押金额年均增长 78.8%，质押项目年均增长 77.63%。[①] 以上数据表明，全国专利权质押融资成效显著。

二、2008～2014 年全国商标权质押融资总况

（一）2008～2014 全国商标权质押融资概况

2014 年中国知识产权发展状况新闻发布会公布，2014 年全国商标权质押商标 8721 件，融资金额 519 亿元，同比增长 29%。全国商标权质押融资总体情况如表 4 - 1 - 2 所示。

---

① 国家知识产权局.2012 年全国知识产权质押融资金额首破百亿［DB/OL］. http：//www. sipo. gov. cn/yw/2012/201301/t20130122_ 783797. html.

表4-1-2　2008~2014全国商标权质押融资金额与质押商标数量

	2008 年①	2009 年②	2010 年	2011 年③	2012 年④	2013 年⑤	2014 年⑥	合计
融资额（亿元）	0.2	公开数据缺	公开数据缺	133	214.6	300	519	1166.8
质押商标（件）	117	204	310	493	610	720	8721	11175

依据表4-1-2可知，2014年商标权质押件数是2008~2013年6年总和的3.55倍。商标专用权质押融资方面，于2014年度取得跨越式发展。与此同时，从2011~2014年，商标质押融资金额的增幅，每年保持在60%左右。2008~2014年，商标质押件数呈现上升趋势，尤其是2014年的增长特别明显，如图4-1-2所示。

图4-1-2　2008~2014年全国商标质押件数

（二）商标专用权质押全国分布规律分析

据统计调查的公开文献显示，2008~2013年，全国商标权质押次数的省市分布情况如下：排名位列前五位的省份依次是：安徽省（32%）、北京市

① 数据来源：付勇军，孙彦．谈商标专用权质押的登记、受理及审查［N］．中国工商报，2009-08-06.

② 数据来源：2009 年中国商标战略年度发展报告［R］．

③ 数据来源：2011 年中国商标战略年度发展报告［R］．

④ 数据来源：丁坚．我国中小科技企业利用知识产权成为一种趋势［DB/OL］．百度文库．

⑤ 数据来源：丁坚．我国中小科技企业利用知识产权成为一种趋势［DB/OL］．百度文库．

⑥ 数据来源：2014 年中国知识产权发展状况新闻发布会［DB/OL］［2016-04-26］．http://www.gsipo.gov.cn/ywdt/detail.php? n_ no=47780.

（9%）、广东省（8%）、福建省（7%）、江苏省（5%）①。如图4-1-3所示。

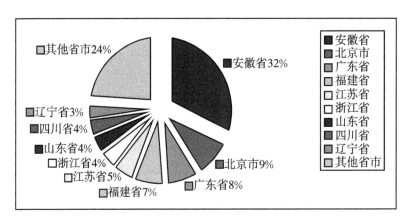

图4-1-3　2009～2013年商标专用权质押次数全国分布

从图4-1-3可以看出，商标权质押次数除了北京市、广东省外，其余三个省份安徽省、福建省、江苏省，都是华东地区，是全国商标申请注册数量名列前茅的地区。尤其是安徽省，商标权质押几乎占据全国的1/3，成效显著，值得全国其他地区借鉴。安徽省的经验：一是制订鼓励政策。如《安徽省著名商标认定和保护条例》《安徽省商标专用权质押贷款工作指导意见》《商标专用权质押贷款工作实施意见》。二是采取有效的措施。针对企业不了解、银行顾虑多等难题推行"核验服务、资信服务、基础服务、上门服务、全程服务"五项服务举措。三是健全监管机制。推行"贷前、贷中、贷后"全程监管机制，确保贷款质量，降低金融风险。此外，加大宣传引导。桐城市作为全省首批试点，安徽省工商局、安庆市工商局和桐城市政府联合在桐城主办商标专用权质押贷款银企对接会；滁州、亳州、蚌埠、马鞍山、池州、安庆、蚌埠市、巢湖市等随后出台《关于做好商标专用权质押贷款工作的通知》《关于加快推进商标专用权贷款工作的意见》《关于加快实施商标战略促进经济发展的意见》等专门文件，提出目标任务、具体要求，并将商标专用权质押贷款工作纳入对金融机构的考核体系。②

---

① 2014年度每月的商标权质权登记信息在中国商标网官网公开可以查询的，是2014年4月至2014年12月的数据，2014年1月至2014年3月的数据无法查询。

② 鲍亮亮，郭晓明.安徽省商标质押贷款超百亿元[N].安徽日报，2015-06-07.

（三）商标权质押融资企业所在产业统计分析

调研机构公布的调查数据显示，全国商标权质押贷款企业比例最高的为第二产业，占91%，第三产业占6%；第一产业仅占3%。[①] 这是由我国现阶段的产业结构以及地方经济发展需求所决定的，如图4-1-4所示。

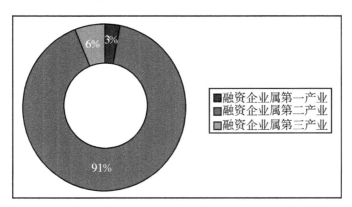

图4-1-4　2008~2013年全国商标权质押融资企业所在产业分布情况

国家知识产权局部署知识产权质押融资试点工作时，出发点是为科技型中小企业解决因缺乏房产等传统有形资产而面临的融资难问题。目前，中小型企业在我国所有企业类型的占比约为70%，随着国家宏观调控的成效逐渐显现，产业结构已渐趋合理。国家统计局公布的2013年国民经济发展状况的数据显示，第三产业占比提高到46.1%，第一次超过了第二产业。[②] 这预示着，随着第三产业的壮大和发展，以科技、信息、服务等行业领域为主体的第三产业的中小型企业，将成为未来商标权质押融资企业的主体。

（四）商标权质押融资金融机构性质统计分析

据统计，提供商标权质押融资贷款的金融机构中，接近一半（46%）融资额由地方中小型银行业金融机构提供；地方一般担保、贷款公司提供的融资额占24%；国有商业银行的融资额占21%；其他的自然人、一般法人等占9%，[③] 如图4-1-5所示。

---

① 丁坚，范建永. 商标专用权质押贷款数据统计分析研究 [J]. 中华商标，2014（12）：22.

② 吴佳珅. 2013年我国GDP 568845亿元产业结构进一步优化 [N]. 科技日报，2014-01-21.

③ 数据来源：丁坚，范建永. 商标专用权质押贷款数据统计分析研究 [J]. 中华商标，2014（12）：21.

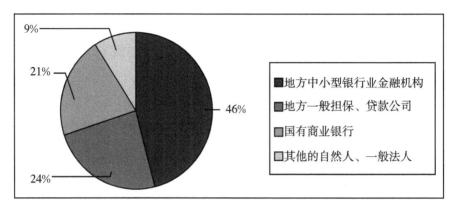

图4-1-5 全国商标权质押融资贷款的金融机构性质分布情况

商标权质押融资金融机构更多为地方中小型银行业金融机构，究其原因，是其自身特点和优势使然。例如，与地方政府联系更紧密、更了解当地企业；地方政府为促进商标权质押融资，出台激励地方中小型银行业金融机构贴息、优惠补偿、鼓励政策，且政府提供担保，提升其积极性，实现质押融资成功案例。而国有商业银行，其服务定位主要是大中型企业，资产数额较小、资产特性以无形资产居多的中小企业通常不为其青睐，加上知识产权质押融资风险较高且管控难，其接受度和积极性普遍一般，故非商标权等知识产权质押融资金融机构主角。

三、2008～2014年全国著作权质押融资概况

2006年，交通银行北京市分行在全国率先推出知识产权质押贷款。2007年10月，又率先推出了文化创意产业版权质押贷款，并以版权质押组合担保方式向天星际公司的电视剧《宝莲灯前传》提供首笔贷款。2008年，大业传媒将公司在电视剧、动漫、电视节目等领域的13项版权作为质押，获得银行5000万元贷款。[1] 中国人民银行发布的2011年北京市金融运行报告显示，从2008年截至2011年年底，中资银行文化创意产业贷款余额444.5亿元。[2] 2012年，我国完成著作权质权登记146件，涉及软件和作品数量773件，质

---

① 姜旭. 版权质押贷款为中小文化企业撑腰 [N]. 中国知识产权报，2012-02-08.
② 杨汛. 2011年北京市新增贷款4180亿 文化创意产业投放加大 [N]. 北京日报，2012-02-01.

押金额总计 27.51 亿元，其中最高一笔质押金额达 1 亿元人民币。① 2013 年，软交所帮助 136 家企业通过软件著作权质押获得知识产权质押贷款，累计融资 11.8 亿元。② 2014 年中国知识产权发展状况新闻发布会显示，2014 年全国版权实现质押融资 26.25 亿元。③ 可见，从 2008 年试点截至 2014 年年底，全国版权质押融资工作取得一定成效。但与专利质押、商标权质押相比，版权融资同期金额明显较低。同时，版权质押登记的作品件数，也比专利质押登记的专利件数，商标质押登记的商标件数明显要少。以 2012 年，全国知识产权质押融资超过百亿元为例，就三种知识产权类型的质押融资金额和登记的知识产权件数做一比较，如表 4 - 1 - 3 所示。

表 4 - 1 - 3 2012 年三种知识产权类型质押融资金额与质押登记数量比较

2012 年知识产权质押融资	专利质押	商标质押	版权质押
融资金额（亿元）	141	214.6	27.51
质押登记（件数）	3368	610	146

更直观一些的比较，可以通过统计图得以反映，如图 4 - 1 - 6 所示。

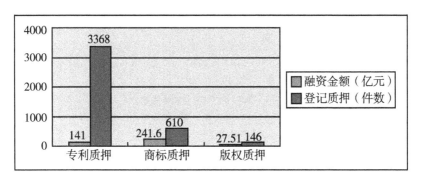

图 4 - 1 - 6 2012 年三种知识产权类型质押融资金额与质押登记数量比较

根据图 4 - 1 - 6 可知，版权质押融资金额和数量仍有非常大的提升空间和发展潜力。

① 李纪平. 去年著作权登记数量大幅增长版权融资需求强烈质押金额超 27 亿元 [N]. 法制日报，2013 - 01 - 18.

② 刘仁. 中小企业不必对版权质押融资敬而远之 [N]. 中国知识产权报，2014 - 03 - 25.

③ 国家知识产权局. 2014 中国知识产权发展状况新闻发布会 [DB/OL] [2016 - 04 - 26]. http：//www. gsipo. gov. cn/ywdt/detail. php? n_ no = 47780.

四、截至 2014 年全国各地开展知识产权质押融资总况

国家知识产权的官网公布的消息表明，我国内地已有 29 个地区开展知识产权质押融资实践，分布情况如表 4 - 1 - 4 所示。

表 4 - 1 - 4　截至 2014 年全国知识产权质押融资实践区域状况

区域和省份		开展实践城市	知识产权质押融资总额①
华东	山东省	威海、潍坊、滨州、东营、济南、菏泽、聊城、泉林	95.4 亿元②
	江苏省	南京、镇江、无锡、苏州、南通、连云港	专利质押 120 亿元，商标质押 70 亿元，共 190 亿元③
	安徽省	合肥、芜湖、蚌埠、亳州、铜陵等 14 个市及宁国、颍上、青阳、全椒、金寨 5 个县（市）	专利权质押 21 亿元，商标权质押超过 100 亿元④，总额超过 121 亿元
	浙江省	杭州、温州	12.9 亿元⑤
	福建省	福州、厦门、漳州、泉州、龙岩	19.63 亿元⑥

① 如无特别列出说明，质押融资金额为专利权质押融资金额。

② 质押融资方面，全省在国家知识产权局备案的专利权质押合同登记达到 152 项，涉及 737 项专利权，质押融资金额 95.4 亿元。其中，融资金额过亿元的市有聊城 80.03 亿元、济南 4.2056 亿元、青岛 2.508 亿元、济宁 2 亿元、烟台 1.4777 亿元、威海 1.2185 亿元、滨州 1.19 亿元。提供专利权质押贷款的金融机构达 25 家。其中齐鲁银行、青岛银行、恒丰银行、威海商业银行、建设银行、交通银行、农业银行等七家银行贷款项目多、额度大。参见姜瑞丽. 山东 2014 年发明专利授权量首次突破万件 [DB/OL] [2016 - 04 - 26]. http：//news. sdchina. com/show/3209097. htm.

③ 国家知识产权局. 2014 年江苏省知识产权发展与保护状况 [DB/OL] [2016 - 04 - 26]. http：//www. sipo. gov. cn/mtjj/2015/201504/t20150415_ 1101728. html.

④ 截至 2014 年年底，安徽省已实现专利权质押贷款 210 笔，融资累计达 21 亿元。赵建国. 安徽：专利质押为企业排忧解难 [N]. 中国知识产权报，2015 - 04 - 17.

⑤ 截至 2014 年 3 月末，温州已为 72 家企业办理知识产权质押贷款 4.3 亿元，约占全省知识产权质押贷款总额的 50%。张建军，倪冰. 知识产权质押引活水，温州 70 余家企业获贷 4.3 亿元 [DB/OL] [2016 - 04 - 26]. http：//zjnews. zjol. com. cn/system/2014/05/20/020033702. shtml.

⑥ 福建省 2014 年全年专利权质押金额达 14.0223 亿元，较上年增长 150%，2013 年专利质押金额为 5.6089 亿元。从 2012 年福建省开展专利权质押融资至 2014 年年底，质押融资金额达 19.6312 亿元。

续表

区域和省份		开展实践城市	知识产权质押融资总额
华东	上海市	浦东新区和闵行区、徐汇区、黄浦区、普陀区、长宁区、静安区、虹口区、杨浦区、闸北区、青浦区、奉贤区等12个城区	18.18亿元①
华南	广东省	广州、南海、东莞、顺德、深圳、江门	56.8亿元②
	广西壮族自治区	—	1.0855亿元③
	海南省	—	0.1亿元④
华中	湖北省	武汉	17.15亿元⑤
	湖南省	株洲、长沙	10亿元⑥
	河南省	全省18个省辖市	13.76亿元⑦

---

① 截至2013年年底，上海实现知识产权质押融资金额18.18亿元，2014年全年实现专利质押贷款8.64亿元。截至2014年底，知识产权质押金额26.82亿元。

② 2008~2013年广东专利权质押金额是10亿元，2014年全年专利权质押金额46.8亿元，2008~2014年专利权质押总额56.8亿元。

③ 截至2014年9月，广西8家企业以37件专利质押获得商业贷款1.0855亿元。黄华禄. 奋进中的广西知识产权事业［N］. 中国知识产权报，2014－10－22.

④ 2014年6月，海南光信科技有限公司用4件实用新型专利与中国银行海口琼山支行签约1000万元质押贷款协议。赵建国，王璐，王宇，崔静思，孙迪. 聚集2014年全国专利事业发展战略推进计划（下）［DB/OL］［2016－04－26］. http：//www. sipo. gov. cn/mtjj/2014/201412/t20141210_1044172. html.

⑤ 截至2014年，湖北知识产权质押融额达17.15亿元，其中通过专利权质押，共向114家企业累计发放贷款金额13.16亿元。给予质押贷款贴息1034万元；通过商标权质押，共向13家企业累计发放贷款金额2.16亿元；通过著作权质押，共向14家企业累计发放贷款资金1.82亿元。试点期间，武汉地区企业共向银行、担保公司质押专利373件，其中发明专利205件，实用新型专利165件，外观设计专利3件。王承晨. 三位一体助推专利质押融资工作，武汉市114家知识产权质押贷款企业运行良好［DB/OL］［2016－04－26］. http：//www. sipo. gov. cn/dfzz/wuhan/xwdt/xwdt/201408/t20140818_997211. htm.

⑥ 截至2014年，湖南已有10多家银行开展了知识产权质押贷款业务，累计向近100家企业发放贷款10余亿元，出质专利500件左右，单笔放贷额度最大达到1.2亿元，目前未产生不良贷款。张珍，金文峰. 湖南知识产权质押融资银企对接会召开［DB/OL］［2016－04－26］. http：//news. 163. com/15/0720/14/AUVOFF7500014AEE. html.

⑦ 截至2014年年底，全省18个省辖市全部组织开展了知识产权质押融资巡讲和银企对接活动，8家银行相继开展知识产权质押融资业务，累积完成知识产权质押融资总额13.76亿元，涉及企业66家。张晓燕. 河南去年专利权质押融资超4亿元［DB/OL］［2016－04－26］. http：//ip. people. com. cn/n/2015/0309/c136672－26661156. html.

续表

区域和省份		开展实践城市	知识产权质押融资总额
华中	江西省	南昌	1 亿元①
华北	北京市	海淀区	21 亿元②
	天津市	天津市	专利质押 42.699 亿元，商标质押 0.4 亿元，总额 43.099 亿元③
	河北省	邯郸等 8 个区市，石家庄高新区、鹿泉等 3 个县（区）	14.225 亿元④
	山西省	—	商标权质押 0.02 亿元⑤
	内蒙古自治区	包头	0.4 亿元⑥
西北	宁夏回族自治区	银川、青铜峡	2.96 亿元⑦

① 截至 2014 年，南昌市已有 9 家企业通过融资平台利用知识产权质押融资的方式获得贷款 9800 万元，其中专利质押贷款是 5800 万元，商标质押贷款为 4000 万元。新华网江西频道. 南昌政府贴息质押知识产权 9 企业获近亿元贷款 [DB/OL]. [2016 - 04 - 26]. http://www.jfz.com/wz/id - 1062072. html.

② 北京市海淀区自开展知识产权质押融资试点工作以来，累计共有近 150 家企业获得海淀区知识产权质押融资项目支持，海淀园（区科委）给予企业贷款贴息 3400 余万元，涉及贷款额度约 21 亿。海淀园知产处. 京海淀区知识产权质押融资工作取得成效 [DB/OL]. [2016 - 04 - 26]. http://bjzs. wincn. com/html/2015/yqyj_ 0104/2696. html.

③ 天津市自开展试点工作以来，专利权质押贷款规模从试点前 2009 年的 4280 万元增长到 2013 年年底的 12.764 亿元，试点期间质押贷款总额累计达到 26.969 亿元；试点期间获得专利权质押贷款的 133 家企业。2014 年通过专利质押方式取得贷款总额达到 15.73 亿元，同比增长 23.1%；通过商标质押方式取得贷款总额达到 4000 万元。截至 2014 年年底，天津知识产权质押融资总额 43.099 亿元。

④ 2010 年，河北省科技、知识产权、财政、金融等相关部门联合出台了《河北省专利权质押贷款管理暂行办法》，建立推进专利权质押贷款的联动工作机制，共同搭建了专利权质押融资平台。截至 2013 年年底，全省 69 家企业通过专利权质押方式获得银行贷款 10 亿元，有效缓解了科技型中小企业融资困境。2014 年，河北省专利权质押融资工作扩展到邯郸等 8 个区市，石家庄高新区、鹿泉等 3 个县（区）及 13 个银行业金融机构，22 家企业以专利权质押贷款 4.2250 亿元，涉及专利 103 件。王宇，张君明. 河北："政银保"通力合作为企业保驾护航 [N]. 中国知识产权报，2014 - 11 - 28.

⑤ 1999 年，工行山西忻州分行为忻州市云中制药厂办理了一笔 200 万元的商标专用权质押贷款，为全国首例。自此，关于山西知识产权质押融资成功案例未见诸于媒体公开报道。

⑥ 韩勇. 内蒙古包头 4 家企业以知识产权质押融资 4000 万元 [DB/OL]. [2016 - 04 - 26]. http://www.sipo.gov.cn/dfzz/neimenggu/xwdt/ywdt/201304/t20130407_ 790389. htm.

⑦ 凌雁. 企业知识产权质押融资近 3 亿元 [DB/OL]. [2016 - 04 - 26]. http://sz.nxnews.net/nxrb/html/2014 - 06/03/content_ 513083. htm.

续表

区域和省份		开展实践城市	知识产权质押融资总额
西北	新疆维吾尔自治区	乌鲁木齐	0.645 亿元①
	青海省	—	0.51 亿元②
	陕西省	覆盖全省大部分地区	20 亿元③
	甘肃省	—	0.67 亿元④
西南	四川省	成都、绵阳、自贡、攀枝花、遂宁、乐山、宜宾、内江、雅安、广安、泸州	36.09 亿元⑤
	云南省	昆明	11.714 亿元⑥
	贵州省	—	23.86 亿元⑦
	西藏自治区	—	暂未有成功融资个案
	重庆市	重庆	6.51 亿元⑧

---

① 新疆生产力促进中心. 知识产权质押融资获得新突破 [DB/OL] [2016－04－26]. http：//www. xjpc. org. cn/Content. aspx？Info_ ID = e0378baa－1603－43bc－bba2－aad36f2d1395. 2009～2011 年为中小企业提供 3450 万元的知识产权质押贷款. 唐红梅. 自 2012 年至今新疆仅有 6 家企业通过商标贷款 3000 万元 [N]. 乌鲁木齐晚报，2015－04－28.

② 2014 年 8 月，青海中力电气电子科技有限公司、青海绿草地新能源科技有限公司成功实现专利质押融资 3500 万元，是我省以前专利质押融资金额 1600 万元总和的 2 倍多。沈芹，谢光辉. 青海专利权质押融资工作取得新突破 [DB/OL] [2016－04－26]. http：//www. qhipo. gov. cn/news/chanquanyaowen/2014－08－21/307. html.

③ 截至 2014 年，全省 200 余家企业已通过知识产权质押融资超过 20 亿元。冯国. 陕西 200 余家企业通过知识产权质押融资逾 20 亿元 [DB/OL] [2015－07－05]. http：//business. sohu. com/20150705/n416199676. shtml.

④ 甘肃省人民政府办公厅关于印发《深入实施甘肃省知识产权战略行动计划（2015～2020 年）》的通知 [DB/OL] [2016－04－26]. http：//www. gansu. gov. cn/art/2015/6/2/art_ 4786_ 239376. html.

⑤ 截至 2012 年年底，成都市知识产权质押融资户数 99 户，担保贷款总额已达 8 亿元；2014 年专利质押金额 17.56 亿元，同比增长 67.72%；2013 年专利质押金额 10.53 亿元；截至 2014 年年底，知识产权质押金额 36.09 亿元。

⑥ 2014 年云南省专利权质押融资突破 6.57 亿元，同比增长 45.05%；2013 年专利权质押融资额为 4.529 亿元；2012 年实现知识产权质押贷款，贷款额度 4150 万元；2011 年专利权质押贷款额 2000 万元；截至 2014 年，知识产权质押融资总额 11.714 亿元。

⑦ 截至 2013 年年底，贵州省共实现专利权质押贷款 57 笔，累计贷款金额 15.64 亿元，2014 年实现专利权质押贷款 8.22 亿元，截至 2014 年年底，质押融资金额达 23.86 亿元。

⑧ 2014 年，重庆市知识产权局引导 36 家企业运用 678 件专利质押融资 3.31 亿元；截至 2013 年，重庆市知识产权质押融资达到 3.2 亿元；截至 2014 年年底，重庆市知识产权质押融总资 6.51 亿元。

区域和省份		开展实践城市	知识产权质押融资总额
东北	辽宁省	—	12.67 亿元①
	吉林省	长春、吉林	10 亿元②
	黑龙江省	—	2.3 亿元③

从表4-1-4可以看出，全国知识产权质押融资金额，鉴于商标权质押融资归口为国家工商总局商标局，版权质押融资归口管理是国家版权局，而知识产权质押融资试点工作由国家知识产权局统一部署，专利权质押融资归口管理是国家知识产权局。在此，以专利权质押融资金额统计来看，④ 位居第一位的是江苏省，融资金额120亿元。第二位山东省，95.4亿元；第三位广东省，56.8亿元；第四位天津市，42.699亿元；第五位四川省，36.09亿元。

在全国排名前五位中，特别值得指出的是：其一，江苏、广东两个省是全国的知识产权大省，他们不仅专利的申请量多，有效专利的数量在全国名列前茅，知识产权质押融资所取得的成绩也是颇为显著。这是两省成为国家知识产权部署的试点城市工作的有效推进的体现和反映。江苏省的无锡市、镇江市是国家知识产权融资试点城市；广东省的南海、广州、东莞是国家知识产权质押融资试点城市。其二，山东省的发展潜力和爆发力，是近年最为

---

① 2013 年，辽宁全省专利质押融资登记 21 项、12.67 亿元；2013 年辽宁省知识产权发展与保护状况 [DB/OL] [2016 - 04 - 26]. http：//www. lnipo. gov. cn/zscqjweb/zsweb/informationShow. jsp？sectorId = ztxx&infoId = bb45458646015a7f01461ca3d4900029. 2014 年知识产权质押融资状况未见诸于媒体公开报道。

② 吉林市科技局积极开展知识产权质押融资业务 [DB/OL] [2016 - 04 - 26]. http：//kjt. jl. gov. cn/kjt/6/27/2010/06/i5649. shtml. 吉林市建行在 2010 年到 2012 年三年内提供 10 亿元人民币贷款授信额度。2013～2014 年度未见有媒体公开报道。长春市作为国家知识产权质押融资首批试点单位之一，其试点状况未见有媒体公开报道。

③ 黑龙江省知识产权局，截至 2013 年 11 月底，黑龙江已有 67 件专利权质押登记，其中，发明专利权 21 件、实用新型专利权 46 件；总质押金额 2.3 亿元人民币 [DB/OL] [2016 - 04 - 26]. http：//www. sipo. gov. cn/zlssbgs/dfdt/201505/t20150525_ 1122449. html。2014 年度知识产权融资状况未见有媒体公开报道。

④ 由于我国知识产权行政管理体制实行条块式管理，知识产权行政主管部门事实上是专利行政主管部门，各省知识产权局发布的知识产权质押融资的数额，除了山东、安徽两省外，统计的是专利质押融资的金额。

突出的省份，其专利质押融资金额超过 90 亿元，位居全国第二，反映了山东省建设经济文化大省的雄心和实力。山东省的威海、潍坊、滨州、泉林等城市的知识产权质押融资实践积极推进，成绩斐然。据媒体公开报道，泉林知识产权质押融资创国内最高。泉林纸业有限责任公司以 110 件专利、34 件注册商标等质押获得 79 亿元的银团贷款。在这次贷款中，企业拥有的专利评估价值达到了 60 亿元。① 其三，四川省进入全国第五名。作为我国西南地区中心省份的四川，科技与金融的相互促进正在如火如荼的进行，前程广阔。天津市是我国四大直辖市之一，是专利权质押融资金额唯一进入前五的直辖市代表。与此同时，天津市也是全国唯一全市进入知识产权质押融资试点的直辖市，其依托天津滨海新区，京津冀一体化等，在知识产权金融服务方面取得显著成效，尤其是天津滨海国际知识产权所建构的知识产权投融资服务与质权处置平台，享誉国内。②

全国知识产权（专利权）质押融资总额第六至十名相应是：第六名，贵州省，23.86 亿元；第七名，安徽省与北京市海淀区并列，21 亿元；第八名陕西省 20 亿元；第九名福建省，19.63 亿元；第十名上海市，18.18 亿元。在第六至十名中，尤其值得一提的是贵州省、陕西省。两者都属于我国西部地区，其中，陕西省属于西北地区，西北地区由于天然的地理位置和交通地理条件等，与东南沿海地区相比，在发展上明显处于劣势，但陕西省在国家知识产权局的工作指导下，出台制定一系列促进和鼓励知识产权质押融资的政策措施，这与政府积极作为，努力推广普及分不开，最终取得令人惊喜的成效。再就是贵州省，作为西南地区的省份之一，老、穷、边是贵州留给国人的一贯印象。在专利质押融资工作方面，贵州省于 2010 年开始试点知识产权质押融资，目前全省各地已进行相关试点。据统计，全省获得专利权质押贷款的企业涉及民族医药、装备制造、新能源、化工和特色食品等重点产业，且在实践中以融资促进产业做大做强。专利权质押贷款正在成为解决科技型中小企业融资难的一条有效渠道。③

①　王亚楠. 山东：泉林知识产权质押融资创国内最高［N］. 大众日报，2014 - 02 - 28.
②　天津滨海国际知识产权交易所官方网站［OL］［2016 - 04 - 26］. http：//www.tipei.net/.
③　周娴. 贵州创新知识产权质押融资［DB/OL］［2016 - 04 - 26］. http：//www.gz.chinanews.com/content/2014/09 - 23/43729.shtml.

湖北省、河南省、云南省、辽宁省、吉林省位居全国第十一至十五名。全国专利质押融资金额前十位的省份情况如图 4-1-7 所示。

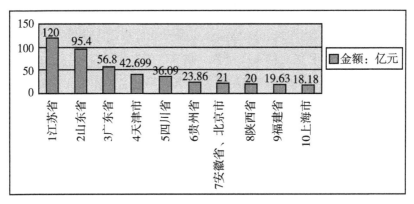

图 4-1-7 全国专利质押融资金额前十位的省份情况

五、各方主体参与总体情况

我国知识产权质押融资实践的参与主体包括政府部门、商业银行、融资企业、中介机构等。其中,政府的主要作用和角色定位是发挥引导、协调的作用;商业银行是融资金额的发放主体;融资企业是急切希望得到融资金额解决企业发展资金瓶颈的需求主体;中介机构是辅助知识产权质押融资顺利完成、提供评估、代理、保险、处置、交易等知识产权服务的专业机构。从 2008 年国家知识产权局部署知识产权质押融资试点工作以来,在前述各方主体的参与之下,截至 2014 年,各方主体的参与总体情况如下。

(一) 政府:引导协调

2008～2014 年,全国 31 个省、自治区、直辖市,除了山西①、西藏②外,29 个省、自治区、直辖市开展了知识产权质押融资实践。各地政府在实践的过程中,发挥相关政府部门的引导协调作用,推动知识产权质押融资实践普及、推广。

从表 4-1-4 可以看出,天津市 (全市)、河南省 (18 个省直辖市)、安

---

① 有据可查,被公认为我国最早的知识产权质押融资的案例发生在山西。1999 年,工行山西忻州分行为忻州市云中制药厂办理了一笔 200 万元的商标专用权质押贷款,为全国首例。自此,关于山西知识产权质押融资成功案例未见诸于媒体公开报道。

② 关于西藏知识产权质押融资实践,未见诸于官方及媒体公开报道。

徽省［14 个市及 5 个县（市）］、上海市（12 个城区）、四川省（11 个市）、河北省（8 个市，3 个县区）、陕西省全省大部分地区、江苏、山东、广东、福建等省份的多个省内城市，开展了知识产权质押融资实践。

据不完全统计，全国各地颁发的涉及知识产权质押融资政策的政府文件有 180 多个，其中省级政策占 32%，地市级政策占 68%。其中，西南、西北地区出台的政策偏少，东部发达地区出台的政策比较完善。安徽、河南、湖北、江苏、山东、浙江、湖南、广东等 8 个省份，出台的政策均超过 10个。北京、湖北、广西未出台省（市）级的政策，但出台了地市（区）级的政策。贵州、青海、宁夏、辽宁出台了省级的政策，但未出台地市级的政策。①

例如，天津市委市政府高度重视知识产权质押融资工作，发挥政府重要角色。一是制定并出台《天津市专利权质押贷款实施指导意见》等一系列政策性文件，建立较为完善的政策体系；二是建立多部门推进工作的协同机制；三是搭建知识产权质押融资服务平台，引导成立知识产权投融资服务联盟；四是建立专利流转处置平台，拓宽专利权质押贷款处置渠道；五是开展企业需求调查、跟踪服务、宣传培训、协助银行筛选需求企业、指导办理专利权质押登记手续等工作。通过上述举措，为企业知识产权质押融资创造良好的市场环境，知识产权质押贷款工作纳入规范化、科学化的轨道，形成"征集需求、对接服务、业务指导、促进流转、政策引领"的知识产权质押融资工作的"天津模式"②。在天津市知识产权局、天津市财政局、天津市金融办、天津市中小企业局、天津银监局、天津保监局等部门的共同努力下，认真实施试点方案，取得了显著成效。自开展试点工作以来，天津市专利权质押贷款规模从试点前 2009 年的 4280 万元增长到 2013 年年底的 12.764 亿元，试点期间质押贷款总额累计达到 26.969 亿元。专利权质押贷款有效促进了企业的快速发展，试点期间获得专利权质押贷款的 133 家企业中，目前已有 28 家

① 杨伟民，王爱华.全国知识产权质押贷款现状和政策研究分析［DB/OL］［2016 - 04 - 26］.http：//www.mysipo.com/article - 5223 - 1.html.

② 天津知识产权局.天津市顺利通过国家知识产权质押融资试点验收［DB/OL］［2016 - 04 - 26］.http：//tj.sina.com.cn/city/fbtj/2014 - 01 - 28/091866073.html.

经市科委、市中小企业局认定为科技小巨人企业，20 家企业成了科技领军企业，9 家企业获得 11 项专利奖。①

又如，安徽省知识产权局近年在专利权质押贷款工作上主动做好政策顶层设计、广泛开展宣传培训、工作纳入考核督查、月度实行统计分析、不断优化公共服务等工作，建立了补贴补偿、政策激励、信息征询、工作监管、模式灵活等机制，为专利权质押贷款工作的开展提供了重要保障。安徽省专利权质押贷款已经基本形成了政府引导、市场主导、发展迅速、不断深入的良好发展趋势。有效防范和控制了风险，至今未出现不良贷款。截至 2014 年年底，安徽省专利权质押贷款 210 笔，融资累计 21 亿元，为安徽省企业科技创新和经济发展提供有力保障。②

再如，河南省政府及相关部门在知识产权质押融资中发挥引导协调作用，省内各家商业银行近三年来向本省近 60 家企业发放累计近 10 亿元的专利权及知识产权质押贷款。其中，获得专利权质押贷款的春泉节能股份有限公司，依靠"雪中送炭"的专利权质押贷款渡过难关，跻身销售额近亿元的行业创新龙头企业。③

在专利权质押融资金额位居全国第二的山东，省政府于 2012 年年底出台的《关于加快科技成果转化提高企业自主创新能力的意见》和《关于加强知识产权工作提高企业核心竞争力的意见》，有效调动企业发明创造的积极性。2013 年，全省有专利权投融资需求的企事业单位进行了摸底调查，向银行等金融机构推荐一份包括 2000 多件专利的清单，各市也积极探索，引入反担保、企业互保，或者采取财政贴息，鼓励担保机构为中小微科技型企业知识产权质押贷款提供担保。2014 年，中国人民银行济南分行、山东省科技厅、山东省知识产权局等 6 部门又联合印发《关于贯彻落实银发〔2014〕9 号文件　扎实做好科技金融服务的意见》，加大对全省科技企业发展的信贷支持力度，进一步拓宽科技创新企业直接融资渠道，大力创新科技保险产品和服务，健全金融支持科技创新的风险防控、分散和补偿机制，促进知识产权质

① 天津知识产权局. 天津市顺利通过国家知识产权质押融资试点验收 [DB/OL] [2016 - 04 - 26]. http://tj.sina.com.cn/city/fbtj/2014 - 01 - 28/091866073.html.
② 赵建国. 安徽：专利质押为企业排忧解难 [N]. 中国知识产权报，2015 - 04 - 17.
③ 陶鑫良. 有效运用知识产权积极推进质押融资 [N]. 中国知识产权报，2014 - 11 - 26.

押融资发展。① 政府的政策让山东省知识产权质押融资迎来了春天。据统计，从 2013 年至今，山东省在国家知识产权局备案的专利权质押合同登记已达 70 项，涉及 542 件专利。包括商标在内的各类知识产权质押金额达 93. 3 亿元，其中，2014 年以来的就有 82 亿元。②

江苏、广东、北京市、上海市、武汉市、福建、陕西、河北等省市的政府相关部门也积极发挥政府的协调指导作用，使知识产权质押融资实践产生积极成效。北京市科委充分发挥政府的引导、协调、扶持和服务功能，对知识产权质押贷款业务给予一定比例的贴息支持，并承担相应的服务功能。③上海浦东知识产权中心负责对申请知识产权贷款的企业采用知识产权简易评估方式，简化贷款流程，加快放贷速度，各相关主管部门充当"担保主体 + 评估主体 + 贴息支持"等多重角色。④ 武汉市出台《武汉市专利权质押贷款操作指引》一系列措施，为专利权质押融资提供制度保障。武汉市知识产权局与武汉市财政局联合出台《武汉市知识产权质押贷款贴息管理暂行办法》，规定凡在武汉市办理工商、税务登记的中小企业，通过专利权质押方式获取商业银行贷款的，在按期正常还本付息后都可向武汉市知识产权局申请专利权贷款贴息，经过审批后企业获得的最高贴息金额可达 20 万元，最高贴息比例可达 30%。⑤ 对以专利权质押方式获得贷款的武汉市中小企业提供贴息支持，知识产权局负责对项目申请进行受理、审核及立项，财政局负责对所立项目发放贴息资金，并和市知识产权局共同监督。

（二）银行：审慎实践

鉴于知识产权质押融资的质押标的知识产权本身的特点和特殊性，知识产权质押融资风险较之于不动产抵押、一般动产质押，明显难于管控。作为融资主体之一的商业银行，对此态度相对稳健。对于知识产权质押融资，较

---

① 李运寿. 山东：知识产权质押融资走进春天［N］. 中国知识产权报，2014 - 03 - 23.

② 同上.

③ 北京市科技委员会. 市科委与北京银行签署"知识产权质押贷款"战略合作协议［DB/OL］［2016 - 04 - 26］. http://www. bjkw. gov. cn/n8785584/n8904761/n8904885/n8918125/9010004. html.

④ 宋文娟. 对我国知识产权质押融资中政府定位的思考［J］. 商品与质量，2011（S9）：28.

⑤ 孙迪. 武汉：贷款贴息显成效［N］. 中国知识产权报，2014 - 11 - 20.

为审慎。从 2008 年国家知识产权局部署知识产权质押融资试点工作，在 2008 年、2009 年、2010 年最初的三年，中国人民银行广州分行在已列入国家知识产权质押融资试点地区的广州、佛山（南海）、东莞以及科技产业发展基础较好的珠海组织开展了专题调研，对 4 个市 61 家银行机构进行了问卷调查，并且通过举办座谈会、上门走访等形式，征询地方政府主管部门、银行机构的意见和建议。调研结果表明：有 3 家银行机构已经发放专利权质押贷款，4 家银行机构已经与企业签订贷款意向协议，30 家银行机构计划开展这项贷款业务；而商标权质押贷款业务方面，已有 3 家银行机构发放了贷款，1 家银行机构已经与企业签署贷款意向协议，35 家银行机构计划开展此项贷款业务。[①] 这些调查数据表明，银行机构对于知识产权质押融资试点最初时期，绝大多数（占比95%）囿于担心风险，尚未实质性开展此项业务；但是有开展计划。已经成功开展实践的，比例比较低（占比5%），如表 4 - 1 - 5 所示。

表 4 - 1 - 5 广东 61 家银行开展知识产权质押融资状况[②]

	专利质押贷款	商标质押贷款
已开展	3 家	3 家
已签订开展意向书	4 家	1 家
计划开展	30 家	35 家
尚无明确开展计划	24 家	21 家

具体到试点地区的商业银行本身，有主动参与、非常审慎和颇为积极的行为表现。例如，交通银行北京分行先后推出了以"展业通"为代表的中小企业专利权和商标专用权质押贷款品种，推出了"文化创意产业版权担保贷款"产品等，充当起主动参与的"创新者"角色。又如，上海银行浦东分行承担风险为 1% ~5%，在知识产权质押贷款方面持非常谨慎的态度，认为控制风险最重要，在发放贷款方面比较被动；工商银行广东省分行客户经理李明义透露，银行对于知识产权认识不清，既缺少对技术层面的认识，也缺少对市场的把握。即便这两点都不存在问题，企业的财务状况、运营水平、行

---

① 匡国建. 知识产权质押融资试点面临的问题及对策 [DB/OL]. 百度文库.
② 该表根据中国人民银行广州分行课题调研组调研数据整理制作。

政能力等都有可能导致灾难。更关键的是，要把蓝图上的知识产权项目转变成实实在在的产品，这个产业化的过程中有太多无法预知和防范的风险，而银行是不会也不可能对此一一进行评估的。① 再如，武汉相关金融机构对专利权质押融资态度则颇为积极，如交通银行武汉分行专利权间接质押贷款，人民银行武汉分行尝试推出专利权直接质押贷款。

在知识产权质押融资的四方主体政府、银行、企业、中介中，银行是非常重要的知识产权质押合同、借款合同的一方主体，其参与的意愿、积极性与否，根本性地影响到我国知识产权质押融资的进一步推广和拓展。从 2011 年起，国家知识产权局，各地试点城市所在的政府及其相关政府部门，连同银行机构等，共同研究和解决知识产权质押融资风险管控问题。就银行自身来说，其主要做法和经验是加强贷款前的审核，放贷时的严谨以及贷款后的监管。广东佛山南海招商银行的专利质押融资实践，由银行设置放贷条件，审慎控制风险，具体措施如下。

第一，银行设置贷款条件，包括贷款期限、最高金额、质押率、申请贷款企业的条件，质押的知识产权应具备的条件等。

佛山市南海区参加试点的银行的知识产权质押贷款期限为一年，授信最高额原则上不超过 3000 万元，质押率控制在 10%～30%。贷款企业需满足以下三个条件：近两年盈利；用于质押的专利权至少已实施 2 年，专利权有效并具有盈利能力；质押的商标已经用于产品或服务，商标合法有效且使用期限至少在 2 年以上。建设银行东莞分行对于质押的知识产权要求必须是已投产使用 2 年以上，发明专利权还要求剩余专利权有效期不低于 8 年，实用新型专利权要求剩余专利权有效期不低于 4 年。同时要求额度范围在 1000 万元以内，期限为一年以内，质押贷款率不超过 30%。总体来看，比其他不动产质押率要低，贷款期限要短。②

广州市商业银行的贷款条件是：要求企业的知识产权已经处于实质性实施阶段，企业要有 2 年以上的经营业绩和盈利记录，财务管理制度规范，企

---

① 侯云龙 . 保险有望介入知识产权质押融资［N］. 经济参考报，2010 - 09 - 09.

② 丘志乔 . 广东知识产权质押融资模式探析［J］. 广东工业大学学报（哲学社会科学版），2011（3）：7.

业法人代表具有良好的信用记录。出于风险控制的考虑，尚未实施产业化的
个人发明通常不纳入考虑范围。①

第二，银行设置严格的贷款流程来进一步加大对风险的控制。招商银行
佛山分行对佛山市南海区南海勤联医疗器械有限公司发放的知识产权质押贷
款流程如下：（1）评估。企业提交材料给银行认可的评估公司评估，律师事
务所见证。（2）审批。企业提交材料给银行进行贷款审查和审批。（3）签订
协议。审批通过后，企业与银行签订贷款协议。（4）登记。国家产权局专利
管理司市场处负责知识产权登记；国家工商总局商标局负责商标登记（以防
重复抵押）。（5）签订合同。企业与银行签订贷款合同。（6）银行放款。
（7）不良处置。出现不良贷款需处置时，由企业、评估公司、银行、律师事
务所及知识产权交易所共同参与，依权责分担风险。② 以上有关银行设置的
知识产权质押贷款条件、贷款流程等，是试点城市开展知识风险作最大可能
的考虑。对于有融资需求的企业来说，条件是比较苛刻的，既表现在对企业
自主知识产权的可盈利的要求，同时也表现在对企业经营状况有良好预期的
要求，还表现在最高的贷款额及质押率的限制。来自浙江省的一份调查报告
表明，在被调查的 50 家银行中，银行开展知识产权质押贷款的积极性并不
高，银行对知识产权质押融资的未来发展基本持观望态度。被调查银行中仅
有 16 家银行有意愿开展知识产权质押贷款，占 40%；50% 的被调查银行认
为，用于质押的知识产权不是企业的核心技术；银行认为目前科技型中小企
知识产权科技含量不高，70% 被调查的银行认为中小企业的知识产权技术含
量一般或较低；67.5% 的被调查银行认为科技型中小企业所拥有的知识产权
的替代风险很高或较高。③

毋庸置疑，银行认为风险管控比较有把握时，银行开展融资积极性提高，
相应的知识产权质押融资成效也凸显。据国家知识产权局数据统计，2014
年，我国知识产权全年专利权质押金额达 489 亿元，较上年增长 92.5%；惠

---

① 丘志乔. 广东知识产权质押融资模式探析 [J]. 广东工业大学学报（哲学社会科学版），2011（3）：7.
② 丘志乔. 广东知识产权质押融资模式探析，广东工业大学学报（社科版）[J]. 2011（3）：8.
③ 杨莲芬，董晓安. 浙江省科技型中小企业知识产权质押融资意愿分析 [J]. 浙江大学学报，2014（2）：242.

及 1850 家中小微企业，较上年增长 31.3%。① 2011～2014 年，全国专利权质
押融资增幅明显，如图 4－1－8 所示。

（单位：亿元）

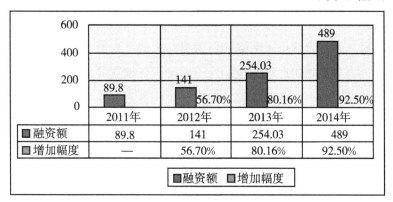

	2011年	2012年	2013年	2014年
■ 融资额	89.8	141	254.03	489
■ 增加幅度	—	56.70%	80.16%	92.50%

图 4－1－8　2011～2014 年全国专利权质押融资贷款规模

（三）企业：主动参与

据统计，我国工商部门注册的中小企业数量已达 1023 万家，这些企业拥
有我国 66% 的发明专利，82% 的新产品。② 但中小企业特别是科技型中小企
业具有明显的轻资产、非线性增长特性，难以迈进银行信贷标准的门槛。如
何利用商标、专利权等无形资产作为质押物为中小企业融资，已成为各地方
积极探索的创新性融资方式。中小企业融资难问题突出，困扰我国数以千万
计的中小企业发展，是中小科技企业在研发创新及其成果转化生命链中的瓶
颈问题。一方面，创业初期，中小企业资金来源及其储备十分有限，技术密
集型中小高新科技企业的资金问题尤为突出，技术创新及其成果转化需要足
额资金及时以及持续的注入。另一方面，商业银行以传统有形资产如土地、
厂房、机器设备等抵押发放贷款，中小企业绝大多数为轻资产型企业，严重
缺乏传统有形资产，难以获得商业银行的经营性贷款。商业银行贷款占据我
国企业融资主要方式，中小企业遭遇融资难。

中小科技企业如果能以专利权等知识产权作为无形资产质押，从商业银

① 数据来源：国家知识产权局官网 [OL] [2016－04－26]. http：//www. sipo. gov. cn/zscqgz/
2015/201501/t20150129_ 1069140. html.

② 陈梦阳. 中国中小企业数量已超千万户 [DB/OL]. 新华网.

行获得贷款，融资难问题有望得到解决。国家知识产权局部署的知识产权质押融资试点，是为了解决中小型科技企业资金瓶颈问题而进行的重大实践创新。知识产权质押融资，对于对资金渴求尤为迫切的中小型企业来说，犹如久旱逢甘霖。在本项目研究过程中，研究团队走访招商银行佛山支行，该行经理贝融融认为，自佛山市南海区作为第一批试点城市之一推行知识产权质押融资，拥有自主知识产权的企业纷纷向银行咨询业务详细情况，每年希望用知识产权来审贷的企业非常多。在对企业融资意愿的问卷调查，被随机调查的 100 家中小型科技企业中，92 家表示很愿意和愿意。企业的积极性和意愿表明，它们普遍对知识产权质押融资这项业务的热情高涨，积极参与，与政府、银行一起推进知识产权质押融资工作开展。例如，佛山市南海区最早成功实现的融资案例包括勤联医疗集团用"监护床"等四项专利和招商银行签下 400 万元贷款协议，立笙纺织公司用"一种片状染色分纱工艺"等四项专利质押获得 400 万元贷款，高拓公司用"高拓"商标、新怡内衣用"依曼丽"商标质押各获贷 500 万元等。①

在知识产权质押融资成效比较显著的浙江省，有课题研究小组从知识产权质押融资供需双方的角度设计并发放了调查问卷且统计分析。调查数据表明，在被有效调查的 120 家科技型中小企业，有 65 家，占比 54.2%，超过半数的科技型中小企业对融资存在需求。没有融资意愿的 45 家，占比 45.8%。② 本书的调研也反映，中小企业对知识产权质押融资多数持积极态度并主动参与。③

（四）中介机构：积极支持

知识产权质押融资的参与主体，除了政府、银行、企业外，再者就是对知识产权进行评估、提供法律意见的律师事务所、提供保险保障的保险公司以及提供再担保服务的融资担保公司等中介服务机构。

---

① 李惠霞. 佛山市知识产权质押融资状况调查与分析——以南海区为例 [D]. 广东工业大学法学学士学位论文. （丘志乔指导）

② 杨莲芬，董晓安. 浙江省科技型中小企业知识产权质押融资意愿分析 [J]. 浙江大学学报，2014（2）：238－244.

③ 见后文知识产权质押融资环境调查与分析中的企业融资意愿数据。

1. 中介机构之一：知识产权评估

由于质押的客体是知识产权，因而确定知识产权的价值是成立知识产权的前提基础，也是非常重要和关键的环节。在我国知识产权质押融资实践中，连城资产评估公司等提供知识产权价值评估，使知识产权质押融资试点工作顺利地推进和进行。据统计，自从 2009 年 5 月至 2014 年，北京市知识产权局与北京银行签署知识产权质押贷款战略合作协议。连城资产评估公司提供知识产权评估，北京知识产权质押贷款 50 多亿元，200 多家中小企业从中受益，几年来，未形成一笔不良贷款。①

调研时，北京连城资产评估公司总经理刘伍堂指出，知识产权评估的关键是：首先，研究知识产权能不能带来经济收益。其次，评估考虑两个方面：一方面是企业整体知识产权资产的评估。更多的是研究企业的获利能力，通过评估企业的价值，把有形资产扣除之后，估算无形资产的价值。另一方面是单独知识产权资产的评估，单独来看这个知识产权的价值可以带来什么样的价值。再次，评估的方法有收益法、成本法等。普遍用的是收益法。收益法需具备三个条件：第一个是现金流，银行要提供质押贷款，必须要研究现金流，如果只是未来很远的现金流，无目前的现金流，则不能满足银行的还贷需求。第二个是了解知识产权的风险点，知识产权能否在企业的获利能力当中控制住这些风险，能否控制住影响着是否获得质押贷款。第三个是现有的获利能力的产品与知识产权之间的关系。实践中，很多的项目的研发在北京做完，申请的知识产权是另外一个东西，这实际上是把企业的获利能力质押，知识产权质押还款的愿望落空。最后，质押率。与连城资产评估公司合作的银行有交通银行北京分行、北京银行、交通银行佛山分行、温州银行等，质押率统一——专利是25%、实用新型专利是35%、驰名商标是30%、普通商标是20%。② 除连城资产评估公司外，中都国脉资产评估公司等也进行知识产权评估。③

---

① 李立. 北京实现知识产权质押融资 50 多亿元［DB/OL］［2016 - 04 - 26］. http：//www. aliyun. com/zixun/content/2_ 6_ 822770. html.

② 2012 年 8 月 26 日本课题组负责人在京访问刘伍堂总经理。

③ 2012 年全国百强资产评估机构［DB/OL］［2016 - 04 - 26］. http：//www. qianyan. biz/news/show_ 481656/.

2. 中介机构之二：律师事务所

知识产权质押融资涉及价值评估、融资担保、银行放贷、风险控制等诸多环节。北京市知识产权质押融资模式①中，担保公司和知识产权评估机构对中小企业自有知识产权和固定资产进行评估，由律师事务所对借款企业及其自有知识产权进行审查，并据此出具法律意见书，贷款银行根据担保公司的担保和律师事务所出具的法律意见书发放贷款。律师事务所和担保公司在贷前审查、贷后管理和不良处置等阶段为银行和借款人提供专业服务，并在责任范围内向银行承担责任。2006 年 10 月，交通银行北京分行与北京市经纬律师事务所及其他相关中介机构共同合作，率先将知识产权质押贷款业务推向北京市场，并走出了一条较为成熟的市场主导型模式，有效平衡参与者的利益和风险，形成了较好的市场规模。截至 2010 年 4 月，交通银行北京分行已累计向 72 家企业发放 102 笔知识产权质押贷款，共计 11.87 亿元。发放贷款企业运营良好，并有企业成功在中小板挂牌交易。律师事务所的积极支持，是一大亮点。②

其一，解决担保公司"不愿出手"的瓶颈问题。中小企业贷款一般需要担保公司担保，鉴于高风险性，担保公司不愿意为实力较弱的中小企业担保，且担保费用较高，增加中小企业融资成本。北京市知识产权质押贷款的做法是：评估机构的价值评估，由律师事务所出具法律意见书。律师事务所与评估机构承担无限连带责任，律师事务所与评估机构对每笔贷款进行责任保险投保（赔付比例 90%，保费由律师事务所与评估机构承担）。于商业银行，放贷风险大幅度降低，且评估费及律师费较低，减少中小企业融资成本。其二，化解银行信贷风险和加强权益保障。这得益于律师事务所与评估机构对知识产权专业评估和审查；对每笔贷款承担无限连带赔偿责任且购买保险等举措。其三，产生强大的资本"放大效应"。经纬律师事务所的法律工作经验和担保赔偿能力（其拥有数千万元的固定资产）。保险公司基于对经纬律师事务所实力的认可，接受其投保。保险公司承担 90% 的赔偿，经纬律师事

① 北京知识产权质押融资模式框图见本研究报告后文关于典型融资模式分析。
② 付剑峰. 谁是知识产权质押贷款的"操盘手"[J]. 科技日报，2011 - 09 - 21.

务所承担 10%。经纬律师事务所自身资产的信用赔偿能力放大 10 倍。此外，北京市科委用财政资金给予贷款政策补贴。根据质押物的类型进行贷款成本补贴：商标补贴 30%、实用新型补贴 50%、发明补贴 70%。北京知识产权质押融资实践中，律师事务所是知识产权质押贷款中介服务的核心。由于律师事务所掌握众多企业资源，因而吸引上游资本积极介入，它的存在既降低放贷方及各中介的风险，同时又降低了中小企业融资的成本，且自身的利益与企业休戚相关，使得各参与者在"博弈"中成为利益共同体。

3. 中介机构之三：保险公司

风险高且管控难，是知识产权质押融资面临的一大现实困境。为降低风险，在中介机构方面，佛山南海引入保险机制。招商银行佛山分行的做法是：评估机构出具知识产权价值评估报告需由保险公司提供保值保险，且与评估机构、知识产权交易所、担保机构签订合作协议，共同分担贷款风险。当贷款出现偿还风险，而知识产权交易所又无法处置质押物时，由知识产权交易所要求保险公司理赔，保险公司赔偿信贷本息损失总额的 90%，其余 10% 由评估机构负责，评估机构再与交易所等中介机构协商各自的损失承担比例。如果保险公司未依照约定理赔，则由担保机构全额偿付贷款本息。[①] 2011 年，佛山南海开出全国第一份专利保险单。2012 年起，江苏镇江等开始试点专利保险。截至 2014 年，全国全面实现专利执行保险、侵犯专利权责任保险、知识产权综合责任保险、知识产权质押融资保险业务运营，全国 798 家创新型中小微企业投保专利保险，保障金额 1.34 亿元，其中投保专利执行险的企业数量较上年增长 45.7%。[②]

专利执行保险和专利侵权责任保险，给予专利侵权纠纷当事人对等保障。其一，专利执行保险内容。专利执行保险[③]属攻击型保险，适于专利诉讼案件中专利权人为除去其执行专利权所受到的阻碍及可能的损失所投保的险种；

---

① 2012 年 5 月 26 日本课提负责人于佛山访问招商银行佛山分行贝融融经理。

② 数据来源：国家知识产权局官网 [OL] [2016 – 04 – 26]. http：//www. sipo. gov. cn/zscqgz/2015/201501/t20150129_ 1069140. html.

③ 全球第一张专利执行保险保单是侵权排除保险由 Intellectual Property Insurance Service Corp. 推出，即 IPISC。

适合因财力不足、无法实施自身专利权的个人或企业。承保范围为主张被告侵权的所有专利诉讼之费用，律师费、和解费、出庭费、专家作证费等开支，但并不包含败诉的损害赔偿费用。① 专利执行保险"赔偿分配条款"规定，被保险人获得胜诉赔偿时，保险公司可从中获得一定比例的回馈；② 被保险人并未胜诉，而是与侵权人达成经济上难以量化的相互约定，保险公司也可依"赔偿分配条款"向被保险人提出以其支出诉讼费用的一定比例作为赔偿分配额的要求。其二，专利侵权责任保险。③ 是为无过错的侵权人而设立的，就被保险人为对抗专利侵权诉讼而需要的支出及可能遭受专利权人追偿合理赔偿金的风险给予保障，其保险标的是被保险人对第三人所负的赔偿责任。承保范围包含可能遭专利权人追讨的权利以及损失利益等，也包含为对抗专利侵权诉讼所支出的费用，其主要包含辩护费用、和解费用和损害赔偿费用，其中辩护费用又可分律师费、专家作证费及申请禁止令费用等。除外条款包括专利权人自身所造成的不保外，如被保险人犯罪或故意诈欺行为所导致的侵权、恶意侵权等均属此类；也有政府机关的某些行为造成的不保，如政府机关为其利益所造成的损害赔偿时，保险人无须承担赔偿责任。

4. 中介机构之四：担保机构

担保机构参与知识产权质押融资的国内经验主要体现在以下几个方面。

其一，交通银行北京分行创造的"银行＋知识产权＋律师事务所＋评估公司＋股份担保公司"知识产权质押融资模式得到了北京市的肯定。该模式中，政府每年给生产力促进中心提供 2000 万元财政资金，全部用于知识产权质押融资的担保业务。生产力促进中心将该笔担保资金存入贷款银行，撬动两倍的贷款资金。

其二，实施评估担保一体化。深圳市近年来在全国率先建立了知识产权质押融资再担保体系。2013 年深圳市有 11 家银行开展了知识产权质押贷款业务，贷款总额由 2011 年的 2.4 亿元飙升至近 16 亿元。2012 年 4 月，深圳

---

① 专利无效反诉或专利无效确认之诉中，被保险人为进行抗辩所支出的费用也包含在诉讼费用内。

② 现行 IPISC 保单规定，保险人得以其给付诉讼费用额 1.25 倍为上限，请求分配被保险人胜诉所得之合理权利金或损害赔偿。

③ Swiss Re International Business Insurance Co. Ltd 推出类似的产品——专利侵权损害赔偿示范保单。

市出台《促进知识产权质押融资若干措施》，从机制、平台、评估、放贷、担保、交易、配套服务、推进保障等八个方面推动知识产权质押融资，为创新型中小企业发展解决资金问题。深圳市再担保中心为知识产权质押融资业务提供再担保，该市再担保中心、融资性担保机构、商业银行按照 5∶4∶1 的比例承担贷款风险，由风险分担带来的杠杆效益明显。截至 2013 年 12 月，南山区备案申请知识产权质押融资项目贷款的企业达 155 家，贷款金额达 7.8 亿元；有 89 家企业获得总额达 3.16 亿元的贷款担保，其中 58 家企业获得 2 亿元的贷款。①

其三，成都生产力促进中心形成"政府担保基金 + 服务机构（担保） + 银行 + 评估"的成都模式。2008 年 3 月，成都市知识产权局与成都银行签订《成都市知识产权质押担保融资合作框架协议》，依托成都生产力促进中心（成都市科技风险开发事业中心）设立 4000 万元知识产权质押融资专项担保基金，再由成都银行按 1∶3 提供 1.2 亿元贷款授信额度，成都生产力促进中心和成都银行各按 9∶1 的比例承担贷款风险，为符合条件的科技型中小企业提供知识产权质押融资贷款。②

六、试点地区实践总况

2008 年，国家知识产权局启动知识产权质押融资试点的工作，首批有 6 个试点城市。2009 年、2010 年各批复第二批、第三批③。2011 年、2012 年、2013 年再次确立若干试点城市。截至 2014 年 12 月，国家知识产权局已在全国 29 个地区开展知识产权质押融资试点、投融资服务试点及创建国家知识产权投融资综合试验区，具体批次和试点城市如表 4 - 1 - 6 所示。

---

① 杨婧如. 建立质押融资再担保体系知识产权可"套现"[N]. 中国高新技术产业导报，2014 - 04 - 28.

② 陈碧红. 成都通过知识产权质押融资试点验收融资模式将全国推广 [N]. 四川日报，2013 - 04 - 08.

③ 国家知识产权质押融资试点城市第一批、第二批、第三批，国家知识产权局正式发文批复。2011～2013 年确立的知识产权质押融资试点城市，通过调查调研获知。

表 4 - 1 - 6　我国知识产权质押融资试点批次和试点城市

年份	批次	试点城市	试点进展
2008	第一批	北京市海淀区	验收
		吉林省长春市	未见官网公布
		湖南省湘潭市	验收
		广东省佛山市南海区	验收
		宁夏回族自治区	2014 年首笔融资①
		江西省南昌市	未见官网公布
2009	第二批	四川省成都市	验收
		江苏省无锡市	验收
		浙江省温州市	验收
		湖北省宜昌市	验收
		广东省广州市	验收
		广东省东莞市	验收
2010	第三批	上海市浦东新区	验收
		天津市	验收
		江苏省镇江市	验收
		湖北省武汉市	验收
2011	知识产权投融资办事试点区	北京市中关村	验收
		湖南省长沙市	验收
		广东省顺德区	验收
	知识产权质押融资试点	重庆市两江区	"一站式"知识产权质押融资平台②
2012	知识产权质押融资试点	福建省漳州市	至 2015 年年底
		福建省泉州市	至 2015 年年底
		山东省潍坊市	至 2015 年年底
		安徽省蚌埠市	至 2015 年年底
		四川省绵阳市	至 2015 年年底

---

① 李鲲鹏. 宁夏首项知识产权质押获贷 1000 万元 [N]. 银川晚报, 2014 - 11 - 28.

② 张亦筑. 我市建立首个知识产权质押融资服务平台 [N]. 重庆日报, 2012 - 09 - 25.

续表

年份	批次	试点城市	试点进展
2013	知识产权质押融资试点	广东省	至 2016 年年底
		山东省滨州市	至 2016 年年底

国家知识产权局正式批复了三批 16 个知识产权质押融资试点城市，第一批试点城市中北京市海淀区、佛山南海区成效突出。第二批试点城市中广东省广州市、四川省成都市、湖北省武汉市成效显著。第三批试点城市中上海浦东新区、天津市、江苏省镇江市、广东省东莞市成绩斐然。

（一）第一批试点城市中北京市海淀区、佛山市南海区成效突出

1. 佛山市南海区成为全国首个通过验收的国家知识产权质押融资试点单位

2010 年 11 月 16 日，"全国知识产权质押融资南海试点验收会"在佛山市南海区举行。南海顺利通过考评验收，成为全国首个通过验收的国家知识产权质押融资试点单位。马维野司长对南海在建立体系、完善机制、控制风险、推动产业发展等方面取得的成效给予充分肯定。南海在开展知识产权质押融资试点工作的实践中，创造了"政府引导、企业参与、市场化运作"的工作模式，凸显了推动银企对接有效开展、提高企业知识产权运用能力两大工作成效。[①] 南海知识产权质押融资的成功经验在于：知识产权融资服务体系的完善；运作机制的优化；有效控制风险。南海知识产权质押融资在拓宽中小企业融资渠道、实现知识产权市场价值、助力传统产业优化提升和新兴产业发展方面富有成效；南海拟继续巩固已经取得的知识产权质押融资工作基础，继续加强环境和服务配套，完善知识产权交易平台的载体建设，充分发挥平台在知识产权质押融资中的风险控制和流转处置的作用；进一步深化知识产权质押融资，提升企业知识产权运用能力和水平，探索知识产权投融资，加强知识产权与金融、产业的结合。

---

① 成思. 佛山市南海区顺利通过全国知识产权质押试点工作验收 [DB/OL] [2016 - 04 - 26]. http：//www. gdipo. gov. cn/shared/news_ content. aspx? news_ id = 6540.

2. 北京市海淀区知识产权质押融资成效显著

2014 年，海淀区知识产权质押融资项目支持 38 个融资项目，补贴金额 1051.27 万元，支持力度较去年增加 42%。据不完全统计，自开展知识产权质押融资试点工作以来，累计共有近 150 家企业获得海淀区知识产权质押融资项目支持。自 2008 年 8 月 1 日推出《海淀区知识产权质押贷款贴息管理办法》① 以来，海淀园（区科委）给予企业贷款贴息 3400 余万元，涉及贷款额度约 21 亿元。② 海淀区知识产权局是国家知识产权局评定的第一批全国知识产权质押融资试点单位。海淀区知识产权局不断开拓创新，通过出台贴息政策，与金融机构建立合作机制，搭建服务平台等措施，大力推进知识产权质押融资工作，取得了明显成效。海淀区知识产权局将在总结前期试点经验的基础上，针对知识产权质押贷款实务操作层面上存在的问题，进一步规范管理，完善支持政策体系，加强服务，推动区域知识产权质押贷款规模的进一步放大，为示范区、核心区的建设作出新的贡献。

《海淀区知识产权质押贷款贴息管理办法（修订）》（海行规发〔2009〕9 号）是推进知识产权质押融资试点，取得显著成效的规范性文件。其对贴息额度、用途、支持范围、方式以及申请条件等作出明确规定。例如，该办法第 2 条规定："享受本办法规定的知识产权质押贷款利息补贴的中小型高新技术企业及创新企业划分标准暂定为：企业资产总额为 2 亿元以下，且年销售额 1 亿元以下。"该办法第 3 条规定贴息额度：海淀区知识产权质押贷款贴息资金（以下简称贴息资金）从海淀区科学技术委员会（区知识产权局）部门预算中列支，额度每年不超过 1000 万元。该办法第 6 ~ 7 条规定贴息金额用途：贴息资金用于支持获得知识产权质押贷款并按期正常还贷的在海淀区注册的中小型高新技术企业及创新企业的贷款利息补贴。贴息资金用于补贴海淀区域内中小型高新技术企业及创新企业以发明专利权、实用新型专利权、商标专用权和著作权（版权）等知识产权质押方式向银行贷款所需的贷款利息。该办法第 9 条明确，贴息比例和额度：知识产权质押贷款贴息比例为企

① 2009 年 3 月 23 日修订，《海淀区知识产权质押贷款贴息管理办法（修订）》自修订之日起施行。
② 海淀园知产处. 北京海淀区知识产权质押融资工作取得成效［DB/OL］［2016 - 04 - 26］. http：//bjzs. wincn. com/html/2015/yqyj_ 0104/2696. html.

业应支付贷款利息额的 50%，每个企业每年贴息额度不超过 40 万元。该办法第 11 条明确，贴息申请条件：海淀区域内注册、具有独立法人资格的中小型高新技术企业及创新企业，企业无不良信用记录；企业具有较强研发实力；企业知识产权工作机构健全、制度完善，配有专职知识产权工作人员，每年有相应的资金用于知识产权的创造、管理、运用和保护；企业财务状况良好。

（二）第二批试点城市中广州市、东莞市、成都市、武汉市成效显著

1. 广州市成为广东省第二个通过验收的国家知识产权质押融资试点单位

2012 年 12 月 5 日，"全国知识产权质押融资（广州）试点验收会"在广州市举行。广州市顺利通过考评验收，成为广东省继佛山市南海区之后第二个通过验收的国家知识产权质押融资试点单位。广州市共促成专利权质押融资贷款 39 笔，31 家企业成功获贷，贷款总额超 5.3 亿元，质押专利 180 件，涵盖环保、化工、新材料、新能源、汽车制造、机电一体化设备、生物医药、电子等领域。① 2009 年开展试点以来，广州市采取市区两级协同发力，推动知识产权质押融资健康有序发展；制定《广州市知识产权质押融资试点工作方案》，明确工作内容和实施进度并按计划逐项推进。制定《广州市中小企业知识产权质押贷款操作指引》《广州市番禺区知识产权质押贷款贴息管理办法》等一系列政策引导、鼓励；协调建设银行、工商银行、招商银行、广州银行、光大银行等签署"广州市促进知识产权质押融资合作协议"，为企业提供 3 年 200 亿元的知识产权质押融资授信额度；搭建市、区知识产权质押融资服务平台，促成银行与企业、评估机构对接；建立以国家专利技术（广州）展示交易中心、广州产权交易所集团、广州技术产权交易所、知识城知识产权交易中心等为重要支撑的知识产权交易市场体系，解决知识产权质押物后置处置；营造知识产权质押融资市场环境。国家知识产权局相关部门负责人评价，广州市知识产权质押融资在创新金融服务、拓宽中小企业融

---

① 成思. 广州市顺利通过全国知识产权质押融资试点工作验收［DB/OL］［2016 - 04 - 26］. http：//www. sipo. gov. cn/dtxx/gn/2012/201212/t20121207_ 778676. html.

资渠道、实现知识产权市场价值、助力传统产业优化提升和新兴产业发展富有成效。①

2. 东莞市是广东省第三个通过验收的国家知识产权质押融资试点单位

自 2009 年 9 月被确定为全国第二批知识产权质押融资试点单位，东莞通过政策制定、宣传培训、构建协作机制、引导鼓励各类主体共同推进试点。制定《东莞市专利权质押管理办法》《东莞市专利资产评估及交易资助办法》《东莞市专利权质押贷款操作指引》等一系列引导、鼓励政策；搭建知识产权质押融资服务平台，构建政府、银行、评估机构、企业广泛参与的质押融资协作机制；建立东莞市企业知识产权质押融资需求库、东莞市知识产权质押融资数据库和项目管理系统，实现知识产权质押融资项目从"企业融资项目申请""专利资产价值评估"到"贷后管理"等各个环节的电子化、自动化和网络化管理；设立财政贷款风险准备金；基本建立知识产权质押融资运作体系，有效营造知识产权质押融资的市场环境。试点工作开展以来，质押融资受益企业 9 家，9 个项目贷款额累计 6128 万元。② 2012 年 12 月 5 日，东莞成为广东省第三个通过验收的国家知识产权质押融资试点单位。马维野司长表示，东莞市开展知识产权质押融资，在创新金融服务、拓宽中小企业融资渠道、实现知识产权市场价值、助力传统产业优化提升和新兴产业发展方面富有成效。

3. 四川省成都市探索建立了四种质押融资服务方式

2009 年，成都市被国家知识产权局确定为第二批知识产权质押融资试点城市，试点期限 3 年。通过建设政府、银行、中介、企业良性互动的融资平台设立了四种质押融资服务方式，提高了知识产权质押融资成功率，初步建立了具有自身特色的知识产权质押融资"成都模式"——成都生产力促进中心"政府担保基金＋服务机构（担保）＋银行＋评估"；成都高新科技信用担保有限公司"担保＋银行＋评估"的方式；成都中小企业信用担保公司"担保＋银行＋律所"的方式；招商银行成都分行"评估＋银行"的方式。

① 成思. 广州市顺利通过全国知识产权质押融资试点工作验收 [DB/OL] [2016 – 04 – 26]. http：//www. sipo. gov. cn/dtxx/gn/2012/201212/t20121207_ 778676. html.
② 成思. 东莞市顺利通过全国知识产权质押融资试点工作验收 [DB/OL] [2016 – 04 – 26]. http：//zwgk. gd. gov. cn/006940335/201212/t20121207_ 357385. html.

2013 年 4 月，成都市知识产权质押融资试点验收专家评审会召开，通过模式创新，探索建试点工作效果显著，达到预期目标，一致同意通过验收。成都市共计 99 家（次）企业用 106 件发明专利、255 件实用新型专利、11 件商标、48 件软件著作权从 26 家商业银行获得授信和贷款累计达到 30.9 亿元，其中已实施贷款 8.5 亿多元，目前，无一笔贷款风险发生。① 成都市知识产权质押融资成效得益于营造良好的知识产权质押融资环境：设立专项知识产权质押担保资金、组建成都市知识产权评估专家库、建立集各类服务资源和科技企业为一体的科技金融服务平台、开通成都市知识产权质押融资项目动态数据库、开展大量调研工作和多种形式的宣传培训等。

4. 武汉市知识产权质押融资试点工作通过验收

2014 年 1 月 21 日，国家知识产权局组织专家验收组对武汉市开展知识产权质押融资试点工作进行考核、验收。考评验收组一致认为武汉市知识产权质押融资试点工作任务全面完成，试点效果显著，达到了预期目标，同意通过验收。自 2010 年启动试点，三年试点期间，在市财政局及相关职能部门的大力支持下，市知识产权局、市政府金融办、中国人民银行武汉分行营管部、东湖高新区分别与交通银行、汉口银行、中信银行、招商银行、武汉农村商业银行等相关商业银行签署战略合作协议，设立超过 120 亿元的知识产权质押融资授信，累计共发放知识产权质押贷款 17.15 亿元。其中专利权质押共给予 114 家企业贷款 13.16 亿元，质押贷款贴息 1034 万元；商标权质押共给予 13 家企业贷款 2.16 亿元；著作权质押共给予 14 家企业 1.82 亿元。质押专利共 373 件，其中发明专利 205 件，实用新型专利165 件，外观设计专利 3 件。② 武汉市不仅制定了一系列推动和促进知识产权质押融资的政策性文件，建立较完善的政策体系，搭建知识产权质押融资服务平台，且通过开展企业需求调查，形成常态化的知识产权质押融资工作体系。

---

① 四川省知识产权局 . 成都市通过国家知识产权局知识产权质押融资试点城市验收 ［DB/OL］［2016 - 04 - 26］. http：//www. sipo. gov. cn/dtxx/gn/2013/201304/t20130412_ 791108. html.

② 宣烨 . 武汉市知识产权质押融资试点工作通过验收，国家知识产权局官网 ［OL］［2016 - 04 - 26］. http：//www. sipo. gov. cn/dtxx/gn/2014/201401/t20140124_ 900753. html.

（三）第三批试点城市中上海市浦东区、天津、江苏省镇江市成绩斐然

1. 上海市浦东新区建立"一主一辅"的融资模式

截至 2013 年 6 月，浦东新区支持金融机构服务科技企业已经累计 450 余家次，知识产权质押贷款规模突破 16 亿元。2013 年 7 月 18 日，浦东新区知识产权局组织召开 2013 年知识产权质押融资工作研讨会，总结试点三年来的工作成效、热点和难点问题，首发"星火燎原——浦东新区知识产权质押融资工作纪实"宣传片和《2013 年浦东新区知识产权质押融资白皮书》。马维野司长指出，浦东新区一方面引导市场，另一方面优化制度环境，推动健全知识产权质押融资市场体系，探索适应科技企业轻资产特征的债权融资渠道，形成以直接质押贷款为主、政府担保质押为辅的"一主一辅"融资模式。[①]浦东为解决中小科技企业融资难问题积累有益经验及一大批企业知识产权质押融资案例；并着力解决知识产权价值评估难、变现难等瓶颈问题；为实现知识产权价值，中小企业发展、培育和引进有市场发现能力的中介机构，转变职能，完善服务，继续新的实践探索。

2. 天津形成"征集需求、对接服务、业务指导、促进流转、政策引领"模式

天津市自 2010 年 6 月国家知识产权批复开展知识产权质押融资试点以来在完善政策体系，建立多部门协作机制，搭建服务平台，拓宽处置渠道，推动企业发展等方面进行了评审，对如何促进知识产权与金融产业深度融合，拓宽知识产权质押物处置的金融渠道等取得显著成效。专利权质押贷款规模从试点前 2009 年的 4280 万元增长到 2013 年年底的 12.764 亿元，试点期间质押贷款总额累计达到 26.969 亿元。试点期间获得专利权质押贷款的 133 家企业中，28 家经市科委、市中小企业局认定为科技小巨人企业，20 家企业成了科技领军企业，9 家企业获得 11 项专利奖。专利权质押贷款有效促进了企业的快速发展。2014 年 1 月 28 日，天津市顺利通过国家知识产权质押融资试点验收。[②]可将"天津模式"的经验总结如下：一是制定并出台《天津市

---

① 上海市政务新闻．浦东新区召开知识产权质押融资工作研讨会［OL］［2016 - 04 - 26］．http：//www.shanghai.gov.cn/shanghai/.

② 天津知识产权局．天津市顺利通过国家知识产权质押融资试点验收［DB/OL］［2016 - 04 - 26］．http：//www.financeun.com/News/2014128/2013cfn/111027207200.shtml.

专利权质押贷款实施指导意见》等一系列政策性文件，建立较为完善的政策体系；二是建立多部门推进工作的协同机制；三是搭建知识产权质押融资服务平台，引导成立知识产权投融资服务联盟；四是建立专利流转处置平台，拓宽专利权质押贷款处置渠道；五是开展企业需求调查、跟踪服务、宣传培训、协助银行筛选需求企业、指导办理专利权质押登记手续等工作。为知识产权质押融资工作创造良好的环境，且纳入规范化、科学化的轨道。

3. 江苏省镇江市搭建知识产权质押融资信息服务平台

镇江市 2010 年成为国家知识产权质押融资试点城市，按照试点工作要求，研究制订试点工作方案，确立试点总体目标、重点任务和工作措施。设立知识产权质押融资风险补偿资金和"风险池"资金，搭建知识产权质押融资信息服务平台，采用风险补偿、知识产权与主产品捆绑、知识产权与信用组合等多种方法推进知识产权质押融资。全市 12 家银行开展知识产权质押融资，惠及 136 家企业，信贷总额超过 12 亿元。① 2012 年 9 月 26 日，国家知识产权局组织专家组对镇江市知识产权质押融资试点工作进行了考核验收。专家组认为，镇江的试点工作不仅富有成效，形成知识产权与金融资源的融合，且在体系机制上有许多创新，值得其他城市借鉴和向全国推广。镇江拟继续深化知识产权金融服务，民营资本投资专利技术产业化，加快专利流转和转化，构建面向市场的城市专利运营体系。

（四）山东、安徽、福建、河南、陕西等省如火如荼进行知识产权质押融资

据统计，从 2013 年至今，山东省在国家知识产权局备案的专利权质押合同登记已达 70 项，涉及 542 件专利。包括商标在内的各类知识产权质押金额达 93.3 亿元，其中，2014 年以来的就有 82 亿元。制度的保障、政府的支持、银行的积极参与，让山东省知识产权质押融资迎来了春天。②

截至 2014 年年底，安徽省已实现专利权质押贷款 210 笔，融资累计达 21

---

① 吴剑，方立东. 江苏镇江通过国家知识产权质押融资试点工作验收［DB/OL］［2016 - 04 - 26］. Http：//www. sipo. gov. cn/ztzl/ndcs/zgzlznew/zyrz/201503/t20150309_ 1084453. html.

② 李守运，何倩. 山东：知识产权质押融资走进春天［N］. 中国知识产权报，2014 - 03 - 23.

亿元，为安徽省企业科技创新和经济发展提供了有力保障。仅 2014 年，安徽省专利权质押贷款实现 73 笔，融资额 6.7 亿元，较上年增长 89.8%。其中，合肥、蚌埠两市持续领先，蚌埠市专利权质押 44 笔，全省最多，占比达60.3%；合肥市专利权质押融资额为 2.78 亿元，全省最高，占比达41.5%。① 目前，合肥、芜湖、蚌埠、亳州、铜陵等 14 个市及宁国、颍上、青阳、全椒、金寨 5 个县（市）出台各具特色的专利权质押融资政策，安徽省有工商银行、农业银行、中国银行、建设银行、交通银行、徽商银行等 20家银行和 19 家担保机构参与专利权质押贷款，发展趋势良好。合肥、芜湖、蚌埠市从自主创新专项资金中设立专利权质押贷款风险补偿资金或引导资金。蚌埠市作为国家知识产权质押融资试点城市，专利权质押贷款风险补偿资金上不封顶，有力推进知识产权质押融资工作。

据国家知识产权局统计数据，2014 年福建省开展的专利权质押登记业务工作成效显著，全年共向国家知识产权局提交专利权质押登记 98 件，质押金额达到 14.0223 亿元，较上年增长 150%。福州代办处受理 75 件，专利权质押登记受理量在全国 31 个代办处中居第二位。② 2012 年 5 月，福建省知识产权局制定《福建省企业专利权质押贷款贴息办法（试行）》，鼓励企业运用专利权进行质押贷款。福州、厦门、漳州、泉州、龙岩等出台贴息补助政策推动工作开展。

河南省知识产权局公布 2014 年专利质押融资情况，全省 18 个省辖市 21家企业实现融资，总额 4.034 亿元。河南省知识产权局结合工作实际，组织编印《河南省知识产权质押融资巡讲政策汇编》，完成全省 18 个省辖市 22 场次巡讲活动，400 多家企业 1300 多人参加巡讲；组织银行实地考察企业 100多家，有效推动了质押融资工作的开展。2014 年全省新征集专利权质押融资需求 367 项。截至 2014 年年底，全省 18 个省辖市 8 家银行相继开展知识产权质押融资业务，知识产权质押融资总额 13.76 亿元，涉及企业 66 家。③

---

① 赵建国. 安徽：专利质押为企业排忧解难 [N]. 中国知识产权报，2015 - 04 - 17.
② 谢曦，徐国栋. 2014 年福建专利权质押登记 98 件质押金额达到 14 亿元 [DB/OL] [2016 - 04 - 26]. http：//fj. people. com. cn/n/2015/0309/c337006 - 24105898. html.
③ 张晓燕. 河南去年专利权质押融资超 4 亿元 [N]. 中国知识产权报，2015 - 03 - 09.

2015 年上半年，陕西省专利质押融资工作成效显著。质押融资登记合同 96 件，总额 4.22 亿元。专利质押融资合同中涉及各类专利 158 件，其中，发明专利 44 件、实用新型专利 108 件、外观设计专利 6 件。专利质押融资出质方主要是中小微企业和科技型企业，单笔最大质押融资金额为 2000 万元，单笔平均金额为 439 万元。目前，全省已有 20 多家金融机构开展知识产权质押贷款业务。[①]

第二节 知识产权质押融资环境调查与分析

本节从融资主体中的企业和银行角度出发，进行知识产权质押融资环境的状况调查。调查主要了解企业和银行对知识产权质押融资的法律环境、政策体系、评估、担保、处置、风险等的认识、态度以及措施成效的评价等。

一、从融资企业的角度调查知识产权质押融资环境

企业问卷以广东科技主管部门近 3 年认定的科技型中小企业为基础，随机抽取其中 100 家企业作为问卷发放对象，并通过政府相关部门进行发放和回收，最终实际回收有效问卷 90 份，涉及广州、佛山、东莞、顺德、珠海、深圳等地区企业。在回收的 90 份问卷中，有融资意愿的企业 68 家，占比 75.56%；没有融资意愿的 22 家，占比 24.44%。这表明超过七成的科技型中小企业对融资存在需求。问卷各变量的赋值见表 4 - 2 - 1。

表 4 - 2 - 1 企业问卷赋值方式

变量名称	赋值方法
企业融资意愿	有意愿 1；没有意愿 0
企业自主知识产权数量	以实际数量为值
企业资金状况	很充裕 5；较充裕 4；一般 3；短缺 2；很短缺 1

---

① 李迎波，董余. 陕西省上半年专利质押融资工作成效显著 [DB/OL] [2016 - 04 - 26]. http：// www. sipo. gov. cn/dtxx/gn/2015/201507/t20150729_ 1151755. html.

变量名称	赋值方法
银行融资态度	很积极 5；较积极 4；一般 3；不积极 2；很不积极 1
融资额度	≥50% 4；40% ~50% 3；30% ~40% 2；20% ~30% 1
企业融资方式	3 种以上 3；2 种 2；1 种 1
融资期限	≥3 年 3；2~3 年 2，1~2 年 1
融资成本	很高 5；比较高 4；一般 3；不高 2；较低 1
融资流程	很复杂 5；较复杂 4；一般 3；简单 2；很简单 1
对评估看法	很满意 5；较满意 4；一般 3；不满意 2；很不满意 1
对知识产权法律看法	很满意 5；较满意 4；一般 3；不满意 2；很不满意 1
对政府优惠政策看法	很有效 5；较有效 4；一般 3；低效 2；无效 1

调查收集的数据统计如表4-2-2、表4-2-3所示。

表4-2-2　科技型中小企业各变量频率

变量名称	选项	样本数量（件）	比例
企业融资意愿	有意愿	68	75.56%
	没有意愿	32	24.44%
企业自主知识产权数量	以实际数量为值		
企业资金状况	很充裕	6	6.68%
	较充裕	13	14.44%
	一般	40	44.44%
	短缺	27	30.0%
	很短缺	4	4.44%
银行融资态度	很积极	0	0
	较积极	20	22.22%
	一般	45	50.0%
	不积极	17	18.89%
	很不积极	8	8.89%

续表

变量名称	选项	样本数量（件）	比例
融资额度	≥50%	12	13.34%
	40%～50%	38	42.22%
	30%～40%	30	33.33%
	20%～30%	10	11.11%
企业融资方式	3种以上	5	5.56%
	2种	36	40%
	1种	49	54.44%
融资期限	≥3年	10	11.11%
	2～3年	44	48.89%
	1～2年	36	40.0%
融资成本	很高	6	5.55%
	比较高	32	35.56%
	一般	42	46.67%
	不高	9	10.0%
	较低	2	2.22%
融资流程	很复杂	9	10.0%
	较复杂	44	48.89%
	一般	34	37.78%
	简单	3	3.33%
	很简单	0	0
对评估看法	很满意	2	2.22%
	较满意	16	17.79%
	一般	48	53.33%
	不满意	22	24.44%
	很不满意	2	2.22%
对知识产权法律看法	很满意	0	0
	较满意	18	20.0%

续表

变量名称	选项	样本数量（件）	比例
对知识产权法律看法	一般	50	55.56%
	不满意	21	23.33%
	很不满意	1	1.11%
对政府优惠政策看法	很有效	2	2.22%
	较有效	21	23.33%
	一般	38	42.22%
	低效	25	27.79%
	无效	4	4.44%

表4-2-3　科技型中小企业各变量描述性统计

变量名称	均值	最小值	最大值
企业自主知识产权数量	9.22	1	82
企业资金状况	2.84	1	5
银行融资态度	2.77	1	4
融资额度	2.58	1	4
企业融资方式	1.51	1	3
融资期限	1.71	1	3
融资成本	3.36	1	5
融资流程	3.66	2	5
对评估看法	2.91	1	5
对知识产权法律看法	2.93	1	4
对政府优惠政策看法	2.76	1	5

现对表4-2-2、表4-2-3的数据做如下分析。

第一，企业知识产权质押融资需求。90家调查企业中有68家科技型中小企业表示有意愿开展知识产权质押融资，占75.56%。

第二，企业自身条件。一是科技型中小企业知识产权资源比较丰富，被调查企业中平均拥有知识产权9.22项，但企业之间差异较大，最多的企业有

82 项，最少的仅 1 项；二是企业资金比较紧张，其中企业资金存在短缺或十分短缺的企业占到总数的 74.44%；三是企业融资方式比较单一（主要以银行借款为主），融资方式仅有一种的企业占 54.44%，该变量均值仅为 1.51；四是知识产权质押融资年限和额度，企业希望 2~3 年为主，且贷款额达到知识产权评估价值的 40%~50%。

第三，对银行态度。科技型中小企业认为：一是银行的积极性较低，被调查企业中认为银行态度积极或比较积极的占 22.22%，银行态度不那么积极是开展知识产权质押融资的主要障碍之一；二是知识产权融资质押融资年限和额度，目前一般以短期 1 年为主，该变量均值仅为 1.71，且贷款额占知识产权评估值 30% 以下。主要原因是银行对知识产权评估价值认同度低，且认为风险大，难控制。

第四，对融资环境看法。科技型中小企业满意度一般，主要表现为：一是知识产权质押融资成本高，该变量均值为 3.36，被调查企业认为融资成本很高或较高的占 42.23%，融资成本高是知识产权质押融资的障碍之一；二是融资流程过于复杂，该变量均值 3.66，认为流程很复杂或复杂的企业占 58.89%；三是认为政府优惠政策十分有效的被调查企业没有，认为比较有效的占 25.55%，效果很小或基本无效的占 32.22%；四是企业对评估、知识产权法律看法满意程度一般。

第五，影响因素。通过各个影响因素与科技型中小企业融资意愿的交叉分析，发现企业资金状况、融资期限和融资流程是否复杂对科技型中小企业是否有意愿开展知识产权质押融资产生显著影响，而其他影响因素则不显著。

二、从融资银行的角度调查知识产权质押融资环境

银行问卷以广东省内银行（包括国有商业银行、股份制商业银行、城市商业银行和农村信用社等）为发放对象，主要通过银行系统人员发放，共发放 60 份，实际回收 50 份，涉及广州、佛山、东莞、顺德、珠海、深圳等地，采用统计软件 SPSS17.0 对问卷数据进行整理和分析，问卷各变量的赋值如表 4-2-4 所示。

表 4 - 2 - 4　银行问卷赋值方式

变量名称	赋值方法
融资意愿	有意愿 1；没有意愿 0
知识产权质押融资前景	很看好 5；看好 4；一般 3；不看好 2；很不看好 1
知识产权价值	很高 1；不高 0
知识产权风险	很高 5；较高 4；一般 3；低 2；很低 1
企业盈利	很高 5；较高 4；一般 3；低 2；很低 1
企业发展	很快 5；快 4；一般 3；慢 2；很慢 1
企业管理	很强 5；较强 4；一般 3；弱 2；很弱 1
企业信用	很好 5；较好 4；一般 3；差 2；很差 1
企业财务	很完善 5；完善 4；一般 3；不完善 2；很不完善 1
融资流程	很复杂 5；复杂 4；一般 3；简单 2；很简单 1
对知识产权评估机构看法	很满意 5；较满意 4；一般 3；不满意 2；很不满意 1
知识产权变现	很好 5；较好 4；一般 3；不好 2；很不好 1
知识产权法律	很满意 5；较满意 4；一般 3；不满意 2；很不满意 1
对政府优惠政策看法	很有效 5；较有效 4；一般 3；低效 2；无效 1
对担保机构参与的看法	必需 1；无须 0

调查收集的数据统计如表 4 - 2 - 5、表 4 - 2 - 6 所示。

表 4 - 2 - 5　银行问卷各变量频率

变量名称	选项	样本数量	比例
融资意愿	有意愿	18	36.0%
	没有意愿	32	64.0%
知识产权质押融资前景	很看好	2	4.0%
	看好	16	32.0%
	一般	24	48.0%
	不看好	7	14.0%
	很不看好	1	2.0%
是否为核心技术	是	30	60.0%
	否	20	40.0%

续表

变量名称	选项	样本数量	比例
知识产权价值	很高	22	44.0%
	不高	28	56.0%
知识产权风险	很高	6	12.0%
	较高	18	36.0%
	一般	14	28.0%
	低	10	20.0%
	很低	2	4.0%
企业盈利	很高	0	0
	较高	15	30.0%
	一般	25	50.0%
	低	10	20.0%
	很低	0	0
企业发展	很快	0	0
	快	24	48.0%
	一般	14	28.0%
	慢	12	24.0%
	很慢	0	0
企业管理	很强	3	6.0%
	较强	17	34.0%
	一般	20	40.0%
	弱	10	20.0%
	很弱	0	0
企业信用	很好	4	8.0%
	较好	15	30.0%
	一般	27	54.0%
	差	4	8.0%

续表

变量名称	选项	样本数量	比例
企业信用	很差	0	0
企业财务	很完善	5	10.0%
	完善	10	20.0%
	一般	17	34.0%
	不完善	18	36.0%
	很不完善	0	0
融资流程	很复杂	6	12.0%
	复杂	12	24.0%
	一般	22	44.0%
	简单	10	20.0%
	很简单	0	0
对知识产权评估机构看法	很满意	2	4.0%
	较满意	14	28.0%
	一般	20	40.0%
	不满意	12	24.0%
	很不满意	2	4.0%
知识产权变现	很好	1	2.0%
	较好	6	12.0%
	一般	16	32.0%
	不好	22	44.0%
	很不好	5	10.0%
知识产权法律	很满意	6	12.0%
	较满意	18	36.0%
	一般	16	32.0%
	不满意	8	16.0%
	很不满意	2	4.0%

续表

变量名称	选项	样本数量	比例
对政府优惠政策看法	很有效	2	4.0%
	较有效	11	22.0%
	一般	28	56.0%
	低效	6	12.0%
	无效	3	6.0%
对担保机构参与的看法	必需	42	84.0%
	无须	8	16.0%

表 4 - 2 - 6　银行各变量描述性统计

变量名称	均值	最小值	最大值
融资意愿	3.60	0	1
知识产权质押融资前景	3.50	1	5
知识产权核心技术	0.6	0	1
知识产权价值	3.22	2	4
知识产权风险	2.48	1	5
企业盈利	3.10	2	4
企业发展	3.24	2	4
企业管理	3.26	2	5
企业信用	3.38	2	5
企业财务	3.04	2	5
融资流程	3.28	1	5
对知识产权评估机构看法	2.88	1	5
知识产权变现	2.76	1	5
知识产权法律	2.48	1	5
政府优惠政策效果	3.06	1	5
担保机构参与	0.84	0	1

　　根据表 4 - 2 - 4、表 4 - 2 - 5、表 4 - 2 - 6，以下从银行角度分析知识产权质押融资环境。

第一，银行知识产权质押融资积极性并不高，被调查银行中 15 家有意愿开展，占 36%；对知识产权质押融资前景态度一般；60% 被调查银行认为质押知识产权是企业核心技术；56% 认为知识产权价值一般或较低；仅 24% 认为科技型中小企业所拥有的知识产权风险低或者很低。

第二，对企业的看法。认为企业盈利能力相对较强的只有 10 家，占 20% 被调查银行认为企业盈利弱，该变量均值 3.10；48% 的被调查银行认为企业发展较快，企业管理者能力相对较强，仅 20% 认为中小企业管理者能力弱，该变量均值 3.26；54% 的银行认为企业信用一般，企业财务有待完善，70% 被调查银行认为科技型中小企业的财务制度完善状况一般，甚至不完善。

第三，融资环境。只有 20% 的银行认为融资流程简单，该变量均值为 3.28；对知识产权价值评估不满意的银行有 12 家，占 24%，该变量均值为 2.88；对现有知识产权法律制度很满意及满意的被调查银行占比 48%，表明有待完善；知识产权变现状况一般，该变量均值 2.76；对政府政策效果，56% 认为一般，该变量均值 3.06；84% 的银行认为知识产权质押融资需有担保机构参与，期盼融资风险分担。

第四，影响因素。通过各个影响因素与银行融资意愿的相关性分析，发现银行对知识产权质押融资前景、知识产权是否为企业核心技术、知识产权价值、知识产权风险、企业盈利、企业管理、企业信用和企业财务、知识产权变现以及担保机构是否参与等 10 个方面，显著影响银行开展知识产权质押融资意愿；科技型中小企业的发展、知识产权融资流程、对知识产权评估、知识产权法律、政府对银行政策等 6 个方面则没有显著影响。

三、企业加银行问卷的综合数据分析

综合前述中小企业和银行的分析，可以得出知识产权质押融资环境的基本现状。

第一，融资意愿。企业意愿较高而银行意愿较低，调查数据显示：企业认为银行的积极性较低，且融资额度偏低和融资期限过短；银行对知识产权质押融资前景态度一般。第二，科技型中小企业知识产权资源较为丰富，银行对企业自主知识产权价值认可度一般，核心技术的知识产权会增加银行融

资积极性。第三，外部环境。中小企业和银行认为知识产权质押融资的外部环境仍待提升，包括融资流程、融资成本、知识产权评估、知识产权法律、政府扶持政策等；银行还认为知识产权变现状况有待改善、融资过程需有担保机构参与。第四，企业自身条件。企业认为目前存在资金短缺和融资方式单一的问题，需要拓展新的融资渠道；企业盈利、发展速度、企业管理等银行较为看好，但企业信用、财务待完善。第五，影响因素。影响企业和银行融资意愿因素差异较大。企业认为影响融资意愿的主要因素是企业资金状况、融资期限和融资流程；银行认为影响融资意愿的主要因素是知识产权是否为企业核心技术、知识产权价值、企业盈利、企业管理、企业信用、企业财务以及知识产权变现状况等。

第三节　知识产权质押融资程序

一、办理知识产权质押贷款的一般流程

主要包括申请、审核、评估、签约、登记、放贷等。

（1）企业、银行、评估机构的前期沟通协调。申请知识产权质押融资的企业需准备企业前三年截至评估基准日的资产负债表或审计报告（商标质押提供商标证书、专利质押提供专利证书及相关资料）、企业的基本信息等。

（2）银行审核企业提交的资料。根据企业提供的财务数据分析企业的销售收入、现金流量、净利润、负债等，预判企业偿还能力、无形资产变现能力等。

（3）评估机构预评估企业知识产权价值，企业与银行协商融资额度等。

（4）评估机构与企业签订协议后实地考察被评估企业，企业安排专人协助评估机构整理评估所需要的相关资料。

（5）企业将前期资产评估费用支付评估机构，评估报告撰写启动。撰写报告需要5~7个工作日，电子版的评估报告撰写好需经多名评估员审核后定稿。

（6）出具正式版本的评估报告。企业将后期评估服务费付清。评估机构将核定的评估报告装订成册、加盖评估公司公章及评估员签字盖章后，交付企业。

（7）企业收到评估报告后与银行签订贷款合同并准备办理质权登记所需资料，评估机构会提供资料清单及模板，准备好的资料需要企业与银行双方加盖公章。

（8）办理质权登记。评估机构收到企业登记资料后申请办理质权登记证书。

（9）银行放款。质权登记拿到后交付质权人（银行）放款。

二、银行融资流程：交通银行知识产权质押融资贷款操作流程

国内银行中，交通银行比较早就开始探索知识产权质押融资业务。其对于国内知识产权质押融资试点工作的开展和拓展，发挥了十分重要的作用。经过多年的探索和不断完善，交通银行建构和设计了一个相对科学合理的防范融资风险的知识产权质押贷款基本操作流程图①，如图4-3-1所示。

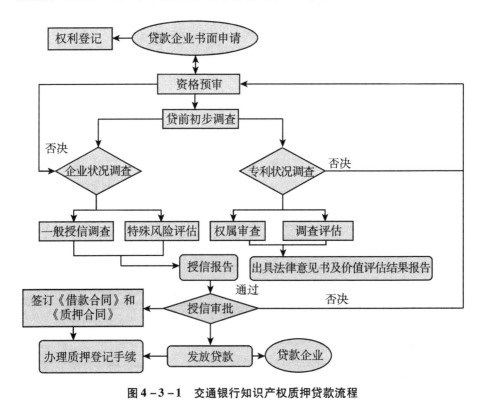

图4-3-1 交通银行知识产权质押贷款流程

---

① 操作流程来源：张鑫. 交通银行知识产权质押融资实务［R］2011年广州讲座PPT.

根据图4-3-1，交通银行知识产权质押流程具体如下：

第一步：企业向银行提交知识产权质押贷款书面申请。申请知识产权质押贷款，商标注册人应持《商标注册证》、专利权人应持《专利证书》和交通银行所需的其他相关材料向银行提出贷款申请。金融机构针对不同客户初步分析其资产准入标准及范围：一是贷款主体的准入标准，二是质押物的准入标准。贷款主体的准入标准通过贷款企业信用履约、偿债能力、盈利能力、经营发展能力、综合能力等分析确定，实际贷款主体通常是贷款行的黄金客户、优质客户，在贷款行及其他行无不良记录。质押物准入标准遵循省著名商标及国家驰名商标优先的原则，专利则以发明优先考虑。

第二步：专业评估机构对企业知识产权进行评估。很多企业商标自身的价值有限，而企业业绩、市场占有份额会改变品牌价值，会使商标价值发生巨大波动。同时，如果企业发展中出现重大问题，商标价值也会受影响，银行贷款安全面临风险较大。为此，需建立知识产权质押物价值动态评估机制，全面、客观评估企业自身商标和专利价值，为给借贷双方提供一个很好的知识产权价值依据，落实风险防控措施。

第三步：银行对企业提交的资料及知识产权评估结果进行审核。资产评估事务所对质押物的时点价值进行客观评估，提供质押价值参考。质押物通常是商标权及专利权。商标质押范围包括企业质押商标及其相同或近似类别的相同或近似商品/服务。专利权质押包括出质人（专利权人）在质押期限范围内的无权属纠纷的专利权。金融机构根据商标或专利的评估价值确定质押率，通常规定不超过质押物时点价值的50%，受行业、地区及风险控制等诸多因素影响与限制，一般为10% ～50%，质押率在20% ～30%的居多。

第四步：审核通过后双方签订《借款合同》《知识产权质押合同》。知识产权质押贷款需要到国家商标局和国家知识产权局进行质押登记。双方签订的质押登记合同应当包括：出质人、质权人的姓名（名称）及住址；被担保的债权种类、数额；债务人履行债务的期限；出质物清单；担保范围；当事人约定的其他事项。

第五步：办理知识产权质押登记手续。根据国家商标局和知识产权局的规定，知识产权质押贷款合同签订后，双方应持相关证件到知识产权管理部门办理质押权登记，商标权质押登记时间为五个工作日，专利权质押登记时间为七个工作日。

第六步：执行借款合同。取得知识产权质押登记证书后，金融机构可按照双方签订的贷款合同给借贷方资金放款。

三、试点城市融资案例流程：东莞市质押贷款典型案例

2012 年 6 月，东莞市中一合金科技有限公司（以下简称中一合金）以 5 项发明专利获招商银行东莞分行贷款 800 万元，2013 年 7 月该公司又以 7 项发明专利获东莞农村商业银行贷款 600 万，成为东莞市知识产权质押融资试点期内，企业获得贷款额最高的纯专利贷款案例。①

（一）企业简况

中一合金成立于 2003 年，位于东莞市大朗镇巷头第三工业区，法定代表人姓名林羽锦，注册资本为人民币叁仟万元。公司类型为有限责任公司，经营范围：产销高、中、低压电器触头合金材料，银合金线材、片材、金属复合材料，粉末冶金型电触头材料，以及电器五金件，货物进出口、技术进出口。

（二）知识产权情况

评估质押的知识产权是"一种银/铜/铁复合带材的加工工艺"（ZL200610123759.4）等 7 项发明专利，具体情况如表 4 - 3 - 1 所示。

表 4 - 3 - 1　中一合金被评估质押的专利资产基本状况表

专利名称	一种银/铜/铁复合带材的加工工艺	一种银/铜双面复合带材的加工工艺	一种送线自动铆接冲压工艺	冲压模内上送铆钉接点机	立式送线焊接机	异性带材切送焊一体化机构	异形带材切送焊一体化结构
专利类别	发明	发明	发明	发明	发明	发明	发明

① 案例来源：南方网．[DB/OL]［2016 - 04 - 26］．http：//dg. southcn. com/d/2015 - 05/18/content_ 124491329. htm.

续表

专利申请的国别	中国	中国	中国	中国	中国	中国	中国
专利申请号	ZL200610 123759.4	ZL200610 123758.X	ZL200610 122256.5	ZL200810 219580.8	ZL200810 219579.5	ZL200910 214145	ZL200910 214151
专利申请日	2006. 11.24	2006. 11.24	2006. 9.20	2008. 11.28	2008. 11.28	2009. 12.24	2009. 12.24
专利授权日	2008. 11.26	2008. 11.26	2009. 12.2	2010. 3.10	2011. 4.27	2012. 9.12	2013. 1.23
专利使用权利	林羽锦	林羽锦	东莞市中一合金科技有限公司	东莞市中一合金科技有限公司	东莞市中一合金科技有限公司	东莞市中一合金科技有限公司	东莞市中一合金科技有限公司

（三）专利价值评估

连城资产评估有限公司对企业专利的权属、产品的历史销售状况、竞争情况进行分析，并预测未来前景，依据评估的目的、评估对象及范围，采用收益法，即依一定的产品销售规模产生的收益入手，计算未来可能取得的收益，再通过一定的分成率，得出该评估对象在一定的经营规模下于评估基准日的公允价值。

（四）银行放款

2012年3月，中一合金向招商银行东莞分行提出贷款申请，经调查决定以其专利作为质押品委托连城资产评估有限公司对其5项发明专利评估，评估值共计人民币3263万元，分行按评估值24.5%确定贷款金额800万元。2013年6月，该公司与东莞农村商业银行达成融资意向，农商行委托北京连城资产评估有限公司评估其7项发明专利，评估值总计人民币2435万元，银行按评估值24.6%确定贷款金额600万元。

（五）融资流程

融资具体流程是：

首先，企业提供相关资料及贷款人认可的评估机构出具的专利权价值评估报告等向东莞市知识产权局提出书面申请，初审合格，东莞市知识产权局出具推荐意见。

其次，持初审材料、东莞市知识产权局出具的推荐意见及贷款人所需的其他材料向贷款人即融资银行提出贷款申请。银行根据内部审批流程和审查标准决定是否对企业授信专利质押贷款。

再次，专利权质押合同签订后，在订立书面合同之日起向国家知识产权局初审及流程管理部办理专利权质押合同登记手续。将借款合同、专利权质押合同、专利权质押合同登记情况等报送东莞市知识产权局备案。取得的《专利权质押合同登记通知书》应经东莞市知识产权局审查。出质的专利权证书移交银行。

最后，《专利权质押合同登记通知书》经东莞市知识产权局审查合格后，银行按照专利权质押合同及借款合同约定及时办理贷款手续，发放贷款，并妥善保管移交的专利证书及其他相关资料。

招商银行东莞分行完成的中一合金专利质押贷款业务流程，如图4-3-2所示。

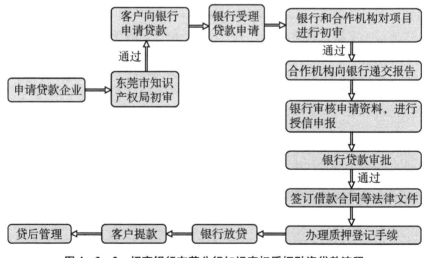

图4-3-2 招商银行东莞分行知识产权质押融资贷款流程

第五章
我国知识产权质押融资模式分析

在国家知识产权局部署的知识产权质押融资试点实践中，试点城市进行了各种的探索和尝试，形成了各具特色的模式。其中以北京、上海浦东、武汉、广东的模式最具代表性。

第一节　北京模式

一、模式构成

北京交通银行初步确立一套针对中小企业知识产权质押贷款的操纵模式，推出以"展业通"① 为代表的专门针对中小企业知识产权担保贷款的业务品种②。律师事务所、资产评估公司、担保公司共同参与提供专业服务，按照一定的比例承担风险。其中，律师事务所主要是负责所涉知识产权的法律风险。资产评估公司主要负责知识产权的评估。担保公司向金融机构提供担保。该知识产权质押融资模式的构成，具有如下特点：（1）主要面向拥有商标权、发明专利权和实用新型专利权的科技型企业；（2）引入评估公司、律师事务所和股份担保公司等中介机构，它们为银行承担了评估、审查、监控等事务，承担违约情况下的风险和质押资产的处置任务。

---

① "展业通"中小企业知识产权质押贷款是指交通银行北京分行以中小企业或企业主所拥有的知识产权为质押，向企业发放的用于满足生产经营过程中正常资金需求的贷款产品。

② "展业通"开启北京知识产权质押贷款新模式 ［DB/OL］ ［2016 - 04 - 26］. http：// www. cipnews. com. cn/showArticle. asp？ Articleid = 6201.

二、模式框图

在北京模式中，银行为分散风险，选择与担保公司、评估机构、律师事务所等中介机构合作，政府向贷款企业提供贴息的财政支持。模式框图如图 5-1-1 所示。

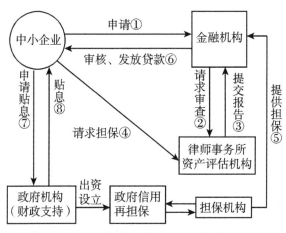

图 5-1-1　知识产权质押融资北京模式框图

三、模式运行

北京模式中，北京市政府相关部门是以一种"隐性"的方式参与，属于典型的"服务型政府"的体现。政府在其中扮演的角色，按照北京市知识产权局专利管理处张柏友所说的，政府不会直接介入任何融资担保的个案。针对不同类型的知识产权质押贷款，北京市科委、北京市知识产权局等政府机构充分发挥政府的引导协调、扶持和服务功能，对知识产权质押贷款业务给予一定比例的贴息支持，并承担了相应的服务功能。政府在引导和推进知识产权质押融资的过程中，主要以财政支持和信用支持两种方式提供帮助。一方面，通过财政资源给予贷款企业以补贴；另一方面，由政府出资设立了再担保公司，对参与合作的担保机构为企业的贷款提供再担保[①]。

---

① 再担保是指为担保人设立的担保。当担保人不能独立承担担保责任时，再担保人将按合同约定比例向债权人继续剩余的清偿，以保障债权的实现。双方按约承担相应责任，享有相应权利。魏振瀛.民法（第四版）[M].北京大学出版社，2010：374.

北京市的政府信用再担保属于全国首创①。此类担保公司将会引导政府资金更好地为知识产权担保融资服务。因为律师事务所、评估机构、担保公司等中介服务机构的参与，使北京知识产权担保融资得以顺利开展。与此同时，在中介机构的参与下，企业获取贷款的灵活性大大增加，企业利用知识产权融资量迅速增加，有力地支持了企业科技成果转化和企业成长，社会反响很好。

第二节　上海浦东模式

一、模式构成

浦东知识产权质押融资通过试点形成了一个以担保基金为核心的政府指定担保型的知识产权质押融资模式。浦东知识产权质押融资模式中，主要参与的机构有：浦东新区人民政府、浦东生产力促进中心②、上海银行、浦东知识产权局以及科技型中小企业。浦东模式是一种间接的担保融资模式。企业通过生产力促进中心（政策性的担保机构）为贷款提供担保，企业再以知识产权作为反担保，来获取金融机构的贷款。

二、模式框图

上海浦东模式是"银行＋知识产权＋政府担保"模式，模式框图如图5－2－1所示。

---

① 程守红，周润书. 知识产权质押融资中的政策工具及模式研究［J］. 华东经济管理，2013（2）：159－166.

② 上海浦东生产力促进中心（Shanghai Pudong Productivity Center，简称 SPPC）于 1993 年成立，隶属于浦东新区科学技术委员会，是基于政府立场的非营利性科技公共服务机构，致力于运用市场手段整合社会资源，为浦东企业提供优质的专业服务，从而促进区域生产力水平的提升的专业化、综合性、主力型科技企业服务机构。李瑜青，陈慧芳. 知识产权评估与质押——基于上海浦东模式的实证研究［J］. 华东理工大学学报（社会科学版），2009（4）：66－71.

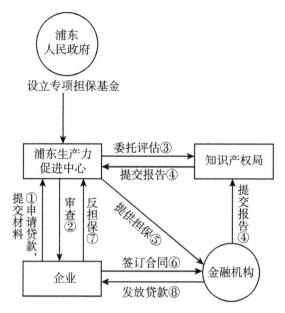

图 5 - 2 - 1　知识产权质押融资浦东模式框图

三、模式运行

　　浦东模式中，为体现政府引导社会认可知识产权价值，缓解科技型中小企业融资困难，2008 年 10 月 17 日，上海市浦东新区科学技术委员会制定并发布《浦东新区科技发展基金科技企业信用互助专项资金操作细则》，注册在浦东新区的科技型企业可自愿缴纳互助金 20 万元，形成浦东新区科技发展专项基金。政府的角色功能是通过浦东新区科技发展基金每年向中心安排 2000 万元设立专项资金，拨入银行专户作为担保基金。中心对企业进行审查，将材料交给知识产权局进行评估。在该模式中，浦东新区政府及相关部门充当了"担保主体 + 评估主体 + 贴息支持 + 风险承担"多重角色。浦东模式是一种以政府为主导和依托并由政府承担主要风险的担保融资模式，典型"管理型政府"的体现。浦东生产力促进中心负责贷款担保，企业以其拥有的知识产权作为反担保①给浦东生产力促进中心，由银行向企业提供贷款。

_____

　　①　反担保是由债务人或者第三人向担保人新设担保，以担保该担保人承担了担保责任往后易于实现其追偿权的制度。魏振瀛. 民法（第四版）［M］. 北京大学出版社，2010：374.

浦东生产力促进中心与银行约定承担95%的贷款风险。银行的主要功能是放贷，名义上仅承担5%的风险，以此提高银行的参与信心。浦东知识产权局负责对知识产权的简易评估。评估的功能起到承上启下的关键作用。[①]浦东模式中没有专业的中介机构的参与和运作，一旦发生坏账，主要由政府埋单。政府出资有限，限制融资规模，银行及中介机构等市场主体责任缺失。

第三节　武汉模式

一、模式构成

武汉市按照"政府引导、银行主导、企业响应、市场化"的工作思路，形成一种涵盖直接质押融资模式和间接质押模式的混合模式，[②]简称武汉模式。一方面，市知识产权局和财政局共同对以知识产权质押融资的中小企业提供贴息，与北京模式很相似；另一方面，光谷联合产权交易所[③]通过自身的平台与九家银行达成了协议，实现银行与评估机构的对接，同时把资质不错的企业推荐给银行，银行再从中选择，实现银行与企业的对接，一定程度上降低银行风险。

二、模式框图

武汉模式是"直接质押"+"间接质押"的一种混合模式，如图5-3-1所示。

---

① 李瑜青，陈慧芳. 知识产权评估与质押——基于上海浦东模式的实证研究 [J]. 华东理工大学学报（社会科学版），2009（4）：66 – 71.

② 《武汉市专利质押贷款贴息管理暂行办法》第2条明确规定：本办法所称的专利权质押贷款，包括直接质押贷款和间接贷款等形式。

③ 武汉光谷联合产权交易所（以下简称"光谷联交所"）成立于2006年12月，是以湖北省产权交易中心为基础，打造三个平台，产权交易平台、科技成果交易平台、风险资本服务平台。

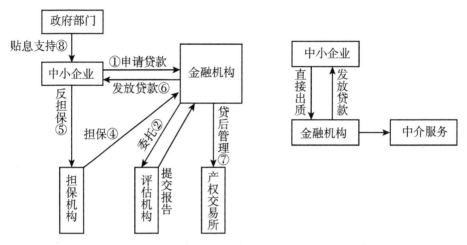

图5-3-1 知识产权质押融资武汉模式框图（间接融资框图与直接融资框图）

三、模式运行

武汉模式是"直接质押"＋"间接质押"的一种混合模式。在理念上创新之处是引入专业的担保机构——武汉科技担保有限公司[①]。该公司作为武汉市科技投融资平台的主体企业，为降低对科技型中小企业的反担保门槛，这也是武汉模式与浦东模式的最大区别。该公司尝试以为上市公司的股权、应收账款、专利权、著作权等多种无形资产作为反担保措施，[②] 分解银行风险。评估阶段，由借贷双方认同的评估机构出具拟出质的专利权的评价报告，对以实用新型专利权出质的，贷款人可要求借款人提供国家知识产权局出具的关于拟出质的专利权的评价报告。此外，湖北省知识产权局与武汉光谷联合产权交易所携手，发挥双方在政策、资源、网络上的优势，共同建设打造全国首家专利投融资服务平台。该平台是集专利展示、交易、投融资、中介、政策咨询等服务于一体的专业化、多功能、提供一站式服务平台。企业可以

[①] 武汉科技担保有限公司是经武汉市人民政府"武政办〔2000〕53号"文件批准成立的，自2000年6月成立以来，始终以政府引导与市场化运作相结合的方式，为武汉科技型中小企业提供多种方式的商业性担保业务。同时，还承担了武汉市科技共同担保基金的受托管理、国家开发银行科技型中小企业专项贷款担保、科技项目周转金专项贷款担保、高新技术企业进出口业务专项贷款担保、武汉市就业及创业小额贷款担保、农业示范户贷款担保等政策性担保业务。

[②] 雷宁.武汉科技型企业融资模式创新 [J]. 武汉科技学院学报, 2006 (11): 104-107.

通过网络平台直接与银行、评估、担保机构等进行沟通，从专利评估到银行最终放贷，可随时在网上查询项目的进展。

第四节　广东模式

一、模式构成

广东的南海、广州、东莞是国家知识产权质押融资试点城市，试点过程中，形成"政府引导、企业参与、市场化运作"的广东知识产权质押融资模式。

二、模式框图

广东模式框图，如图 5-4-1 所示。

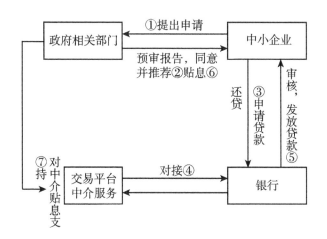

图 5-4-1　知识产权质押融资广东模式框图

三、模式运行

广东模式中，银行设置放贷条件，审慎控制风险。相关条件对融资企业来说可能比较苛刻，不但对知识产权的可盈利有要求，同时要求企业的经营情况良好。从银行的角度来说，目的是控制贷款的风险。在评估机构方面，建立了"知识产权质押融资专家数据库"；知识产权担保融资项目管理方面，建立了"南海知识产权质押融资项目动态数据库"，提供动态信息，监督项目的运行。① 引入优质的资产中介评估机构、律师事务所参与评估见证以控制法律风险；知识产权交易中心负责处置出现不良贷款时知识产权的转让拍卖；最终搭建政府、企业、金融机构和中介机构的合作平台。知识产权局在其中发挥重要桥梁的作用，表现在：引进优质的中介机构，建立供企业、银行等金融机构合作的"知识产权交易平台"；政府以财政专用资金贴息或补贴，对获得银行知识产权质押融资的企业进行利息以及相关费用的补贴拓展企业资金融通的渠道，增强企业信心。据南海区经济和科技促进局方面的统计，从 2009 年 9 月至 2012 年 11 月，南海区有 25 家企业成功通过知识产权质押贷款 2.64 亿元。在首批试点城市中，算是成效不错的，且顺利通过国家知识产权局的验收。广州市、东莞市在南海试点积累的实践经验基础之上，融资规模和范围都进一步扩展，且于 2012 年 12 月 5 日通过国家知识产权局验收。

2012 年 5 月，笔者调研走访南海区经济和科技促进局知识产权科，其负责人指出知识产权融资难主要有三个原因：知识产权价值不好确定；企业知识产权利润转化率不足；知识产权质押融资是新型融资方式，企业、银行、知识产权交易公司、担保公司等各方沟通耗时长，一般最快一个月才能拿到贷款，最长的半年才能拿到贷款，对企业吸引力下降很多②。经过实践的继续探索和不断创新，知识产权融资难题正逐渐地得以有效解决，如融资成本降低、登记更为快速便捷。建设知识产权投融资服务平台，加快知识产权的处置与变现等。

① 丘志乔. 广东知识产权质押融资模式探析 [J]. 广东工业大学学报（社会科学版），2011(3)：6-9.

② 知识产权质押融资南海 3 年仅 25 宗成功 [DB/OL]．[2016-04-26]．http：//www.cnipr.com/news/gndt/201212/t20121212_146627.htm.

第五节 其他试点地区探索的模式

一、天津市"征集需求、对接服务、业务指导、促进流转、政策引领"模式

征集需求：以促进科技型中小企业发展为核心，以解决科技型中小企业融资难问题为切入点，大力推动专利质押融资。通过不断改进专利权质押工作方法，调整资助政策，加强部门合作，深化政银合作，深入了解企业融资需求。

对接服务：用好各类平台，有针对性地开展"银企介"对接活动等多种形式和方法。把银行、企业、中介机构搭建交流平台，提供相应服务。搭建知识产权质押融资服务平台，引导成立知识产权投融资服务联盟。

业务指导：对知识产权质押融资涉及的申请、咨询、推荐、审核、登记、评估等提供一系列的专业服务指导。协助银行筛选需求企业、指导办理专利权质押登记手续等工作。

促进流转：天津产权交易中心建立知识产权交易平台，提供知识产权交易和处置的公共市场，促进知识产权无形资产的转让与流转。

政策引领：出台《天津市专利权质押贷款实施指导意见》，在全国率先出台"信贷人员勤勉尽职免责条款"，调动了银行开展专利权质押贷款的积极性。为鼓励企业开展专利权质押融资，市区两级均出台了有关扶持企业开展专利权质押融资的政策文件或政策条款，对部分取得专利质押贷款的企业给予资金支持。

由此在实践中逐渐形成"征集需求、对接服务、促进流转、业务指导、政策引领"的天津模式。自2010年6月国家知识产权局批复开展知识产权质押融资试点以来，天津市完善政策体系、建立多部门协作机制、搭建服务平台、拓宽处置渠道推动企业发展，对如何促进知识产权与金融产业深度融合，

拓宽知识产权质押物处置的金融渠道等取得显著成效。专利权质押贷款规模从试点前 2009 年的 4280 万元增长到 2013 年年底的 12.764 亿元，试点期间质押贷款总额累计达到 26.969 亿元。试点期间获得专利权质押贷款的 133 家企业中，28 家经市科委、市中小企业局认定为科技小巨人企业，20 家企业成了科技领军企业，9 家企业获得 11 项专利奖。专利权质押贷款有效促进了企业的快速发展。2014 年 1 月 28 日，天津市顺利通过国家知识产权质押融资试点验收。①

二、成都市"政府担保基金 + 服务机构（担保）+ 银行 + 评估"模式

成都市自 2009 年被国家知识产权局确定为第二批知识产权质押融资试点城市以来，按照"政府引导、市场为主、强化服务、防范风险"的工作思路，以科技型中小企业为重点，逐步形成以政府为引导、投贷联动、多方互动、风险共担的知识产权质押融资服务模式。最大特色是成都生产力促进中心承担的"政府担保基金 + 服务机构（担保）+ 银行 + 评估"服务形式，被视为"成都模式"。

2008 年 3 月，成都市知识产权局与成都银行签订《成都市知识产权质押担保融资合作框架协议》，依托成都生产力促进中心（成都市科技风险开发事业中心）设立 4000 万元知识产权质押融资专项担保基金，成都银行按 1∶3 提供 1.2 亿元的贷款授信额度，成都生产力促进中心和成都银行分别按照 9∶1 承担贷款风险，为符合条件的科技型中小企业提供知识产权质押融资贷款。按照市场化运作机制，成都先后引导 29 家银行开展质押融资试点；搭建起由 45 家银行、担保、保险、风险投资及评估、法律等各类金融机构、社会中介服务机构参与的知识产权质押融资服务平台；建立起涵盖技术、财务、管理、投融资等 18 个一级技术领域的 3049 名评估专家库，为质押融资提供技术、财务、法律等咨询服务。同时，成都银行、建设银行、交通银行已在

---

① 天津知识产权局. 天津市顺利通过国家知识产权质押融资试点验收 [DB/OL]. [2016 - 04 - 26]. http://www.financeun.com/News/2014128/2013cfn/111027207200.shtml.

全国率先成立了3家科技支行①。截至2014年12月，四川省2013年专利权质押登记合同达95份，涉及专利395项，质押金额达人民币17.56亿元，同比增长67.72%。除进入国家知识产权质押融资试点城市的成都、绵阳等两市外，自贡、攀枝花、遂宁、乐山、宜宾、内江、雅安、广安、泸州等9市（州）在制定政策、宣传培训、构建机制等方面进行积极探索，并开展专利质押融资工作。②

第六节　对四种典型知识产权质押融资模式的评价

随着国家知识产权局于2008～2010年先后正式批复了三批16个试点城市以及2011年以后各省市陆续开展试点。截至2014年，全国有29个地区开展了知识产权质押融资、投融资服务实践，从试点第一批时的6个城市，到遍地开花，成效显著。2014年，专利权质押融资金额达489亿元，同比增长92.5%。商标质押8721件，融资金额519亿元，同比增长29%。版权实现质押融资26.25亿元。

四种典型模式的共同特点：上海浦东的"管理型政府"模式，北京、武汉、广东的"服务型政府"模式，业务开展均源自政府推动，或以财政资金补贴贷款的利息（北京模式），或设立专项担保基金（浦东模式），为中小企业解决融资难题。在知识产权质押融资中，银行则相对被动。知识产权质押融资离不开担保，目前专业的科技担保机构的数量还是很难满足中小企业融资的需求。知识产权质押系列配套法律法规和相应措施有待完善，如知识产权评估实体与程序规范等。

---

① 陈碧红. 政府4000万担保知识产权质押融资探索"成都模式"［N］. 四川日报，2013-04-11.

② 周渝利. 2014年四川省专利权质押融资金额快速增长［DB/OL］［2016-04-26］. http://www.cneip.org.cn/newsshow.aspx? CateID=10&ArticleID=14148.

一、四种典型知识产权质押融资模式比较

表 5 - 6 - 1　我国知识产权质押融资试点典型模式比较

对比内容＼地区	北京	上海浦东	武汉	广东
可质押知识产权的类型	发明专利、实用新型、商标专用权、著作权	发明专利、实用新型、版权、软件著作权、布图设计登记证书	发明专利、实用新型	发明专利、实用新型、商标专用权、软件著作权（东莞仅限专利）
贷款年限	≤3 年	≤3 年	≤2 年	≤1 年
贷款额度	一般由放贷银行决定，目前单笔最高为3000 万元	一般由放贷银行决定，单笔最高为 200 万元	由放贷银行决定，一般≤评估价值的50%	≤评估价值的30%，且不超过 3000 万元
风险承担	金融机构，担保机构	政府	金融机构，担保机构	金融机构，担保机构
相同点	业务的开展都是源自政府推动；不同程度、不同方式的财政支持；贷款额度相对不高，期限不长			
不同点	中介服务机构参与比较深入，金融机构主导，政府机构比较洒脱	政府机构主导，金融机构比较被动	光谷联合产权交易所，提供一站式服务	建立"专家数据库""动态数据库"
优点	多方机构参与，分工得当，有效分散风险	有政府的保驾护航，融资效率较高	引进专业的科技担保机构，知识产权交易平台的构建	知识产权交易平台的构建，动态数据库
缺点	门槛高（针对成长期的中型企业）	政府承担风险过高、未引进专业中介机构参与，风险未能有效分散	目前可担保融资的知识产权的类型过窄	中介服务机构有待深入，可融资担保的知识产权类型较窄

二、分析

根据表 5 - 6 - 1，四种典型模式旨在帮助中小企业解决资金瓶颈问题，帮助中小企业获取发展的必要资金，渡过难关。从国内现有的模式来看，实现这一目标亟待克服现有的不足，加以改进和完善。

（一）政府的角色定位不清晰

国内现有的几种模式中以政府制定政策并"利息补贴、费用补贴"为主。不可否认，政府在初期以政策扶持和引导是必要的，但是如果政府到最后无法抽身，那么这样的模式也很难成熟，很大程度上，政策的压力会远远大于利益的诱惑。政府推动知识产权质押融资的政策目标是：全面推动知识产创造、运用、管理和保护，帮助中小企业解决融资困难。政府在融资模式形成初期的扶持和帮助，不可或缺。就知识产权质押融资业务本身来说，市场化是必然的发展结果，政府必须从中脱离出来。与日本、美国知识产权交易市场成熟度高有所不同，当前我国国情和市场环境决定采取完全市场化的模式还不具备条件。政府的作用和角色应当定位为"有所为又有所不为"。

（二）贷款的数额和时间明显偏少

如表 5 - 6 - 1 显示，贷款数额一般比评估价值低，贷款时间多数为一年。与国外相比，我国知识产权质押贷款额度和时间都明显偏少。科技型的企业创业期一般较长，研发期也长，实现利润需要时间。一到两年的时间对此类企业而言太短。上述问题存在的原因主要是我国对中小企业的信用建设缺乏相应的制度支持。银行担心贷款出去后企业便"人间蒸发"。在政策的推动下，相关机构追求"短平快"，急功近利。

（三）参与知识产权质押融资的各方权利义务不明确

开展一项知识产权质押融资贷款，参与的主体包括多方，有中小企业、银行、律师事务所、评估机构、担保公司、政府。从现有的模式来看，每种模式主要承担风险的机构有所不同，权利义务界限不清，缺乏统一的制度来调整。原因在于政府在推广该项业务的过程中，也许更侧重于政绩成效而往往忽略权利义务责任的科学合理配置。

（四）缺乏知识产权交易平台与中介服务机构的深度参与

融资案例出现坏账个案鲜有，并不说明知识产权担保融资无风险。因为风险太高，过度规避风险而人为控制融资对象和规模等以产生理想结果。资产评估、担保公司、保险公司等中介服务机构的参与仍待加强。对知识产权融资风险的防范与控制不仅要求在贷款前，还要求在出现贷款违约时如何处理知识产权。对于违约的处置方法比较薄弱甚至是缺失。知识产权交易平台仍待成熟发展以解决知识产权变现难。

第六章
我国知识产权质押融资的典型案例分析

第一节　北京"创意贷"[①]

因应中小型文化创意企业融资难题的破解，北京银行首批加入北京市文化创意产业与金融资本对接工作，推出"创意贷"这一特色金融产品。全面支持影视制作、设计创意、动漫网游、文艺演出、出版发行、广告会展、古玩与艺术品交易、文化旅游、文化体育休闲九大领域，满足了不同行业文化创意企业融资需求。

一、适用对象

中小型文化创意企业及从事文化创意集聚区建设的中小企业。"创意贷"具有三大特点：一是担保方式创新。接受版权质押等多种组合担保方式。二是政府贴息支持，减轻企业融资负担。三是贷款产品种类多样，满足企业不同融资需求。根据具体对象不同将贷款产品细分为影视制作贷款、设计创意贷款、出版发行贷款、广告会展贷款、文艺演出贷款、动漫网游贷款、艺术品交易贷款、文化旅游贷款、文化体育休闲贷款、文化创意产业集聚区建设贷款 10 种产品。

二、申请条件

（1）企业情况：企业成立时间一年以上，注册资本不低于 100 万元；企

———————————

①　丘志乔. 中小型文化创意企业知识产权质押融资现状及对策［J］. 中国发明与专利，2011 (7)：53－56.

业有相关项目的成功操作经验。（2）项目情况：已取得相关部门的立项批准，并提供批准文件或备案公示；企业负责人有相关项目的从业经历；或已进入具体实施阶段；企业有一定比例自有资金投入；产品原创性高，具有市场潜力，经济和社会效益较好。（3）版权情况：如申请版权质押融资，应确保版权所有关系清晰，借款人具备版权质押条件。（4）其他情况：企业应满足北京银行的其他规定和一般授信条件。

三、审批流程

需要书面借款申请书、法人权力机构同意借款的决议；经年检的营业执照副本、组织机构代码证、贷款卡、公司章程、验资报告；经审计的近 3 年度和近期财务报表，担保人、抵质押物的有关资料；项目简介、可行性分析、未来发行（销售）方式和资金投入计划，包括预计总支出及已投入自有资金情况等多项材料。

四、模式结构

北京"创意贷"模式采取相对市场化的方式，融资企业以知识产权质押直接向银行申请贷款，银行与专业评估机构、担保机构风险共担；政府的角色和作用主要体现在政策支持、引导和服务上，包括降低企业融资成本，由北京市政府对申请知识产权抵押贷款的企业实行贴息政策等（贴息率：发明 70%、实用新型 50%、驰名商标 30%），如图 6 - 1 - 1 所示。

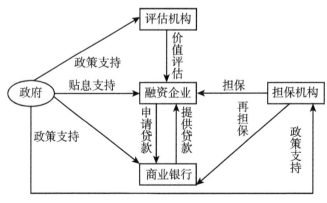

图 6 - 1 - 1　北京"创意贷"模式结构

五、应用成效

自 2007 年 11 月至 2010 年 7 月末，仅两年半时间，北京银行已累计审批通过"创意贷"944 笔、147 亿元。[①] 成功典型的案例包括：2008 年 5 月，首开国内先河，以版权质押组合担保方式推出影视剧打包贷款。为华谊兄弟提供 1 亿元用于拍摄张纪中的《兵圣》，胡玫的《望族》，康洪雷的《我的团长我的团》等 14 部电视剧。北京银行上海分行与上海卿辉文化传播有限公司签约，于上海市世博会期间，发放 200 万元流动资金贷款，助力后者"牡丹亭"昆宴项目等。北京银行不仅成立了全国首家文化创意特色支行——宣武门支行，被北京市政府授予"北京文化创意产业金融服务中心"，还设立朝外、八里庄、翠微路、中关村海淀园、中轴路、天桥等文化创意特色支行。且在北京区域之外的上海、杭州设立了中小企业服务中心。2011 年 4 月，北京银行杭州分行与杭州市文化创意产业办公室签署《杭州市文化创意产业融资服务战略合作框架协议》，大力支持杭州市中小型文化创意企业发展。与杭州宋城集团控股有限公司及杭州福地影视制作有限公司签署了授信意向书，用于支持旅游文化城建设及电视剧发行、制作，大型娱乐活动承办等项目。[②]

第二节　上海浦东：首例商标质押获贷 500 万元[③]

一、案例简况

上海都市工业设计中心有限公司以其"创星园"注册商标和企业不动产组合的形式，向上海农村商业银行申请质押融资，获批贷款 1500 万元，其中商标部分获得贷款 500 万元，这标志着浦东新区商标质押融资工作取得零的突破。

---

① 中国文化创意产业网. 文化创意企业做大做强对资本的期待是什么 [DB/OL] [2016 – 04 – 26]. http://www.ccmedu.com/.

② 张建军. 对话北京银行董事长闫冰竹真诚服务浙江经济 [N]. 浙江日报，2011 – 05 – 14.

③ 韦一心. 浦东融资创新：首例商标质押获贷 500 万 [N]. 上海商报，2013 – 01 – 19.

二、融资企业概况

坐落于浦东新区张江高科技园区，注册资本 500 万元，是一家为创新、创业、科技成果产业提供孵化场地和全过程服务的有限责任公司，是目前全国唯一被国家科技部认定的"国家级"设计产业孵化器，是上海市科学技术委员会为扶持企业创新、改变产业发展模式、提升产业能级而创设的孵化公共服务平台。

三、应用成效

上海都市工业设计中心有限公司按"专业孵化 + 天使投资 + 创业导师"的运营方式，打造集群化孵化服务平台和共享环境，为创新创业企业提供包括政策优惠、税收减免、财政扶持、租金贴补、天使投融资、人才培育、国内外交流、信息技术设备支持等全方位的孵化扶持。在大幅度降低企业经营成本、提高企业成活率的同时，培育提升企业的创新能力和综合竞争力。[①]在获得融资之后，连同 2012 年获得的上海市促进文化创意产业发展财政扶持资金（创意设计方向）支持项目"创意设计产业自动对接信息服务平台"[②]，上海都市工业设计中心有限公司进一步谋划公司的发展与做大做强。成为 2014 年 7 月成立的上海创星园投资控股有限公司的十家子公司之一。[③] 其提供的孵化器及加速器、园区建设平台、孵化扶持平台、投融资平台、网络协同平台等，将助力上海都市工业设计中心有限公司根据上海市产业规划定位要求和创新创业发展方向，全力打造自己鲜明而专业的孵化服务和发展模式，成为上海培育创新创业的有力"抓手"和全新"亮点"，继续打造包括服装设计基地、印刷包装设计基地、旅游纪念品设计基地、钻石加工设计基地、环境建筑设计基地、创意设计基地等，已形成鲜明的设计产业基地特色，拓展在孵企业包括网络科技、工业设计、建筑绘画等技术领域。

---

① 上海都市工业设计中心有限公司 [N]. 上海商报，2012 - 02 - 25.

② 东方网. 2012 年上海市促进文化创意产业发展财政扶持资金情况公示 [DB/OL] [2016 - 04 - 26]. http://shcci. eastday. com/node733810/node740254/u1a7436118. html.

③ 创星园官网. [DB/OL] [2016 - 04 - 26]. http://www. cxpark. com/? action-channel-name-jtjjc.

与此同时，在成功实现商标权质押融资首例个案之后，工商浦东分局与浦东新区知识产权局（科委）及有关部门协调将商标质押融资工作纳入知识产权质押融资的整体方案，联合下发《关于开展商标权质押融资，深化"全国知识产权质押融资试点"工作的通知》，推动建立统一的知识产权质押融资服务平台。争取市工商局对浦东商标质押融资工作的支持，与市工商局共赴国家工商总局沟通汇报，协调建立商标权质押登记快速通道。同时，吸纳企业提出的关于浦东商标质押的融资额度不设固定上限、根据商标评估价值和企业实际情况进行市场化运作等意见；会同新区金融服务局，召集浦发银行、上海农商银行等多家银行对现代服务业、战略性新兴产业、农产品行业等重点企业进行商标培育时，加大对商标权质押融资的宣传力度，让企业真正了解商标权质押融资，引导其自觉培育好、管理好、运用好商标，提升商标价值，努力实现商标质押融资市场化、规范化运作，让更多企业受惠，着力服务浦东"二次创业"[①]。

第三节　广东省佛山市南海区：知识产权质押融资第一案[②]

一、公司概况

（一）公司性质

勤联医疗器械有限公司所属行业为医疗保养，是生产型企业，是勤联集团下属子公司。成立于 1992 年，是一家经国家药品监督管理局批准具有医疗器械生产、商业批发资质的法人企业，是广东省高新科技企业、广东省民营科技企业、南海百强企业之一。

（二）公司声誉

自主研发的"QL - YYWL 医院物流配送管理系统""智能 ICU 床""电

---

① 韦一心. 浦东融资创新：首例商标质押获贷 500 万 [N]. 上海商报，2013 - 01 - 19.
② 案例来源：丘志乔. 知识产权质押融资实践模式典型案例 [C]. 教育部人文社科课题中期检查材料成果.

动翻身护理床""全方位腹部手术牵开器"等产品获得国家发明专利、实用新型专利、外观专利、版权专利等共 23 项；其中部分项目已列入国家重点新产品计划、省重点新产品计划；更有项目成为广东省政府关键领域重点突破中标项目、广东省重大科技专项项目、国家 863 计划优先启动项目或广东省学研重大项目。

（三）公司产品

主要生产医疗器械、监护床、电动医疗床、护理床、急诊车、急诊床、床头柜、输液架、骨科牵引床、病房家具系列、腹部手术牵开器、不锈钢产品系列。主营产品：病床、担架、医用推车、床头柜、床边桌、轮椅、点滴架、电动病床、手摇病床、病房家具、护理床、医疗床等。

（四）公司装备

公司厂房面积高达 40 000 平方米，员工人数约为 201～300 人。经营品牌为勤联（QIN LIAN），主要市场为中国大陆地区、北美、南美、西欧、东欧、东南亚，主要客户为医院。年营业额为人民币 5000 万元/年～1 亿元/年，经营模式为经销批发。

（五）公司未来

该公司是医疗器械行业中的佼佼者；从企业目前的市场来分析，市场占有率位列全国前列，且有一定的增长空间；具有发展潜力；企业内部管理规范、技术先进、知识产权清晰，在行业未来的市场竞争中具有较强的优势和能力。

二、融资操作

（一）知识产权质押物是"QinLian"等商标 2 项

（二）融资金额 250 万元

（三）融资过程

1. 第一阶段：初步书面材料审核

南海专利技术交易平台根据企业的知识产权质押贷款业务申请表、企业简介、企业前两年和当期的财务报表、产品专利权、商标权登记证书及其他相关的证明材料和所获荣誉证书等，对企业的基本情况作出判断，明确该企业可以作为知识产权质押贷款业务的目标企业。

2. 第二阶段：将企业推荐给招商银行并进行实地考察

南海知识产权局将企业材料推荐给银行，并与银行组成工作小组，结合书面材料对企业进行多次实地考察，详细了解企业人员、技术、知识产权以及生产、经营、销售等方面的情况，确定该企业可以作为知识产权质押款试点企业。

3. 第三阶段：知识产权价值评估

为保证评估的权威性和公正性，由南海专利技术交易平台和招商银行共同认可的连成评估公司对其质押物——2 项知识产权进行评估。连成评估公司的评估过程分为书面材料审核、现场勘查、市场调查、询证以及出具资产评估报告书等阶段。2 项质押物评估值合计人民币 1279 万元，并将评估报告提交招商银行。

4. 第四阶段：银行最终审核

根据以上阶段提供的所有材料，最终确定企业以 2 项知识产权作为质押物，获得期限一年的流动资金贷款。根据南海知识产权局与招商银行之间的合作协议，试点阶段企业单笔贷款金额不超过 3000 万元，贷款金额根据知识产权类型、贷款最高评估值的不同百分比，最终企业获得贷款金额为人民币 250 万元。

5. 第五阶段：质押登记过户，发放贷款

佛山勤联医疗器械有限公司作为出质人，招商银行股份有限公司作为质权人，双方填写并向海科知识产权公司登记部提交质押登记申请表、营业执照副本复印件、人民币借款合同和质押合同以及登记证书，进行质押登记过户封存后由银行代为妥善保管。

6. 第六阶段：发放款项阶段

招商银行放款中心根据双方所签有关合同和质押过户登记证明文件，批准企业放款，并在办妥所有手续后即日到账。

三、融资成效

本案例是广东省首例直接用产品专利权和商标权作担保，向银行申请贷款的业务，充分证明了知识产权在贷款中的质押担保功能。由此可见，知识产权质押不仅是一种担保方式，还是企业新的融资手段。此种方式的推出，为科技型中小企业尤其是广大的佛山科技型中小企业开辟了新的融资渠道，为解决科技型中小企业融资难的问题，起到了示范带头作用。

四、后续进展

佛山市南海区勤联医疗器械有限公司的贷款已顺利返还。

五、经验小结

其一，南海专利技术交易平台在该项业务中全程策划、参与、协调各方，不收取任何费用，积极推动了知识产权质押贷款业务的发展。充分发挥科技服务平台的作用，联同连城评估公司、稳当担保公司承担了事后处置质押物的责任，若贷款到期后企业不能按时还款，可及时把质押物转让或拍卖，以实现对质押风险的有效控制，最大限度地降低了银行的风险。

其二，南海专利技术交易平台所选取的优质企业目标是本案例成功的关键。开展知识产权质押贷款的企业须具备：企业注册及营业地点在南海区，企业存续时间 2 年以上，企业拥有发明专利、商标权、版权等知识产权，拥有的知识产权必须用于本企业产品，该产品已产业化、规模化。企业同时提供必要的材料，包括报名申请表、企业简介、企业前两年和当期的财务报表、知识产权证书以及其他相关的佐证材料（市或省高新技术产品、市或省高新技术企业、获得的有关资助、各种奖项证书等）。

其三，由南海专利技术交易平台和招商银行佛山营业部共同对企业进行考察、评判。南海专利技术交易平台利用自身优势和掌握的大量科技信息，从科学和技术层面考察企业，对企业的有关信息作出判断，为银行提供贷款的补充依据。招商银行佛山营业部根据自己的贷款流程和评判体系，对企业进行判断。通过双方的合力，能够较为全面地了解企业状况。

其四，由南海知识产权局选择资质较好、银行认可第三方提供的必要证明材料。选择有资质的无形资产评估公司连城资产评估公司进行公司出质知识产权的价值评估，遵循公正、公平原则，为银行最终审核放贷提供了客观依据。

第四节　广州：专利质押融资循环贷款案①

一、公司简介

（一）公司性质

广州鹿山新材料股份有限公司（以下简称鹿山新材）是一家提供高分子功能新材料的高新技术企业，创立于 1998 年 11 月，是一家专注于热熔胶粘剂及功能新材料的研发、生产与销售的民营高新技术企业。

（二）公司团队

公司用于省级"热熔胶粘剂技术中心"及市级"热熔胶粘剂工程技术中心"的研发。中心现有 38 人，其中博士 3 人、硕士 5 人，专门从事产品的研发工作。与中山大学、华南理工大学、思创大学、中科院广州能源所等建立科研合作关系。

（三）公司声誉

公司成立 10 多年来，已获得国家中小企业技术创新基金、国家火炬计划、科技部重点科技成果推广计划、广东省科技项目等 30 多项国家基金支持，多项技术成果处于国内领先水平，获得了"国家专利优秀奖"1 次、"广东省专利金奖"1 项、"广东省优秀新产品三等奖"2 项、"广东省重点新产品"1 项、"广州市科技部二等奖"2 项等奖励。

---

① 案例来源：丘志乔. 知识产权质押融资实践模式典型案例［C］. 教育部人文社科课题中期检查材料成果.

（四）公司产品

公司利用领先的胶粘剂理论与技术，开发出切合市场需求的系列产品，从功能性聚烯烃热熔胶到光伏组件用高性能 EVA 胶膜，从特种热熔胶膜到相容剂，广泛应用于石油天然气管道、复合建材、高阻隔包装、太阳能电池、汽车等多个领域，为全球二十多个国家和地区提供了超过 100 种的产品与服务。已在国内外众多国家大型工程如西气东输、广州奥林匹克体育中心等项目中发挥了重要贡献。产品出口到伊朗、韩国、葡萄牙、印度、土耳其、马来西亚等地。目前，鹿山防腐管道用胶粘剂在能源领域已取代国外著名公司产品，参与了西气东输、中俄管线、中哈管线等重大工程，占有防腐粘胶剂超过 60%的市场份额，是公司的主导产品之一。复合建材用胶粘剂已应用于北京新机场、广州白云机场、新型高速列车、上海世博园中国馆等，市场影响力日渐扩大。

（五）公司装备

公司测试设备齐全、生产设备先进，现有 22 条各类生产线，胶粘剂年生产能力 25000 吨，胶膜年生产能力 1000 万平方米。

（六）公司未来

从创立之初，鹿山新材就确立了"通过持续技术创新，改善人类生活，促进社会进步"的伟大使命。未来公司将加强对客户的精细化管理、定制服务，提高科研创新能力，开发适应不同客户需求的特种功能胶粘剂，秉承"科技，因您而变"的创新理念，用高品质的创新产品服务不断增加客户群体，保持公司的可持续发展。

二、融资操作

（一）知识产权质押物是"铝塑管纳米热熔胶"等系列专利

（二）融资金额 1500 万元

（三）融资过程

鹿山公司的产品广泛应用于建材、能源、包装、汽车、玩具、服装等多个领域，已在国内外众多国家大型工程如西气东输、广州奥林匹克体育中心等项目中发挥了重要作用。随着热熔胶产品在能源输送、复合化学建材、包装、汽车、电子电工、制鞋服装、太阳能等各个国计民生的新兴产业的广泛应用，公司的产品市场需求大幅上升，公司流动资金出现一定缺口，其自有资金无法满足需求。

在广州市黄埔区知识产权局的引荐下，连城资产评估公司与鹿山化工公司取得联系，就评估公司与招商银行广州分行合作推出的知识产权质押融资进行详细介绍和解说，具体对知识产权质押贷款的申请条件和操作流程，同时也对鹿山化工公司的基本情况进行较为深入的了解，在对鹿山化工公司提供基本资料进行初步判断的基础上，评估人员认为该项目基本符合知识产权质押贷款要求，随后对鹿山化工公司进行了详细的实地核查。评估公司依据评估必要程序，经过资料收集、实地考察、内部审核等流程，特别针对企业风险进行了分析，对知识产权质押物的价值进行评估。通过评估，认为鹿山化工公司拥有的知识产权符合质押贷款条件，并向银行提交评估咨询报告。

三、融资成效

在 1 个月的时间内，鹿山化工公司获得了招商银行 1500 万元的知识产权质押贷款，解决了公司资金缺口的问题，增强了公司的市场竞争能力和发展势头。通过此次专利质押融资，使战略投资者认识到了鹿山化工公司的整体实力，包括技术、管理、市场等方面。在 2010 年企业进行股份制改造时候，引入招商资本中心等战略投资者，使企业的整体实力得到了进一步充实，并且在创业板申报过程中得到了审查专家的肯定。

四、后续进展

鹿山化工公司第一笔贷款已顺利返还。第二笔知识产权质押融资按照协议顺利履行，且于 2012 年年底之前如期返还贷款。

五、经验小结

鹿山化工公司两次知识产权质押贷款的成功，是对鹿山化工公司自主知识产权获得商业价值和市场认可的一个重要体现，特别是在引入战略投资者及创业板申报过程中，都得到了充分体现。

第五节 天津：知识产权投融资服务和质权处置平台

一、平台概况

天津滨海国际知识产权交易所建设的"知识产权投融资服务和质权处置平台"具备知识产权质押融资服务与质权处置服务、知识产权股权融资服务和知识产权集合信托融资服务等功能。近年来，天津市加大对质权处置服务平台的财政扶持力度，开展国家级质权处置平台试点，充分发挥质权处置平台在知识产权质押贷款与质权处置方面的积极作用。该所股东代表张桂华、总裁林宜善分别与浦发银行、大连银行、北京银行、上海银行、中信银行、民生银行、天津银行签订专利质押处置平台合作协议。通过知识产权质押处置平台资源优势，完善知识产权运营模式，加强银企间的交流，探索破解拥有自主知识产权科技型企业融资难题，促进知识产权和金融的深层次结合，最终成为全国首屈一指的优势平台。[1]

天津滨海国际知识产权交易所有限公司的《知识产权交易规则》共十章60条。[2] 第1条规定，为规范知识产权交易行为，促进知识创新和知识产权交易的发展，维护交易双方的合法权益，推动知识产权合理流动和优化配置，促进知识产权与金融资本的有机结合，根据中华人民共和国法律、法规及相关政策，特制定本规则。第2条规定，天津滨海国际知识产权交易所有限公司（简称天知所），是国内首家专业化、市场化、国际化的公司制知识产权交易服务机构。第3条规定，天知所交易遵循公开、公平、公正与平等自愿、平等协商、诚实守信的原则。第5条规定，本规则所称知识产权交易，是指交易主体通过天知所实现知识产权或者知识产权相关权利的转让、许可、授

---

① 天津滨海国际知识产权交易所. 知识产权质押处置平台说明及银企对接会在滨海顺利召开 [DB/OL]. [2016 – 04 – 26]. http：//www. tipei. net/n/dyna/1404/24160343826. shtml.

② 天津滨海国际知识产权交易所. 天津滨海国际知识产权交易所有限公司知识产权交易规则 [DB/OL]. [2016 – 04 – 26]. http：//www. tipei. net/a/rule. shtml.

权、融资及其他处置行为。具体可以通过知识产权权利转让，知识产权相关权利的实施许可、使用许可，知识产权融资，其他知识产权交易方式实现。第 7 条规定，本规则所指交易范围包括：专利权及/或相关权利；著作权及/或相关权利；商标权及/或相关权利；植物新品种权及/或相关权利；集成电路布图设计专有权及/或相关权利；基于知识产权的衍生品权益。

二、成功案例

例如，齐河天泰塑木材料有限公司（以下简称齐河天泰）"一对一"专利实施许可方案。[①] 齐河天泰是集科研、生产、销售为一体的综合性企业，主要研发、生产以废旧塑料、木粉、稻壳等废旧物资为原料的塑木建筑模板、桥梁模板、出口包装箱板、防水型复合地板等塑木复合加筋模板（国际统称：WPC 板）。齐河天泰已把该公司的专利项目——塑木材料的全国授权专利实施许可在天知所正式挂牌，有鉴于此，根据齐河天泰和知交所新能源平台的对接需求，天知所为其设计了专利实施许可模式以实现该专利项目在全国的授权许可生产，促进该专利项目新材料的推广和应用。方案推广后，吸引了数十家潜在的合作方询问，最终在天知所的主持下，和其中的三家经过谈判达成了合作协议，协议金额达到 9000 万元。[②] 使该项专利得到了规模化应用和生产，最大限度地实现了其产业价值。

第六节 镇江：专利质押贷款保险

一、概况

2014 年 11 月 14 日，江苏省镇江市科技局与中国人民财产保险公司镇江市分公司进一步加强科技保险战略合作并签订合作协议，积极探索科技保险

---

① 天津滨海国际知识产权交易所. 成功案例 [DB/OL]. [2016 – 04 – 26]. http：//www.tipei. net/n/succ/.

② 天津滨海国际知识产权交易所. 成功案例：齐河天泰塑木材料有限公司 [DB/OL]. [2016 – 04 – 26]. http：//www.tipei. net/n/succ/.

合作新模式，共同推进"专利保险""科技贷款保证保险"等科技保险产品的推广实施，更好地助推全市广大科技型中小企业快速发展。按照合作协议，在该市知识产权局的指导下，镇江人保公司首次推出"专利质押贷款保险"新业务，并与江苏银行合作，推动企业开展专利质押保险贷款，镇江市2家企业与镇江人保公司开展了专利质押融资保险案例试点。[①] 其中，镇江恒源汽车零部件有限公司用1件发明专利进行质押保险获得贷款150万元；江苏百瑞吉新材料有限公司用2件发明专利进行质押保险获得贷款300万元。

二、主要内容

2015年6月10日，江苏省镇江市知识产权局印发《关于组织企业参加专利保险统保的通知》，正式启动2015年专利保险的统保工作。此次统保险种为专利执行险和侵犯专利权责任险，参加统保的专利将获得费率优惠和保费补贴。该通知要求参加统保的企业以高新技术企业、知识产权优势企业和科技型中小企业为主；投保的产品是企业主导产品，相关专利在有效期内；参保专利在投保前无侵权纠纷。该通知明确专利执行险和侵犯专利权责任险的费率：专利执行保险费率为1600元/件（发明、实用新型、外观设计专利）；侵犯专利权责任保险费率分别为2000元/件（发明专利）、1000元/件（实用新型专利）、200元/件（外观设计专利）；镇江市知识产权局补贴每件专利75%的保费。[②] 对获得2014年度省优质发明专利、市级以上专利奖的投保专利给予全额保费补贴，补贴保费由镇江市知识产权局直接划拨至人保财险镇江市分公司专利保险试点专户。

---

① 江苏省人民政府. 镇江推出专利质押贷款保险业务 [DB/OL] [2016 - 04 - 26]. http://www. jiangsu. gov. cn/gzdt/201411/t20141119_ 352948. html.

② 吴剑. 镇江市知识产权局推动专利保险统保工作 [N]. 中国知识产权报，2015 - 06 - 18.

第七章
我国知识产权质押融资存在的主要问题及成因

国家出台知识产权质押融资政策，旨在通过发挥知识产权的交换价值，解决科技型中小企业融资难的问题。本课题调研过程中发现，新闻媒体等所进行的相关报道普遍对该项政策持欢迎和支持的态度；融资主体之一的中小企业的融资意愿也比较高，但大多科技型中小企业认为，知识产权质押融资可望不可及；融资主体中的银行金融机构，尤其是国有商业银行的融资意愿反应相对不那么强烈，对知识产权质押融资接受程度一般。

按照《深入实施国家知识产权战略行动计划（2014～2020年）》（国办发〔2014〕64号）的规定，2014～2020年知识产权战略实施工作目标中，知识产权质押融资年度金额，2015年是750亿元，2020年是1800亿元。为实现这一目标，国家知识产权局于2015年3月30日发布《关于进一步推动知识产权金融服务工作的意见》（以下简称《意见》），拟加快促进知识产权与金融资源融合，更好地发挥知识产权对经济发展的支撑作用。《意见》提出，力争到2020年，全国专利权质押融资金额超过1000亿元，专利保险社会认可度和满意度显著提高，业务开展范围至少覆盖50个中心城市和园区；全国东部地区和中西部地区中心城市的知识产权金融服务实现普遍化、常态化和规模化开展。[①] 以上表明国家知识产权局对于知识产权质押融资工作的态度明确，就是进一步拓展和普及推广。为此，务必正视我国知识产权质押

---

① 中国经济网. 国知局力争2020年全国专利权质押融资超千亿元 [DB/OL] [2016 - 04 - 26]. http：//culture. people. com. cn/n/2015/0407/c172318 - 26807860. html.

融资成效与困难并存的客观现实，在凝练推广经验和继续探索创新的同时，剖析存在的主要问题，回应所面临和亟待破解的现实困境。

本书基于实证收集的数据资料，突破原有实证分析限于客观数据说明，分析过于简略的研究现状，从法律文化这一新的研究视角，对知识产权质押融资面临的现实难题、主要成因以及解决路径进行理论剖析和探究。以充实和丰富知识产权质押融资相关的理论研究内容和体系，夯实实证分析研究的理论基础和深度，为深化我国知识产权质押融资实践提供思路和参考。

第一节　以法律文化视角来研究知识产权质押融资问题

国学大师钱穆先生的至理名言指出：一切问题，由文化问题产生；一切问题，由文化问题解决。[①] 法律领域的问题也正是如此，由文化问题产生，也将由文化去解决。因此，对于知识产权质押融资的现实难题，以法律文化的视角进行分析研究和探寻解决是适于采用的研究方法之一。

一、法律文化与文化、法律的关系

法律文化，涉及法律与文化。要界定法律文化与法律、文化的关系，须考虑：一是法律与文化的逻辑关系，即两者是相互独立还是从属关系。二是法律文化，是从属于法律、文化，还是包含法律、文化。三是法律文化，是法律与文化的聚合，还是法律与文化的交集。法律文化与法律、文化的逻辑关系主要包括以下几种情形。

（1）文化包括法律，法律文化包括法律，即法律 ∈ 法律文化 ∈ 文化。

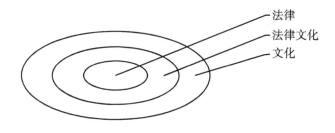

法律

法律文化

文化

---

① 钱穆. 文化学大义 [M]，台北：中正书局，1981：3.

（2）文化包括法律，法律包括法律文化，即法律文化∈法律∈文化。

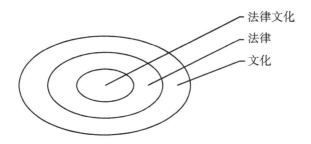

（3）文化包括法律，法律文化包括文化、法律，即法律∈文化∈法律文化。

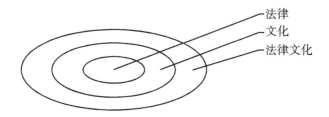

（4）法律包括文化，法律文化包括法律、文化，即文化∈法律∈法律文化。

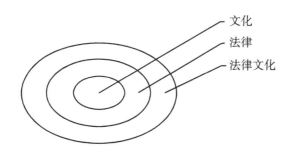

（5）文化与法律彼此独立，法律文化是法律与文化的集合，即法律＋文化。

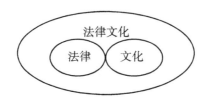

（6）文化与法律彼此独立，法律文化是法律与文化的交集，即法律∩文化。

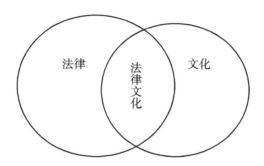

一般认为，文化是人们的一切物质活动和精神活动所形成的成果的总和。① 其中，法律、宗教、艺术、哲学等是文化的重要构成部分。从文化概念的内涵所反映出来的逻辑关系可以看出，法律从属于文化。而法律文化，根据刘作翔教授的见解，是指关于法律和法律现象的法律意识、法律思想、法律活动、法律设施等的总称。② 可见，法律文化涵摄法律，即法律从属于法律文化这一概念。据此，法律、文化、法律文化三者的逻辑关系，如果从三者含义的界定出发，可知：文化包含法律文化，法律文化包含法律。即前述六种关系中的（1）情形。

二、法律文化的构成

文化的构成包括物质文化、制度文化和精神文化三部分。③ 物质文化也称器物文化，是指所有一切物质形式的表征文化的载体。制度文化，是指构成文化的一切宗教、艺术、法律等规范形式。精神文化，是指人们主观的意识、思想、心理等。文化的三大部分构成如下：

$$
文化 \begin{cases} 物质文化，包括器物、物质等 \\ 制度文化，包括宗教、艺术、法律等 \\ 精神文化，包括意识、思想、心理等 \end{cases}
$$

---

① 百度百科. 文化词条 ［DB/OL］［2016 - 05 - 13］. http：//baike. baidu. com/subview/3537/6927833. htm? fromId = 3537&from = rdtself.

② 刘作翔. 法律文化理论 ［M］. 北京：商务印书馆，1999：76.

③ 杨明华. 有关文化的 100 个素养 ［M］. 台北：驿站文化事业有限公司，2009：7.

法律文化的构成：遵循文化由物质文化、制度文化与精神文化三部分构成的基本原理，从属于文化的法律文化，相应地，其构成包括法律物质文化、法律制度文化和法律精神文化三部分。

法律文化 { 法律物质文化，包括法槌、法庭、法官袍、权利证书等
法律制度文化，包括法律规范、法律制度、法律实施、司法活动等
法律精神文化，包括法律意识、法律思想、法律心理等

台湾辅仁大学黄源盛教授认为，法律文化略可分为：法律规范、法律制度、法律实践、法律意识、法律思想等几大面向，此五者交流并立，关系密切。[①] 此观点中肯贴切，本书作者据此五个方面对知识产权质押融资作法律文化分析。

三、知识产权质押融资的法律文化分析

知识产权质押融资，简言之，是以知识产权设定质押来进行融资。这种新型的融资方式与传统的以不动产或法定的动产进行抵押的担保方式相比，其主要的法律特征有：是以知识产权中的财产权设定质押；是以知识产权质押担保借款合同中借款人的合同债权；知识产权质权的有效设立，登记为公示方式；用于设定质押的知识产权的价值须经依法评估。知识产权质押融资，涉及的主要法律有：知识产权法律、担保物权法律、金融经济法律等。现就知识产权质押融资的法律文化做如下分析。

（一）法律意识

主要包括：知识产权意识、物尽其用意识、交易安全意识等。

一是知识产权意识。知识产权意识是人们对于知识产权的主观认识和反映，是对知识产权的感觉、思维等各种心理过程的总和。知识产权意识，包括知识产权创造、管理、保护、应用意识等，其中，与知识产权质押融资尤为密切的是知识产权创造意识、保护意识和应用意识等。

二是物尽其用意识。传统观点认为，知识产权法是民法特别法。按照民法物的分类，知识产权属于动产，无体物。在民法物权法中，物的价值表现在使用价值和交换价值相统一。物的直接利用，通常是物的使用价值的最直

---

① 黄源盛. 唐律与传统法文化 [M]. 台北：元照出版有限公司，2011：封页.

接的体现；而以物为标的设定担保保障债权的实现，是物的交换价值的功能和作用。循此原理，知识产权质押融资的本质，是以知识产权的交换价值作为标的，设定质押，来担保债权人的债权，使债务人获得融资。知识产权是无形资产，自然应充分发挥其应有价值，真正实现"物尽其用"。

三是交易安全意识。在交易中，交易相对人基于各自的利益和期望，通过自愿达成协议，来约定彼此的权利和义务。交易主体通常是经济理性人，一般站在各自的角度和立场来考虑如何实现自身利益最大化。因此，无论是某一具体交易中的双方主体，还是交易市场中许许多多潜在的或未来的交易主体，维护交易中自身利益的安全，是他们决定是否进行交易，首要考虑的前提。在知识产权质押融资中，作为债权人的银行等金融机构，对于出质知识产权本身及其市场价值（交换价值）所存在的风险防范意识，就是交易安全意识中最为典型的例子。

（二）法律思想

主要包括：鼓励创新创造、物权效力优先、保障债权安全等思想。

首先，鼓励创新创造的思想。创造是一个民族的灵魂。创造是人类社会不断进步的强大推动力和催化剂。微软公司创始人比尔·盖茨曾形象地表述："创意有如原子裂变，每一盎司的创意都能带来无以数计的商业奇迹和商业效益。"[1] 在知识产权质押融资中，出质的标的是知识产权，而知识产权是人们创意、创新、创造的智慧结晶。激励创新，鼓励创造，是知识产权质押融资业务可持续发展的根本，否则，将成为无源之水，终将枯竭。

其次，物权效力优先的思想。在物权法中，知识产品（智力成果）被归之为动产，无体物。因而，知识产权，虽不宜直接称之为物权，但是，其在本质上是一种私权。[2] 与物权类似，知识产权也具有绝对权的效力。物权的绝对权效力，表现在物权优先权和物上请求权。其中，前者是指在物权与物权之间，物权与债权之间——有效成立在先的物权优于在后的物权，物权优先于债权，有物权担保的债权优先于无担保债权。则，在知识产权质押融资

---

① 王洪武. 创意即财富，中国经济时报 [N]，2009 - 03 - 17.

② 李杨. 知识产权法基本原理（1）[M]. 台北：元照出版有限公司，2010：10 - 13.

中，以知识产权质押担保的债权，具有优先效力。即，当债务人不能按照约定履行债务，债权人有权依法行使知识产权质权，方式包括拍卖、变卖等。

最后，保障债权安全的思想。在债权债务关系中，债权人与债务人的权利与义务是相对的，因而，他们各自的利益难免存在对立和冲突。那么，此种情况下，应当优先保护何者的利益？民法、担保法的指导思想和基本原则是保护债权人利益，即保障债权安全。类似地，在知识产权质押融资中，保障债权人债权安全，是知识产权质押制度的指导思想和基本原则之一。

（三）法律规范

法律规范，是指通过国家的立法机关制定或者认可的，用以指导、约束人们行为的行为规范的一种。按照法律规范调整对象的不同，可以将法律规范分为不同的部门法规范，例如刑事法律规范、民事法律规范。知识产权质押融资，涉及的法律规范主要包括：知识产权法律规范、担保物权法律规范、商业银行法律规范等。其中，知识产权法律规范是调整知识产权创造、取得、确权、保护、应用、许可转让等法律关系的法律规范、担保物权法律规范，是调整物权的取得、行使、担保、处分或转让等法律关系的法律规范。金融经济法律规范，是调整经济活动中管理与被管理之间的法律关系的法律规范。例如，商业银行法律规范是调整商业银行设立、组织机构、运行、权利、义务及法律责任等法律关系的法律规范。

（四）法律制度

法律制度，是指运用法律规范来调整各种社会关系时所形成的各种制度。如行政法律制度、经济法律制度、婚姻家庭法律制度、诉讼法律制度、教育文化法律制度等。知识产权质押融资法律制度，是通过运用知识产权法律规范、担保物权法律规范、金融经济法律规范等调整知识产权法律关系、担保物权法律关系以及金融经济法律关系所形成的法律制度。其中，知识产权法律制度，主要是著作权法律制度、专利法律制度、商标法律制度等。担保物权法律制度，主要是担保法律制度、物权法律制度等。金融经济法律制度，主要是商业银行法律制度等。

（五）法律实践

人们的立法、执法、司法与守法等行为和活动构成法律实践。知识产权质押融资的法律实践，主要包括知识产权质押融资试点实践及担保融资实践等。其中，在我国知识产权质押融资试点实践是《国家知识产权战略纲要》①中明确部署和规定的国家战略之一，旨在促进知识产权创造和运用。具体方法上，一是运用财政、金融、投资、政府采购政策和产业、能源、环境保护政策，引导和支持市场主体创造和运用知识产权。二是推动企业成为知识产权创造和运用的主体。促进自主创新成果的知识产权化、商品化、产业化，引导企业采取知识产权转让、许可、质押等方式实现知识产权的市场价值。

值得一提的是，知识产权质押融资，较之于传统的以不动产等抵押担保融资的方式，它是一种新型的创新性的融资方式。但是，不可忽视的是，它建立在原有的担保融资实践的基础上，与传统的融资方式具有共性之处，更具有不同和特殊之处。因此，对知识产权质押融资的实践，既要吸收和传承传统的担保融资实践积累的经验和做法，又要摸索和探究作为创新性融资方式所特有的、独具特色的有效模式与典型案例。

第二节　法律文化视阈下知识产权质押融资面临的主要问题

知识产权质押融资的法律文化分析表明，国内正在进行的知识产权质押融资实践面临的主要问题，在法律意识、法律理念、法律规范、法律制度和法律实践五大面向表现和反映出来。

一、知识产权价值评估难

在调查中，融资企业和融资银行双方，对于知识产权价值评估的满意度的变量均值分别是 2.91、2.88，表明不太满意。② 其实，走访知识产权价值

---

① 2008 年 6 月 5 日，国务院印发《国家知识产权战略纲要》。它是中国运用知识产权制度促进经济社会全面发展的重要国家战略，也是今后较长一段时间内指导中国知识产权事业发展的纲领性文件。

② 数据来源，本课题组调研并且统计计算。见本书第四部分我国知识产权质押融资总况。

评估机构的负责人代表，他们也认为，知识产权价值评估是一件高度专业且相当复杂的综合性工作。知识产权价值评估较之有形资产评估而言相对复杂，因为知识资产种类繁多、千差万别，可比性差，并且其受客观环境影响较大，其效用发挥的期限、无形损耗及风险方面不确定因素较多。评估毕竟只是评估机构考虑相关因素并依据一定的计算方法对知识产权价值所作的预测，由于不可能充分、准确地考虑一切未来将出现并起作用的实际因素，估价并不一定等于价值。现实中有很多这样的实例，如某项知识产权估价为 10 万元，却有可能被人以 100 万元的价格买走，并利用其产生高于 100 万元的收益。"估价"与"评价"本身说明了它们本身不是真正的价值（交换价值），是用"估"或"评"的办法以求得与真正的客观价值相符合或相近似的主观价值；人们可以对周围的一切进行估价，但这都不算数，最终都要拿到市场上去检验。① 知识产权价值评估难主要表现在以下三个方面：

一是知识产权的价值不易确定。知识产权自身的无形性、独特性、唯一性等特征，使其价值只有通过评估才能确定，而知识产权评估是国际公认的难题。② 国家知识产权局专利管理司司长马维野指出，知识产权价值认定是担保方和商业银行最头疼的问题之一。③ 受制于产权状态、获利能力、技术水平、知识产权取得成本、市场状况、政策法规等因素影响，知识产权价值波动大，难以准确预测，很难对它做一个全面、客观的价值判定。

二是无统一的知识产权评估规则。我国虽有无形资产评估总体标准，但没有专利技术、商标和版权等各类知识产权的独立操作规则，因各类知识产权的融资特性显著不同，故准确评估不同知识产权中的财产权价值十分困难。而对拟申请知识产权质押融资的企业而言，知识产权价值评估是必须面对的难题。例如，广州爱动影视科技有限公司拟以版权作为质押物，向广东发展银行申请贷款，申请额度 1000 万元。该公司拥有自主版权的作品有动画片《龙母传奇》《精灵五宝贝》、二维动画片《城堡历险记》以及动画电影《大话三国》等。这些自主版权都可以拿去作质押，但他们面临的问题是这些版

---

① 郑克中. 客观效用价值论 [M]. 济南：山东人民出版社，2003：142.
② 刘伍堂. 知识产权质押贷款评估实务 [J]. 中国发明与专利，2007（12）：51－53.
③ 吴学安. 知识产权质押融资有"前景"有难题 [N]. 法制日报，2009－02－05.

权作品到底值多少钱？迄今为止，知识产权的价值评估是按照无形资产价值评估规范进行，并没有专门的关于知识产权的价值评估规范。

三是欠缺权威评估机构。[①] 市场上评估机构鱼龙混杂，国家尚未专门评选出权威的信誉好的权威评估机构，故其公信力和市场接受度难免大打折扣。如前文提到的广州爱动影视科技有限公司拟用以质押融资的版权，谁能给这些版权作出一个客观公正的价值评估呢？

二、登记程序繁杂

对于知识产权质押登记程序，本书的调查表明，融资企业认为复杂的，比例是 58.89%，变量均值 3.66；融资银行认为复杂和一般的，高达 80%，变量均值 3.21。[②]

主要表现：知识产权质权登记机关分散，若以两项以上知识产权质押，须多机关登记。在我国，知识产权管理不是由统一部门专门集中管理，而是分类管理。中央和地方在权限划分方面，关于知识产权质权的登记归由中央行使。具体到知识产权质押融资的登记事务，专利质押的登记机关是国家知识产权局，版权质押的登记机关是国家版权局（实则国家版权局授权国家版权中心受理和办理），商标权质押的登记机关是国家工商总局商标局。[③] 如果以专利、著作权、商标等两项以上的知识产权质押，则需分别在不同的登记机关进行登记，时间成本、费用成本与便捷性等问题突出。

三、风险管控难

在课题调查中，对于知识产权风险状况，银行认为很高、高和一般的，比例为 76%，认为低、很低的，比例是 24%。[④] 这反映出知识产权质押融资中，处置知识产权风险的管控也是一大难题。

主要表现：知识产权风险管控面临法律风险、市场风险、道德风险、贬值风险等。法律风险主要集中在知识产权的确权，极其容易产生纠纷，即确

---

① 刘玉平. 知识产权质押融资中资产评估研究 [J]. 中国资产评估，2011（2）：8 – 11.
② 数据来源，本课题组调研并且统计计算。见本书第四部分我国知识产权质押融资总况。
③ 谢发福. 论我国知识产权质权登记机关的现状和拓展 [J]. 甘肃科技纵横，2009（4）：39 – 41.
④ 数据来源，本课题组调研并且统计计算。见本书第四部分我国知识产权质押融资总况。

权的不确定性；而且，因知识产权的有效应用，往往产生规模经济效益，故知识产权也易于受到侵权。① 这两点都为知识产权质押担保埋下法律的风险隐患。市场风险表现为，影响知识产权市场价值的因素众多，如市场预期、技术更新、消费者接受程度等。道德风险，在于出质的知识产权权利人，出于消极的心理，可能采取不缴纳专利维持费、不依法使用商标与商品或者服务，就可能导致有效的知识产权被依法撤销而变成失效，进而影响债权人债权的安全。贬值风险，主要在于专利领域，信息电子技术等科技日新月异，很短的时间里，专利的市场价值可能较快地递减，发生贬值。前述这四大风险，无疑增加了作为债权人的银行对风险管控的难度和成本。

四、质权实现与质物处置难

对于知识产权处置现况，调查中发现，银行认为现行处置状况不好、很不好的比例是54%，变量均值是2.76。② 质权实现难主要表现在缺乏质权实现具体程序规范，再次面临价值评估无专门规范和价值难以评估判定的双重难题。③ 质权的实现方式，依据现有担保物权法律的规定，是拍卖或变卖出质的知识产权。但是，如何拍卖、如何变卖，既缺乏具体的程序规范，又同样面临价值评估无专门规范、价值难以评估判定的双重难题。质物处置难主要表现在知识产权质物处置难，知识产权交易市场不发达。④ 知识产权是无形的，毕竟不同于现物，因而，要处置知识产权质物，很难通过类似于现物重置的方式来处置它；与此同时，囿于我国知识产权事业的时间仅有短短二三十年，以知识产权作为交易品的公开市场及其建设，是最近几年的事情，需要有一定的时间培育和发展。

五、中小企业融资难与银行贷款门槛高

调查中发现，中小企业资金短缺问题比较突出，其中企业资金存在短缺或十分短缺的企业占到总数的74.44%；且企业的融资方式比较单一（主要

---

① 张伯友. 知识产权质押融资的风险分解与分布控制 [J]. 知识产权，2009（2）：30–34.
② 数据来源，本课题组调研并且统计计算。见本书第四部分我国知识产权质押融资总况。
③ 袁青年. 知识产权质权的实现及问题析 [N]. 甘肃日报，2011–09–20.
④ 李国华. 知识产权质押贷款要过四道关 [N]. 中国经营报，2007–09–10.

以银行借款为主），被调查企业中融资方式仅有一种的企业占 54.44%，选择融资方式的均值仅为 1.51。再有是科技型中小企业认为：一是银行积极性较低，该变量的均值仅为 2.77，被调查企业中认为银行态度积极或比较积极的占 22.22%，银行态度不积极是目前开展知识产权质押融资过程中的主要障碍之一；二是在发放知识产权质押贷款年限和贷款额度上，目前银行发放的贷款一般以短期 1 年为主，该变量均值仅为 1.71，且贷款额上只占到知识产权评估价值的 30% 以下，银行的观点与企业的期望值相距甚远。其主要原因是银行对企业知识产权评估价值的认同度较低，同时，银行认为该种贷款的相关风险太大，难以控制。因此，中小企业融资难主要表现为：资金瓶颈凸显；普遍没有不动产等抵押物；核心资产是专利、注册商标或软件版权等。科技型中小企业是轻资产型企业，在传统融资方式下，中小企业想要从银行获得融资，缺少不动产等抵押物，是很难实现的。与此同时，中小企业在创立初期，急需资金；等发展到一定程度之后，做大做强，需要更多的资金注入。资金不足，是发展的瓶颈问题。对于中小企业来说，普遍面临融资难。如果不能及时有效地解决资金问题，企业将面临关门和歇业。

银行方面，认为企业盈利能力很强的，在被调查的银行中为 0 家；认为企业盈利能力相对较强①的只有 10 家，占 20%；认为企业盈利能力较弱的该变量的均值达 3.10；企业成长速度较快，48% 的被调查银行对此认可；企业管理者能力相对较强，被调查银行仅 20% 认为中小企业管理者能力弱，该变量均值为 3.26；54% 的银行认为企业的信用状况一般；企业财务完善状况有待加强，被调查银行中 70% 认为科技型中小企业的财务制度完善状况一般、不完善②。为此，银行对中小企业贷款设置高门槛，主要表现在：对中小企业不轻易放贷；对知识产权质押融资新型方式普遍不接受。银行往往愿意贷款给大客户，如国企、大型企业，相应地，对中小企业往往惜贷。其中的原因很多，如中小企业资产单一、财务账目制度不尽健全和透明等，而最重要的在于忧虑中小企业的款项偿还能力，在于对于知识产权质押融资这一新型融资方式风险管控的担忧。

---

① 这与社会普遍认为中小企业融资难有一定的出入。

② 数据来源，本课题组调研并且统计计算。见本书第四部分我国知识产权质押融资总况。

第三节　对知识产权质押融资难题成因的法律文化分析

一、法律意识成因

人们的知识产权意识普遍仍待提高；[①] 与经济学家[②]、法学家[③]认可知识产权作为无形资产的价值大相径庭的是，社会普遍重视有形财产多于无形财产的认识亟待厘清；银行重资金安全胜于金融创新的理念有待革新。在国内，重视知识产权、尊重知识产权、保护知识产权等最为基本的知识产权意识仍待强化，企业作为市场创新的主体有效管理和运用知识产权的能力，仍待加强和努力。据调查显示，在我国，进行创造活动，依法取得知识产权的企业数量占总企业数量不超过5%。[④] 换言之，绝大多数企业尚未形成较高的知识产权创造意识水平。在社会中，人们囿于观念和习惯更倾向于接受实物或现物，对于无形的资产或财产相对漠视和忽视。对于银行而言，进行金融方式创新，面临不可预知或难以管控的风险，因此，国有商业银行偏重资金安全胜于进行融资方式创新。在本课题的调查中，被调查银行有意愿开展知识产权质押融资的比例是36%，这表明大多数银行仍未普遍接受知识产权质押融资。[⑤] 在知识产权质押融资实践中，积极且成功开展知识产权质押融资业务的银行，例如，招商银行、交通银行等，非属四大国有商业银行。天津市滨海知识产权处置平台的合作银行包括中信银行、招商银行、中国农业银行、

---

① 彭松．建提高知识产权意识强化知识产权保护［DB/OL］［2016 - 04 - 26］．http：//theory．people．com．cn/GB/49150/49153/4568727．html．

② 波斯纳说，"经济学家并没有感到有形财产与知识产权的不一致。"参见〔美〕理查德·A．波斯纳．法律的经济分析［M］，蒋兆康译，林毅夫校．中国大百科全书出版社，1997：47．

③ 易继明，李辉凤．财产权及其哲学基础［J］，政法论坛，2000（3）：18 - 26．

④ 吴汉东．中国知识产权蓝皮书［M］．北京大学出版社，2011：13．

⑤ 数据来源，本课题组调研并且统计计算。见本书第四部分我国知识产权质押融资总况。

中国银行、浦发银行、兴业银行，① 其中，属于国有商业银行的只有中国银行、中国农业银行。

二、法律思想成因

知识产权质押融资难囿于以下观点，偏重知识产权创造多于应用，优先考虑抵押担保，偏重保护债权人多于债务人等。在建设创新型国家的宏伟目标号召之下，为实现由中国制造到中国创造的理想，鼓励创造，进行创新，是国内市场主体，尤其是科技型企业的指导思想。然而，实现知识产权质押融资的知识产权数量占有效知识产权总量的比例是很低的。据统计，2014年，我国授权发明专利23.3万件，专利权质押融资年度金额489亿元；商标有效注册量839万件，登记质押商标8721件，融资金额519亿元；作品著作权登记量99.2万件，计算机软件著作权登记量21.9万件，版权实现质押融资26.25亿元。② 以上数据表明，知识产权智力成果转化率比较低。③ 呈现出偏重知识产权创造多于应用的现状。究其原因，知识产权拥有者要么出于获得奖励、要么出于获得政策补贴、要么出于扩大声誉等，在取得知识产权之后，不进行或较少进行知识产权的有效应用。同时，作为融资机构的银行，之所以优先考虑和接受抵押担保，是因为担心资金安全。再有一点，是担保物权法律制度的指导思想和基本原则：重视债权安全，偏重于保护债权人多于保护债务人。具体表现在以下两个方面：

一方面，对抗债权人利益实现不能的风险。在债的关系中，债权人有权利要求另一方（债务人）为或不为一定行为，有权要求义务主体履行约定的义务。负有履行义务的人如不履行义务，债权人有权请求司法机构强制其履行。如果债权人由于对方不履行义务而遭受到经济上的损失，有权要求其赔偿。然而，债务人的偿还能力是极难预测的，债权人可能会面临债务人不清

---

① 天津滨海国际知识产权交易所. 合作伙伴 [DB/OL] [2016 – 04 – 26]. http：//www. tipei. net/n/part/1309/22094556506. shtml.

② 数据来源，2014 年中国知识产权发展状况新闻发布会 [DB/OL] [2016 – 04 – 26]. http：// www. sipo. gov. cn/twzb/2014zgzscqfzzk/.

③ 罗蓉蓉. 科技成果转化与知识产权服务 [J]. 科技情报开发与经济，2011 (34)：115.

偿或丧失清偿能力、无力清偿到期债务的风险。债权人作为对债务人提供需偿还的融资的机构和个人，最关心的是债权的安全，关心债权到期能否实现。为保护债权人的利益以对抗利益实现不能的风险，各国法律都为债权人规定担保制度。

另一方面，增加债权人债权实现的保障。毋庸置疑，担保制度是一种为降低债务人不履行或无力履行债务风险的补充措施，对债权人债权的实现起重要作用。但是，担保的选择、实施与履行本身就是一种交易成本，是债权人为了自己债权的实现不得已而支付的额外成本。不管是人的担保或是物的担保，它们都各有利弊：虽然便捷、高效、选择多但都不稳定、有风险；虽然固定、更易掌握但同时意味着担保的单一和贴现的风险。因此，担保法律制度并不能够确保债务的清偿顺利实现，若利用不好或法律规定有偏差，反而会给债权人带来新的风险和成本。因此，法律设计担保制度以及物权法律制度中设置担保物权来担保债，并不是说，必然就完全保障债权人债权的实现，但不可否认，他们对于债权的安全实现无疑是增加了保障的。正如前文所述，在债权债务法律关系中，债权是核心和根本，债权的安全代表着交易的安全，债权人的债权顺理成章地成了担保物权法律制度保护利益的侧重对象。

三、法律规范成因

知识产权法律中欠缺知识产权质押的法律规范；担保物权法律中知识产权质押、知识产权质权规定过于原则，实践操作性不强；商业银行法律规范偏重资本安全。在现有的著作权法、专利法以及商标法等主要的知识产权法律中，没有任何关于知识产权质押的明确规定，有关知识产权质押的法律规范规定于担保物权法律之中。由于担保物权法律是侧重于物的使用、物的担保、债权人债权安全等指导思想和原则来制定的，因而立法者把知识产权质押置于动产质押、权利质押之下规定。现行的权利担保制度（包括知识产权担保制度，准确地说是知识产权质押制度），按照"物"的理念和原理设计，存在理论缺陷。[1]

---

[1] 丘志乔. 对知识产权质押的澄清 [J]. 河北法学，2014（5）：76 - 77.

首先，传统民法理论上，物指的是有体物。依据是否可以移动且影响效能和使用与否，把物区分为动产与不动产。传统民法将土地等规定为不动产，把不动产之外的物归为动产。循此划分依据，若将权利置于物的范畴，再按动产与不动产二分法，权利不是不动产，势必被归之为动产。民法上的物，是指存在于人体之外，占有一定空间，能够为人力所支配并且能够满足人类某种需要，具有稀缺性的物质对象。① 物的内含界定表明，物的本质是物质对象；把权利（其实质为自由）归于物（动产），显然不妥。

其次，权利（包括知识产权等权利）与动产在客观上存在区别，不能等同。一方面，传统民法上的物，即动产、不动产，在客观事实上，指向物质世界。而权利，学界通说认为，是为或者不为行为的自由或选择。自由不是指物质性的，更多地表现为意志或行为的。另一方面，尽管权利、物、动产、不动产等，都是人为建构的认识世界的概念，但是，就现有关于物、权利的内含的界定，土地是不动产，桌椅是动产，土地、桌椅本身是客观实在的。而权利，包括知识产权等，本质是自由，不属于物质现象，不是物，不是动产，不是不动产。以知识产权等权利设定质押，不能完全依照物（动产）的质押制度规制。

最后，质押自产生时起，基础是动产。盖尤斯《论十二铜表法》第6卷"质押"（pignus）一词源于"拳头"（pugnus）。因为用于质押之物要被亲手交付，所以一些人认为质权（pignus）本身被设定于动产之上。② 换言之，质押权利的基础是动产。那么，以权利设定质押产生的质押权利的基础，必然是权利、是动产。可是，正如前文已经指出的，权利不是传统民法中的物，不是动产，也不是不动产。这进一步表明，知识产权等权利的担保，包括质押，按照传统民法物的担保制度规则来设计，势必面临理论上无法周延。即便是一些学者，把物的概念扩展为有体物、无体物，把权利置于无体物，也仍然无法圆满解释权利作为自由，何以能按照动产（物质）的质押规则去完

① 王利明. 民法（第四版）[M]. 中国人民大学出版社，2008：113.
② 陈小君，曹诗权. 质权的若干问题及其适用 [J]. 法商研究，1996（5）：3-9.

成移转占有（或曰拟制占有）。现行知识产权质押制度在担保物权法律中的制度设计，法理上论据不足。

除了知识产权质押制度效仿有体物的担保物权制度存在理论缺陷外，退一步讲，即使勉强认可现行担保物权法律的规制于法理可行，但是，现行担保法、物权法的规定，宏观抽象、难于实际操作。即便国务院颁行了著作权质权登记条例、专利权质押登记条例、商标权质权登记条例，但这些法律规范，效力层次低于基本法律，其效果可想而知。此外，商业银行法律中，① 维持资本安全是商业银行法基本原则之一，以此为指导开展金融业务的银行，更有充足的理由不愿意且不积极地去开拓创新和接受具有一定风险性且风险管控难度较大的知识产权质押融资业务。

四、法律制度成因

传统的法律部门划分，把知识产权法律制度置于民商事法律部门中。而知识产权法律制度，较之于物权法律制度、债权法律制度、婚姻继承法律制度，更多地表现出与民商事法律制度之不同和特殊性。我国目前尚未有专门的知识产权法典，关于知识产权总论制度的研究也是最近十来年的事情。而且，在已有的公开的研究成果中，知识产权法律总论制度尚未有知识产权质权、抵押权、留置权等担保权制度；更不要说在现有的知识产权法律制度中，有相应的制度内容的规定。② 目前，知识产权质押规定于担保物权法律制度中，担保物权法律制度是按照物的理念来设计和规定权利质押、权利质权。事实上，权利质押与权利抵押两者有区别，现行知识产权质押名为质押实为抵押。知识产权质权，名为质权，实为抵押权。

对于以权利设定的抵押，即权利抵押。早在罗马法时代，地上权、永佃权等用益物权就被作为债权之担保而设定抵押。在现代，各国立法往往都允许以权利为标的来设定抵押。如《德国地上权条例》《日本民法典》、我国台

---

① 《中华人民共和国商业银行法》第4条规定："商业银行以安全性、流动性、效益性为经营原则，实行自主经营，自担风险，自负盈亏，自我约束。"

② 齐爱民. 知识产权法总则 [M]. 武汉：武汉大学出版社，2011：162.

湾地区的"民法"、《法国民法典》都直接或者间接地肯定了权利抵押。[①] 但是，各国的法律具体规定有所不同。《法国民法典》第 2397 条规定抵押物以下列财产为限：一是属于可交易的不动产以及被视为不动产的添附权利；二是在用益权期间，与前项所指相同的不动产及其添附部分的用益权。《日本民法典》第 369 条规定永佃权、地上权可作为普通抵押权的客体，其他特别法还规定工业所有权、土地使用权、矿业权等权利可作为抵押权的客体。我国台湾地区"民法"第 882 条规定，"地上权、永佃权及典权，均得为抵押权之标的物"。我国《担保法》明确规定了土地使用权的抵押，《物权法》则将抵押的标的物拓展到"法律、法规未禁止抵押的财产"，为其他类型的权利上设定抵押提供了法律依据。从各国的规定可以看出，权利抵押的标的物主要是不动产上的权利，即以所有权以外的不动产物权或准物权为标的而成立的抵押。[②] 权利抵押与一般抵押的主要区别在于标的物的不同；各国法律一般都规定，权利抵押在没有特殊规定的情况下，适用一般抵押的规定。我国《担保法》对权利抵押没有单独规定，而是放在"抵押和抵押物"一节中进行规定，这表明，在我国权利抵押适用一般抵押权的规定。

综上，权利抵押与权利质押相同之处有：以权利为标的物；以可转让的财产权为标的；具有类似于担保物权的一般效力，即优先受偿和物上代位。两者的区别，主要表现在设定方式、标的及对移转占有的要求等，如表 7-3-1 所示。

表 7-3-1：权利抵押与权利质押之异同

比较项目	异			同
	设定方式	标的	移转占有标的物	
权利抵押	登记	不动产用益权或准物权	否	（1）以权利为标的物 （2）标的为可转让的财产权 （3）优先受偿和物上代位
权利质押	交付或登记	所有权和不动产物权之外的权利	是	

① 费安玲. 比较担保法 [M]. 北京：中国政法大学出版社，2010：213-214.
② 梁慧星，陈华彬. 物权法（第五版）[M]. 北京：法律出版社，2010：340.

　　第一，设定方式不同。对于权利质押来说，其生效或者对抗要件依据标的物的不同而有所不同。例如，我国《担保法》规定，对于汇票、支票、本票、债券、存款单、仓单和提单的出质，以权利凭证的交付为公示方式，而对于依法可以转让的股票的出质，以质押合同的登记为公示方式。① 而对于权利抵押来说，其成立或者生效一般都以抵押登记为要件。非经登记，不发生抵押的效力，或者不能对抗善意第三人。

　　第二，标的不同。权利质押的标的是所有权和不动产用益权以外的权利，而权利抵押的标的是不动产用益权或准物权。虽然立法规定权利抵押的国家均规定了抵押的标的可以是权利，但是都将这些权利严格限制在不动产用益权或者准物权的范围之内，对于其他类型的权利原则上都不允许。我国的法律也遵循该原则。

　　第三，对标的物是否移转占有的要求不同。权利质押须移转标的物的占有，且出质人也不能再使用出质物；而权利抵押则不需要移转标的物的占有，抵押人还可以对该抵押物继续利用。

　　对于权利质押与权利抵押的三大区别，何者为本质区别？对于设定方式的区别，因为两者都有登记的公示方式，因而不是本质的区别。对于标的的区别，由于在不动产之上的权利，例如收费权，法律规定可以设置权利质押，因此，标的物不同的区分标准已逐渐淡化。那么两者的本质区别就集中到了对移转占有的不同要求之上，实质上表现为质权人对标的物的控制力上。② 权利质押更加强调质权人对标的物的控制，而这种控制是通过移转占有质物进而达到限制债务人的权利得以实现。从此种意义上看，权利抵押与权利质押的本质区别外在表现为对标的物占有的不同要求，而其内核则为质权人对标的物的控制力。

　　具体到知识产权质押，我国《担保法》第80条规定，以依法可以转让的商标专用权、专利权、著作权中的财产权出质的，出质人不得转让或许可他人使用，但经出质人与质权人协商同意的可以转让或者许可他人使用。出

---

　　① 《中华人民共和国担保法》第76条、第78条。
　　② 江云丰.论知识产权质权之性质［D］.西南政法大学硕士学位论文，2007：4-6.

质人所得的转让费、许可费应当向质权人提前清偿所担保的债权或者向与质权人约定的第三人提存。法律制度如此设计，是为了通过赋予质权人限制知识产权人转让和许可他人使用的权利来达到对出质的知识产权的控制，实现与质权人占有质物同样的法律效果。在外在表现形式上，因知识产权客体无形的特性，采用登记而非占有制度；这就使知识产权质押在形式上与权利抵押相同。知识产权在设质后，出质人是继续使用出质的知识产权的，这与权利抵押下，权利人继续使用已设定抵押的权利是一样的。经过前述比较和分析，知识产权质押与权利抵押，已无本质上的区别。因此，现行《担保法》规定的知识产权质押，名为质押，实属抵押。实践中，知识产权质押融资也是按照抵押的担保方式进行的。包括出质的知识产权无须移转占有知识产权人继续使用知识产权、出质知识产权须为登记等。立法上，由于《物权法》是按照与《担保法》近似的理念和认识来规定知识产权质权，相应地，知识产权质权名为权利质权，实为权利抵押权。

除了知识产权质押实为抵押，知识产权质权实为抵押权之外，现行知识产权质权登记公示制度不健全，没有统一的知识产权登记公示系统。现行知识产权质押登记的实体性规则、程序性规则，比较零散、欠缺统一性和体系性。登记公示方式不周全，登记公示公信效力有待加强等现实既存问题，是统一的登记公示系统缺失的具体表现，对于知识产权质押融资实践的影响，除了危及交易安全，还妨碍或制约制度的效用或功能，即影响制度效率。主要表现在以下几个方面。

第一，统一的知识产权登记公示系统缺失，增加质押融资主体获取信息成本。质押融资主体，广义地，包括融资企业、融资银行、融资性担保机构、价值评估机构、保险公司、律师事务所等，每一个主体想要了解或者获取出质的知识产权的取得、变更、合法有效期间、转让、许可有关的信息，以及与该出质知识产权近似或类似的知识产权的信息，在现有的知识产权行政主管部门的信息公开范围里，通常难以较为全面地获得。因为根据国务院制定的《政府信息公开条例》，涉及的以上信息并非一律属于政府信息主动公开的范围。意味着，前述融资主体想要了解和查询以上信息，极有可能需要申请行政信息公开，又或者是以个案申请的方式，获得行政准许的前提下，到知识产权行政主管部门现场查阅。① 信息查询与获取的时间、人力、物力成本明显增加。

第二，统一的知识产权登记公示系统缺失，阻碍交易的便利快捷。依据民法学原理，知识产权质权须以登记为公示方式。在知识产权质押融资实践中，融资银行对于出质知识产权风险的担心和忧虑使得他们向融资企业提出"知识产权组合"贷款、"知识产权 + 保证"贷款、"知识产权 + 担保"贷款等具体的融资方式。对于"知识产权组合"贷款，如果两项以上的知识产权同为版权、专利、商标，则只需在同一行政主管机关登记即可；但是，如果两项以上的知识产权为版权、专利、商标三种知识产权类型的两种或三种，登记机关就是两个或三个，登记的复杂性由此可见一斑。加上依据现有的三个知识产权部门规章，② 知识产权质押设定由几个不同的登记机关负责，各个登记机关所发布的登记程序、内容期限、费用各不相同。知识产权质权设立登记如此繁杂，直接影响效率。

在电子政务发达的信息社会，信息就是资源，信息就是财富。在知识产权已经成为全球各国综合实力角逐的关键因素的趋势和背景下，国内现有的知识产权登记机关的知识产权登记信息却尚未实现联网和互通，与知识产权的现代化和全球化反差十分明显。如今，电子商务已经涉足于各行各业，自然也包括与科技、经济关系尤为密切的知识产权领域。因应国家知识产权战略规划纲要提出的知识产权强国战略，质押是加强和强化知识产权应用的重要方式之一，作为知识产权质押实践的重要配套制度之一的知识产权登记，显然，于国内知识产权登记公示系统的建构完善，不仅需要加速实现其统一性、体系性和完整性；更应当重视加强和实现电子信息化，在满足人们对知识产权公共信息资源获取、查询、共享、合理使用等各种需求的同时，便利知识产权质押融资的交易登记环节、提升知识产权质权的设立效率。此外，

---

① 《中华人民共和国政府信息公开条例》第20条规定："公民、法人或者其他组织依照本条例第十三条规定向行政机关申请获取政府信息的，应当采用书面形式（包括数据电文形式）；采用书面形式确有困难的，申请人可以口头提出，由受理该申请的行政机关代为填写政府信息公开申请。政府信息公开申请应当包括下列内容：（一）申请人的姓名或者名称、联系方式；（二）申请公开的政府信息的内容描述；（三）申请公开的政府信息的形式要求。"

② 即《专利权质押登记办法》《著作权质权登记办法》《注册商标专用权质权登记程序规定》。

像知识产权质押融资等新型担保融资，尚未在商业银行法律中有明确的规定，有待对此进行立法规制与完善。

五、法律实践成因

我国知识产权质押融资实践时间不长仍待摸索，社会公众普遍接受知识产权质押融资这一新生事物需要时间，这种创新型融资担保方式的实践亟待总结经验和教训，克服和解决难题，例如，知识产权质押融资成本高、质押融资金额不高、能成功获得知识产权质押融资企业数量极少、尚未有效实现市场化运作等。除了法律实践中面临的评估难、风险高外，知识产权质物实现与处置难，是一大根本和直接的原因。换言之，质权处置与实现实践亟待重点发展与推进。

在知识产权质押融资法律关系中，融资银行的积极性不高，很重要的原因在于，银行普遍认为，不动产的价值比之于动产价值，不仅保值而且通常增值，因此，即便是融资企业届时不能履行融资金额本金，如果是以不动产抵押，银行也无须过于忧虑。此为之一。之二的考虑是，银行还在融资实务中深刻地感受到，不动产担保标的物的处置，公开拍卖的交易处置方式和市场相对成熟和健全，因此，银行的债权，即便是通过抵押权的实现来担保或保障，也是相对容易的。与此相比，对于知识产权质押融资，银行则不仅忧虑知识产权价值风险，对于将来如果要行使知识产权质权，该如何处置知识产权标的？简言之，国内现行的知识产权质权处置与实现的实践亟待建设与成熟发展。主要表现在以下几个方面。

其一，国内知识产权标的处置难存在主观原因与客观原因。与不动产抵押相比，知识产权的流动性相对较弱，质押物处置比较困难。[①] 困难产生的原因，既有主观方面的，也有客观方面的。主观方面的原因，包括银行素来存在的对于知识产权价值风险的忧虑认识；重要的，还在于社会中人们普遍对于知识产权价值的普遍不重视。毋庸置疑，国内知识产权制度 30 年的建

---

① 于文国．农发行知识产权质押融资面临的问题及对策［DB/OL］［2016-04-26］．http：//www. adbc. com. cn/templates/jiangsu_ second/index. aspx？nodeid＝454&page＝ContentPage&contentid＝28133.

设，取得积极成效。但是，国人的知识产权意识和知识产权文化，依然有待加强。知名经典作家文学作品云"窃书不算偷"；自然科学领域，剽窃国外同行专利或成果，视为己出，骗取国家基金，渔获荣誉；社会科学领域，学霸垄断，派系争斗，造假，学术不端，司空见惯；普通百姓，不管山寨盗版，只要物美价廉，哪管版权所有、专利保护、注册商标权专有。没有真正的知识产权文化氛围的浸润和熏陶，在物欲熏心的浮躁环境下，潜心治学、尊重知识已经有名无实。保护知识产权流于形式。客观方面的原因，在于知识产权自身的特殊性。知识产权的本质，是法律确认和保护的一种权利。尽管在不动产与动产二分的民法法系国家，它被归之为动产。但是，它与客观上确实存在的一般的有形动产来比，无形、不可视、不可触，如果要像有形动产的公开交易市场般进行处置和交易，普通民众作为非专业人士往往难以像接受高档奢侈品或消费品那样接受知识产权的高价值。

其二，国内知识产权交易市场正处于建设培育中。目前，国内的知识产权交易市场已迈出实质性的一步，已有包括知识产权在内的技术产权交易市场、文化产权交易市场、知识产权交易平台市场、知识产权投融资交易平台等。在国内知识产权质押融资试点实践中，进行了有益的探索和尝试。知识产权的公开竞价、拍卖、投标等交易已在尝试或摸索。知识产权交易市场的建设和培育现状表现在以下两个方面。

一方面，知识产权转让市场不大。由于知识产权，尤其是专利，例如，发明专利，往往是涉及某一技术领域的具有新颖性、创造性和实用性的方法或者产品。只有在该领域的专业技术人员才知悉或者了解该发明的核心和价值所在。如果某企业以此项发明出质进行融资，假如到期该融资企业不能清偿融资银行的融资金额本息，融资银行行使该项发明专利质权，按照现有的质权处置方式，或者由出质人与质权人协商价格或者委托拍卖、变卖；但是，前述这三种方式，无一不涉及该项出质的发明专利的转让和受让。由于发明专利适用范围的非普遍性，潜在的受让主体，也许数量非常少，尽管这一项发明专利如果具体实施将产生巨大的经济效益或生产的专利产品预期收益非常可观。但是，在受让主体十分有限的情况下，很有可能该项发明专利，即便是评估机构评估价值高，也不一定在处置时，即转让、拍卖或变卖时卖得一个好价钱。

另一方面，知识产权交易涉及的价值评估和转让程序复杂严格。国内知识产权转让，除了转让市场不大；现有法律关于转让的程序较为复杂严格。例如，《专利法》《专利法实施细则》《合同法》规定，专利转让，转让人和受让人须订立书面的转让合同，且到国家知识产权局进行专利转让的登记，登记须提交规定的文件，履行必要的手续，缴纳一定的费用等。[①] 否则，转让如果没有依法完成登记程序，可能面临不能产生对抗效力的法律后果。关于知识产权的价值评估，在国内，除了欠缺统一的知识产权评估细则、权威评估机构、评估人员资格准入条件与退出、法律约束机制等有待建立和健全。它本身是一项专业性极强、涉及的环节众多、流程烦琐复杂的工作。出质人或者质权人为了配合或者协助评估机构，需要提供相关的许多资料、材料、报表等，相应地，人力、物力和财力的耗费比较多，处置成本增加、知识产权质权的实现，因为评估和转让程序的复杂严格，难度相应地增加，在前述因素的综合作用下，知识产权质押制度效用势必受到影响。

除了知识产权自身特殊性及评估、转让程序严格复杂，导致知识产权处置和实现比之于一般的有形动产更加困难之外，相关的配套制度，如提存制度、清偿制度等的具体规定付之阙如。正如前文已经论述和分析的，也牵制了知识产权质押制度的有效运用，并且一定程度上影响着知识产权质押融资试点工作的普及和推广。因此，进一步普及与推广知识产权质押融资，务必在实践中不断丰富和完善知识产权质物与质权实现实务、评估实务、风险管控实务等。

---

① 《中华人民共和国专利法实施细则》第八章规定专利登记和专利公报，第89条规定："国务院专利行政部门设置专利登记簿，登记下列与专利申请和专利权有关的事项：（一）专利权的授予；（二）专利申请权、专利权的转移；（三）专利权的质押、保全及其解除；（四）专利实施许可合同的备案；（五）专利权的无效宣告；（六）专利权的终止；（七）专利权的恢复；（八）专利实施的强制许可；（九）专利权人的姓名或者名称、国籍和地址的变更。"

第八章
我国知识产权质押融资的法律完善方案

第一节　总体思路与基本原则

一、总体思路

借鉴国外知识产权质押融资有益经验，结合国内实际，在全社会重视宣传和普及推广知识产权质押融资，立法完善现行法律制度与法律规范，健全和建构配套的知识产权质押融资保障体系。

二、基本原则

（一）重视知识产权应用原则

目前，除了继续重视知识产权创造、管理和保护等外，在我国，更应强调重视知识产权的应用。解决好知识产权的运用问题，提高产品的市场占有率，促进经济的发展，推动新成果再创造。国内企业对知识产权的运用普遍仍处于起步和探索阶段。与之相比，在国外，通常是企业在取得专利之后，总是想办法把专利提升为品牌和标准，通过市场推广标准最终以标准抢占先机。[①] 这些企业有专人进行知识产权的稽查，其他企业一旦用到他们的专利就得缴纳费用。而在我国，不少企业或单位的专利却是被搁置在一边，未能及时实现智力成果转化。国家除了出台鼓励创造、强化保护、加强管理等政策，也需要出台除了知识产权质押融资之外其他更多地鼓励运用

---

① 陈欣. 国外企业利用专利联盟运作技术标准的实践及其启示 [J]. 科研管理, 2007 (4): 6.

知识产权的政策和配套措施，例如，奖励补贴、财政税收、融资优先、配套扶持、产业扶助。

（二）结合知识产权特殊性设计知识产权担保制度原则

目前，关于知识产权质押的规定置于担保物权法律之中，存在两大根本缺陷：一是知识产权作为权利，与具有客观物质性的物有本质区别。完全按照物的理念设计的担保物权法律，不完全适合于知识产权担保。二是知识产权担保方式，包括质押、抵押、留置等。但是，我国目前未有知识产权担保的专门法律规定。并且，知识产权质押融资实践中，不是按照质押方式，而是按照抵押方式进行操作。诚如有学者指出，知识产权质押实为知识产权抵押。[①] 这些都表明，现行知识产权质押制度亟须重新予以合理定位。[②]

（三）商业银行等金融机构公平对待中小企业原则

中小企业规模小，不动产数量少、价值低，向商业银行等金融机构请求融资应当得到与国有、大中型企业的公平对待。鉴于金融安全是一国经济的命脉，商业银行应依据其国有与非国有的性质，分别侧重服务于大中型、中小企业等不同类型的企业。建议在国有独资银行的贷款向大中型企业倾斜、中小企业直接融资能力有限的情况下，大力发展非国有控股的股份制地方商业银行，使地方性商业银行彻底摆脱政银不分、银企不分的局面。这不仅有利于疏通中小企业的融资渠道，积极扶持中小企业的发展，尤其是非公有制经济的发展，更将有助于我国经济结构和产业结构的调整，增强国民经济的活力和竞争力。对于知识产权质押融资业务，公平原则在其中的体现和反映就是，提倡国有商业银行也积极服务于中小企业，开设知识产权质押融资业务。出台政策鼓励非国有商业银行专门服务于中小企业，非国有银行创新金融方式，包括知识产权质押融资，成效显著，社会反响好的予以奖励和重点支持其进一步发展。

---

① 杨延超. 为知识产权担保正名——质押还是抵押 [J]. 电子知识产权，2008（4）：14-17.
② 丘志乔. 对知识产权质押的澄清 [J]. 河北法学，2014（5）：71-78.

第二节　建构知识产权担保权法律制度

一、厘清知识产权质押立法定位

(一) 学界现有的观点及其评析

对于知识产权质押未来的法律定位，学界观点主要有以下几种：观点
一：定位为权利抵押。认为知识产权质押名为质押，实为抵押，故应定位
为知识产权抵押。[①] 观点二：归入"权利担保"制度。认为知识产权质押
属于权利质押，将其与权利抵押合并为"权利担保"制度。[②] 这是与动产
担保、不动产担保相并列的一类担保制度。理由是，以财产权为担保标
的，分门别类地设计其特殊的法律适用制度，进而形成与有形财产担保
迥异的法律制度。抛弃传统民法将权利质押列入质押体系中的归类，如
此的安排和定位，有利于立法体系的协调。观点三：引入让与担保制度。
其理由是：将知识产权质押更名为知识产权抵押，或将知识产权质押归
之于权利质押，再与权利抵押合并建构自成体系的权利担保制度，这两
种方法皆无法根本解决知识产权质押面临的理论和实践问题。因此，宜
引入新的法律制度。在这种观点中，对于权利质押制度与让与担保制度
之间的关系处理，又具体包括两种不同的看法。一种看法，主张让与担保制
度与权利质押制度并存；[③] 另一种看法，主张废除权利质押制度，直接规定
让与担保制度。[④]

以上观点，虽皆有一定的道理，但深究之下，值得商榷。对于观点一，
正如前文论证的，现行《担保法》规定的知识产权质押的确属于知识产权抵

---

① 李鹃.知识产权担保制度研究 [M].北京：知识产权出版社，2012：119.
② 胡开忠.权利质权制度的困惑与出路 [J].法商研究，2003 (1)：108.
③ 唐克芬.论让与担保制度 [DB/OL].中律网.
④ 王闯.让与担保法律制度研究 [M].北京：法律出版社，2000：64.

押，应置于权利抵押体系。但是，出质人和质权人在知识产权出质期间都不能使用该知识产权，就属于知识产权质押。因此，还是有必要区分出知识产权质押、知识产权抵押的担保方式。此外，已有学者研究指出，知识产权的担保还可以存在知识产权留置的担保方式。① 因此，如果不对担保知识产权具体方式的本质和功能进行区分，简单地主张将知识产权质押更名为知识产权抵押，仍失周全。对于观点二，其提出权利担保的观点，可以在理论和立法上摒弃那种机械照搬动产担保的做法，更好地张扬该制度的个性特点；同时，还可以形成完整的权利担保体系，值得肯定。但是，这种观点的不足在于：第一，没有厘清知识产权质押名为质押实为抵押。第二，它仅强调权利担保应该与动产担保和不动产担保区别开来，却完全抛弃了传统法律制度的精华，也没有规定具体的担保方式，不利于对当事人的行为进行指导。② 至于观点三，关于引入让与担保制度，学界褒贬不一，争论激烈，值得深入探究。

让与担保有广义和狭义之分，广义担保包括买卖式担保及让与式担保，而狭义的担保是指让与式担保，含义为：债务人或第三人为担保债务人的债务，将担保标的物的权利移转于债权人，于债务清偿后，标的物应返还债务人或第三人，于债务不履行时，担保权人可就该标的物优先受偿的权利。③ 其成立通常应具备三个要件：第一，当事人之间存在债权债务关系是前提；第二，标的物的财产权的移转是条件；第三，标的物的财产权发生移转是为实现担保之目的。本书即以狭义的让与担保作为研讨的对象。毋庸讳言，让与担保制度具有明显的优势，包括实行上的优越性、标的物范围广泛等；但是，其缺点也十分突出，如可能损害债务人利益、不利于保护第三人利益等，如表 8 - 2 - 1 所示。

---

① 齐爱民. 知识产权法总则 [M]. 武汉：武汉大学出版社，2011：154.
② 李飒. 知识产权担保条例的选择 [D]. 郑州大学硕士学位论文，2009：42.
③ 陈信勇，徐继响. 论动产让与担保与动产抵押之雷同 [J]. 法学论坛，2004 (4)：58 - 63.

表 8 - 2 - 1　让与担保制度的优势与缺点

	制度优势	制度缺点
让与担保制度	（1）实行上具有优越性。与典型担保的法定性不同，让与担保当事人可自由选择实行行为的程序和方式 （2）标的物范围广泛。不能作为典型担保标的的财产，大都可以设定让与担保 （3）有利于物的充分利用。让与担保以占有改定的方式而设立，不要求移转标的物的占有，担保人可以继续占有使用担保物，充分发挥担保物的用益功能 （4）有利于保护债权人的利益	（1）不利于保护第三人的利益。因为让与担保缺乏对真实权利的公示，难免会损害到善意第三人的利益 （2）有时会损害债务人的利益。债权人利用经济优势地位，可能会损害到债务人或者第三人的利益 （3）让与担保与动产抵押在功能、性质、设定、公示等方面相似，已有动产抵押制度下，再设定让与担保制度会造成制度重合

　　有学者指出，对于已设定动产抵押制度的国家来说，再设定让与担保制度是一种浪费。[①] 从各国实践看，让与担保制度在大陆法系国家和地区并非全部接受。德国、日本和我国台湾地区为肯认的典型代表，纵览其立法例，除日本承认不动产让与担保外，德国、我国台湾地区所谓的让与担保均指动产让与担保。但是，从实行效果来看，日本的不动产让与担保可以说是被置之不用的。[②]

　　可见，不动产让与担保并无太大的存在价值。至于动产让与担保在上述国家和地区的施行效果的情况是：德国之所以通过判例和学说肯定让与担保，原因是德国不承认动产抵押制度，也不承认权利抵押制度，所以动产让与担保制度有用武之地。日本是动产让与担保制度与动产抵押制度并存的国家，由于后者所规定的标的种类仅限定为机动车等几项，故其动产让与担保制度的功效远远大于动产抵押制度，而动产抵押制度在日本的作用甚微。至于我国台湾地区，让与担保本为代替动产抵押之方法，但在"动产担保交易法"中创设了一般动产抵押制度、对动产抵押物不作任何限制之后，让与担保已渐趋消亡。与此同时，从权利担保的角度，权利让与担保和权利质押在标的

---

　　① 王闯. 让与担保法律制度研究 [M]. 北京：法律出版社，2000：75 - 80.
　　② 贾寒. 动产抵押制度的再思考——兼评我国民法（草案）对动产抵押与让与担保制度之规定 [J]. 中国法学，2003（2）：39 - 45.

适用范围、公示方法及其效力和实现方式等方面基本相同，其功能可由权利质押来承担。① 我国已经确立了权利质权制度，并承认了权利抵押制度，由此观之，再移植权利让与担保制度已无必要。

（二）知识产权质押的合理定位

1. 在名称上以知识产权担保涵摄知识产权质押

学界现有关于知识产权质押未来定位的前述几种观点，尤其是观点一和观点二，兼有合理性与局限性。应克服其局限，吸纳其合理建议，同时保留现行法律制度中精华部分，例如，在担保法律制度中，法定的担保方式包括质押、抵押、留置等，理性设计知识产权担保制度必然应予兼收并蓄。现行《担保法》只规定了质押这一种担保方式，方式过于单一，而且也未能准确反映实务操作中知识产权质押实为知识产权抵押的现实存在，这在很大程度上限制了知识产权交换价值的发挥和应用，不利于知识产权质押融资实践的进一步普及和推广。因此，应以知识产权担保来统摄知识产权质押、知识产权抵押、知识产权留置等担保方式。

知识产权质押是指因担保债权的履行，债权人通过登记以债务人或者第三人的特定知识产权作为担保，当债务人不履行债务时，债权人得以就该质押的知识产权折价或者转让、实施、进行许可等方式获得的价款优先受偿。知识产权质押的实质在于，比之于一般的动产质押，质押权人须通过办理"质押登记"来实现"占有"。知识产权质押权以"出质登记"为生效要件，"出质登记"一旦被"涂销"，知识产权质押权应归于消灭。需要指出的是，在知识产权质押方式下，由于知识产权人也不能使用知识产权，因而知识产权将主要通过转让或许可的方式进行使用。但是，出质知识产权的转让或许可，应取得质押权人的同意；且转让或许可所得的价款，应提存或提前清偿债权。

与知识产权质押相比，知识产权抵押的优势在于，抵押人可以继续使用已被设定为抵押的知识产权。在知识产权质押中，质押权人和知识产权人均无权使用已被设定质押的知识产权，只有经过质押权人的同意，知识产权人才可以

---

① 朱传峰. 权利让与担保与权利质押之比较 [J]. 工会论坛，2010（4）：157－158.

通过转让或许可的方式对知识产权进行使用。需要明确指出的是，此种情形下，事实上，已经不是知识产权人在使用，而是知识产权人之外的主体在使用出质的知识产权。在知识产权抵押中，知识产权人继续使用知识产权，这里的"使用"，是否还包括知识产权人通过许可、转让的方式呢？如果是，是否需要经过抵押权人的同意呢？值得探讨。这种情况下，应当包括转让、许可的使用方式。但是，出于对债权人债权的保护，转让、许可应当经过抵押权人的同意，且转让或许可所得的价款，应提存或提前清偿债权。至于知识产权质押与知识产权抵押两种担保方式，具体适用何者，由当事人协商选择。

　　与知识产权质押、知识产权抵押两种担保方式相比，知识产权留置的核心特征在于，留置权的成立，仅依法律的规定而产生，不受当事人意思表示一致这个约定条件的控制。科技合同中委托开发合同，是适用知识产权留置的典型领域。举一例，某甲委托某乙作画，约定某乙享有人身权，而某甲享有全部财产权。画成，某甲未能如约付款，某乙主张知识产权留置。留置权的成立，需满足形式要件和实质要件。形式要件：须为登记且在登记之前，被留置的知识产权客体应处于保密状态。实质要件：第一，债权人须占有债务人的知识产权物质载体（如画作、软件程序、技术方案、商标图案）等，且对构成该知识产权的客体进行保密（一旦泄密，或公开发表，则留置权消灭）。第二，债权人留置的知识产权物质载体，与债权具有牵连关系（例如，前例委托作画，某乙留置的画作与其对某甲享有的作画报酬请求权具有牵连关系）。第三，债务人不履行到期债权。知识产权留置权人的权利包括留置占有知识产权物质载体、请求偿还必要费用、优先受偿等，义务包括善良管理、保管留置的知识产权客体等。

　　2. 在体系上把知识产权担保从担保物权制度独立出来

　　现行的权利担保制度（包括知识产权担保制度，准确地说是知识产权质押制度），是按照"物"的理念和原理来设计的，理论上存在缺陷。

　　首先，民法上的物，是指存在于人体之外，占有一定空间，能够为人力所支配并且能够满足人类某种需要，具有稀缺性的物质对象。[①] 可见，在传

---

① 王利明. 民法（第四版）[M]. 北京：中国人民大学出版社，2008：113.

统民法理论上，物指的是有体物。依据是否可以移动且不影响效能和使用的标准，把物区分为动产与不动产。由于传统民法的一般做法是，在规定土地等不动产之后，用排除法规定不属于不动产的物，即为动产的范畴。按照前述的标准，如果把权利置于物的范畴之下，依据动产与不动产的区分，被归之为动产是必然的。物的内含界定表明，物的本质是物质对象；据此，把权利（其实质为自由）归于物（动产），难免牵强。

其次，在事实上，权利（包括知识产权等权利）与动产毕竟存在区别，两者不能划等号。理由是：虽然"权利"与"物""动产""不动产"等，都是人们为了建构法学理论而提出的概念，但是，就现有关于物的含义界定来看，"物""动产""不动产"所指向的对象，在客观事实上，它是可以和物质世界建立直接联系的。例如，我们说土地是不动产，桌椅是动产，土地、桌椅本身是客观实在的。与此相比，所谓权利是指为或不为的自由。显然，自由不属于物质现象。可以肯定的是，权利不能称之为有体物，自然就不能落入动产与不动产的划分之列。如果硬要称其为物，顶多就是无体物而已。因此，以权利（包括知识产权等权利）设定质权的制度，就不能完全依照以动产设定质权的制度。

最后，质押物与质权性质存在冲突。盖尤斯《论十二铜表法》第 6 卷"质押"（pignus）一词源于"拳头"（pugnus）。质押之物须亲手交付，故学界一般认为质权（pignus），本身被设定于动产之上。[1] 可见，质押的基础是动产。传统民法认为，由于质权的天然属性，设定质权的权利则限于动产上的权利。依此进行推论，我国内地实践中承认公路桥梁、公路隧道和公路渡口等不动产收益权可以出质，该不动产收益权是基于不动产而产生，与质的移转占有的特点相矛盾，似乎不宜设定质权，而应设定抵押权。显然，这在传统民法理论上缺乏合理的基础。

那么，该如何解决前述理论困境导致的立法困惑？可行的思路是：按照知识产权与传统民法物（有体物）的特殊性，把知识产权担保制度交由知识产权法律制度自行解决，使之独立于传统民法的担保物权制度。具体到我国

---

[1] 陈小君，曹诗权. 质权的若干问题及其适用 [J]. 法商研究，1996 (5)：3 - 9.

内地，其立法实现路径可以考虑分阶段循序渐进。第一阶段，对现有的《担保法》《物权法》以及《著作权法》《专利法》《商标法》等知识产权法律制度进行删除、修改以及充实完善。第二阶段，待相关的理论研究和法律实践发展相对成熟之时，把知识产权担保制度，列入知识产权法的总则制度中，规定于将来的统一知识产权法抑或是知识产权法典。下文将首先论述对现行担保物权法律和知识产权法律的修改。

（三）对现行担保物权法律和知识产权法律进行删改

1. 对现行担保物权法律进行删改

删除《担保法》第75条第3项、第79条关于知识产权质押、知识产权质押合同登记的规定。

删除《担保法司法解释》（法释〔2000〕44号）第105条关于知识产权出质人未经质权人统一转让或者许可他人使用已出质权利无效的规定。

删除《物权法》第223条第5项、第227条关于知识产权质权、知识产权质权设立及权利禁止转让的规定。

2. 对现行知识产权法律进行删改

修改《著作权法》第10条，增加一项，规定：担保权，即著作权人将著作权依法通过质押、抵押、留置等方式设定担保的权利。

修改《专利法》第10条第1款，增加规定：专利权可以设定担保。同时，在该条增加一款，规定：专利权担保，是专利权人将专利权依法通过质押、抵押、留置等方式设定担保。

修改《商标法》第9条，增加第一款，规定：依法注册的商标专用权可以设定担保。注册商标专用权担保，是注册商标专用权人将注册商标专用权依法通过质押、抵押、留置等方式设定担保。相应地，在《著作权法实施条例》《专利法实施条例》《商标法实施条例》中分别具体地规定著作权担保的设立及担保权的生效、专利权担保的设立及担保权的生效以及注册商标专用权担保的设立及担保权的生效。

修改《植物新品种保护条例》第9条，增加一项：植物新品种的品种权担保权，即品种权人将品种权依法通过质押、抵押、留置等方式设定担保的权利。

修改《集成电路布图设计保护条例》第 7 条第一款，增加一项：布图设计专有权可以设定担保。同时，在该条增加一款，规定：布图设计专有权担保，是专有权人将专有权依法通过质押、抵押、留置等方式设定担保。

相应地，在《植物新品种保护条例实施细则》《集成电路布图设计保护条例实施细则》中分别具体地规定植物新品种品种权担保的设立及担保权的生效、布图设计专有权担保的设立及担保权的生效。

二、明晰知识产权质权与知识产权质押的关系

（一）知识产权质押与知识产权质权的区别

知识产权质押是以合法有效的知识产权为标的设定质押的债的担保。知识产权质押有效成立，质押权人依法享有对出质知识产权的优先受偿权，即知识产权质权。在民法学界，有时这两个概念等同使用。严谨地说，两者除法律含义相异，法律性质、法律构成、法律效力等也有所区别。

一是法律性质上的区别。知识产权质押的法律性质是知识产权担保债的方式，担保标的是合法有效的知识产权中的财产权，知识产权质押担保的债权，比之于同一债务人的其他债权，具有优先受偿的法律效力。知识产权质权的法律性质是以知识产权财产权为标的、行使要件具备，保障债权的权利担保权。可见，知识产权质押是以知识产权为标的的债的担保方式；知识产权质权是以知识产权为标的的权利担保权。

二是法律构成上的区别。知识产权质押的法律构成要件是：出质人与质押权人形成知识产权质押合意；出质的知识产权合法有效且为知识产权中的财产权；出质的知识产权移转占有的方式是依法进行质押登记。知识产权质权的法律构成要件是：知识产权质押合同合法成立且生效；知识产权质权登记的内容与形式皆符合法律规定。显然，知识产权质押以标的适格、合意为主要要件；知识产权质权以合同生效、质权登记生效为主要要件。

三是法律效力上的区别。知识产权质押的法律效力是：知识产权出质人移转出质知识产权于质押权人占有的义务，由于知识产权的权利特性，以登记拟制占有的移转；质押权人享有质押权。知识产权质权的法律效力

在于其优先受偿性。知识产权质押依法成立生效，是知识产权质权产生的原因。

（二）知识产权质押与知识产权质权的联系

知识产权质押与知识产权质权在法律含义、法律性质、法律构成、法律效力上有区别，但两者在法律制度的功能价值上近似或者相似，即都是为了实现知识产权的交换价值的法律制度。从宏观的角度看，这也是民法学界有时将两者等同使用的原因。就中国四个法域的知识产权质押或担保制度的立法体例实践的具体情况，有学者通过专门的比较研究发现：除了香港地区承继英美法传统，归之为动产担保，具体方式有按揭、留置占有、附条件买卖等；在同为承继大陆法传统的三个法域，大陆与台湾地区，把知识产权质押置于民法债法，归为债的担保方式；将知识产权质权归之为权利质权范畴，由民法物权法规定。所不同的是，大陆物权法还原则性地规定知识产权质权，而台湾地区则是在知识产权法律中分别具体规定著作权质权、专利权质权以及商标权质权等知识产权质权类型。与大陆和台湾地区明显不同，澳门地区只是在民法债法中规定权利质权，知识产权质权属于权利质权，虽未有明确的规定，但适用一般性规定。至于民法物权法，并没有关于知识产权质权的专门规定；知识产权单行法律，如出一辙，只有知识产权权利转让的一般规定。①

三、知识产权质押与知识产权质权的立法安排

明晰知识产权质押与知识产权质权的区别与联系，接下来的法律问题是，如何合理处理知识产权质押与知识产权质权两者的立法安排。

（一）现行担保物权法律关于知识产权质押与知识产权质权的立法安排

目前，我国的担保物权法律的立法安排是：《担保法》规定知识产权质押，由《物权法》规定知识产权质权。现行立法模式，不尽合理，表现在以下几个方面。

---

① 丘志乔. 知识产权质押制度之重塑［M］. 北京：知识产权出版社，2015：173.

其一，两部法律的相关规定明显存在冲突，典型的例子是，关于知识产权质押登记，前者是依循登记生效主义，后者是依循登记对抗主义，两相比较，后者更为科学合理，且顺应国际立法的主要趋势。就法律制度的完善而言，对前者的相关规定适时进行修改是必要的。但是，就法律制度的重构而言，则不再是法律规定的修改问题，而是相关法律制度的融合、重整或者重建的问题。

其二，知识产权质押与知识产权质权制度功能是同一的；[1] 基于效率成本考虑，毋须重复立法，即没有必要同时在民法债法与民法物权法中规定同样功能的制度。

其三，从域外的立法体例考察，大陆法的典型代表国家法国，其做法是：在民法典中的担保卷下设物的担保，包括知识产权担保；在知识产权法典中规定专利担保权等具体规定。英美法的典型代表美国，是在《美国统一商法典》中专门规定知识产权担保权，效仿其立法经验的联合国贸易法委员会制定的《知识产权担保权补编》吸纳其知识产权担保权这个统一综合的概念。此外，融合世界两大法系的立法例有《荷兰新民法典》，其中第三编规定了财产法总则、第五编规定了物权、第六编规定了债法总则。尤其值得一提的是，在第三编财产法总则中，共设十一章，其中第八章规定用益权，第九章规定质押权和抵押权，第十章财产上的追索权下设第四节留置权。[2] 知识产权属于财产，适用财产法总则的规定，知识产权可以有用益权、质押权、抵押权和留置权；且前述权利，有别于第五编的物权。参鉴两大法系典型国家最新的立法经验与精髓，应以知识产权担保权概念涵盖知识产权质权等概念；且鉴于国内现行知识产权质权规定与物权法中的理论不尽周延，知识产权担保权的立法宜采取"民法债法作一般性规定"与"知识产权具体法律（知识产权法典）作具体性规定"的立法模式。

（二）应然立法安排：以知识产权担保权概念涵盖知识产权质权等

1. 质权制度的源流是罗马法的信托让与担保

质权制度肇始于"现代民法之母"罗马法，据罗马法学者考证，质权制

---

① 丘志乔. 知识产权质押制度之重塑 [M]. 北京：知识产权出版社，2015：173.

② 王卫国. 荷兰民法典（1992 年）[M]. 北京：中国政法大学出版社，2006：3.

度前身为信托让与担保，即债务人于动产或不动产上设定担保，且所有权让与债权人。如债务人到期偿还债务，则债权人归还担保物；如债务到期债务人不为清偿，债权人可就担保物变价受偿或将担保物的所有权归属于自己。①因该制度不利于充分发挥担保物价值，也极易损害债务人利益，渐被质权制度取代。质权，即"用于质押之物要被亲手交付给债权人，债权人在债务人到期不履行债务时可将质物出卖以清偿债务"②，此为动产质权雏形。及至查士丁尼时期，罗马人根据物是否具有形体划分为有体物和无体物，物与其上的权利分开。③ 随后，罗马人依据权利与有体物一样可用金钱衡量，同为财产形式，创设权利质权。由于知识产权大致产生于十四、十五世纪，罗马法未有知识产权质权的规定。罗马法质权制度的形成路径是：信托让与担保——动产质权——权利质权。可见，信托让与担保是质权制度的源流，旨在担保债，立法赋予被担保的债权优先受偿。

2. 知识产权质权的发展变迁依循债的担保之轨迹

兹举大陆法主要国家的立法例。

（1）法国。最新修正的《法国民法典》（2006）第四卷，名为"担保"编，下设"人的担保"和"物的担保"。在"物的担保"中，分为"动产担保"和"不动产担保"。"动产担保"包括有体动产质权和无形动产质权。在法国，知识产权是动产性质的无形财产；以知识产权提供担保，方式是《法国民法典》规定的质押，属于无形动产质权。④ 法国《知识产权法典》第 L. 132 - 34 条、第 L. 614 - 29 条、第 L. 623 - 14 条、第 L. 714 - 1 条分别规定了软件使用权、专利权、植物新品种权、商标权的质押。⑤ 以知识产权质押担保的债，优先于同一债务人的其他普通债权受偿。

---

① 王吉法. 知识产权资本化研究 [M]. 济南：山东大学出版社，2010：179.

② [意] 桑德罗·斯其巴尼. 物与物权 [M]. 范怀俊，费安玲，译. 北京：中国政法大学出版社，2010：335.

③ [古罗马] 优士丁尼. 法学阶梯 [M]. 徐国栋，译. 北京：中国政法大学出版社，2005：137.

④ [法] 弗朗索瓦·泰雷，菲利普·森勒尔. 法国财产法（上）[M]. 罗结珍，译. 北京：中国法制出版社，2008：113.

⑤ [法] 知识产权法典（法律部分）[M]. 黄晖，译. 北京：商务印书馆，1999：79，106，213.

（2）德国。《德国民法典》规定，质权的对象可以是物①、权利②（指可以转让的权利）。动产质权以合意和交付为要件，权利质权与动产质权所不同的是：合意，非指权利转让，而是指权利质权设定的合意；权利质权的设定，依权利转让规定进行。因德国民法坚持"物必有体"③ "质权＝动产担保，抵押权＝不动产担保"信条，质权移转占有存在不利于质物利用之弊。为此，德国民法创设担保设定——债务人向债权人转移担保的合意；采用占有改定方式，即质物仍由出质人占有和使用。对于知识产权担保，遵从民法规定，采用质权的方式。④ 表面上看，德国知识产权质权为权利质权，由民法物权法规定；但其本质，实与知识产权担保为一体两面。⑤ 旨在保障债权，担保债务履行。

（3）日本。与德国相似，一般性规定在权利质权制度中⑥，具体规定是在知识产权法律中。在日本，除商号权外的其他无体财产权（所谓知识产权），包括发明专利特许权、独占实施权、普通实施权⑦；实用新型权⑧；外观设计权⑨；商标权⑩；著作权；出版权⑪；集成电路布图设计权⑫等可以设立质权。但日本学界对知识产权质权定性为权利质权有争议。有学者认为，当质权人对知识产权无实施权，设立质权、抵押权无别⑬；"权利"是新的财产概念，为便利，将其担保的设定规定于"质权"，但因与权利让与担保的

---

① 《德国民法典》第1204条第1款。陈卫佐，译注. 德国民法典（第3版）[M]. 北京：法律出版社，2010：398.

② 《德国民法典》第1273条第1款。同上书：408.

③ 《德国民法典》第90条规定："法律意义上的物，仅为有体的标的。"同上书：90.

④ 李鹏. 知识产权担保制度研究 [M]. 北京：法律出版社，2012：88.

⑤ 这从《德国民法典》第1277条"享有质权的债权人有权在质权条件届满时通过强制执行对著作权进行利用来实现自己的债权"的规定得到印证。

⑥ 《日本民法典》第九章第一节先就质权作总则性规定，再分别对动产质、不动产质、权利质进行具体规定。

⑦ 《日本专利法》第95条。

⑧ 《日本实用新型法》第25条。

⑨ 《日本外观设计法》第39条。

⑩ 《日本商标法》第34条。

⑪ 《日本著作权法》第79条、第28条。

⑫ 《日本半导体集成电路的电路布局法》第16～18条。

⑬ ［日］近江幸治. 担保物权法 [M]. 祝娅，王卫军，房兆荣，译. 北京：法律出版社，2000：64.

有关问题非常多，统一"权利担保制度"是必要的。① 这表明，日本学界对知识产权质权定性为民法物权中的权利质权存有疑义。实务中，日本常用的知识产权担保的方法是抵押权和让与担保。其制度设计在于担保债权实现，规定其有优先受偿的法律效力。

在承继大陆法传统的我国台湾地区"民法典"规定权利质权，② 知识产权质权的直接规定是在知识产权法律中。例如，"著作权法"第 39 条、第 40 条规定著作权质押，③"商标法"第 37 条、第 78 条规定商标权质押，④"专利法"第 59 条、第 65 条、第 74 条、第 76 条、第 78 条规定专利权质押。⑤，其立法理念因循债的担保、保障债权且优先受偿。

再列举英美法主要国家的立法例。

（1）英国。

英美法以判例法源为主。英国法无动产担保物权观念。一般认为，英国法律有质权、合同留置权、按揭、债务负担四类协定的担保。⑥ 动产，包括有体财产及知识产权、商誉、债权等无体财产（也称权利动产，thing in action or chooses in action）。以知识产权，例如商标担保债务履行或担保债权，通过签订书面的担保协议进行。英格兰称之为"质押"，苏格兰谓之"担保"。⑦ 以专利设定担保，可以是专利的申请权或专利权中任何可以被转让的

---

① ［日］鎌田薫. 知的财产担保理论与实务［M］. 东京：信山社，1997：51.

② 台湾"民法典"第三编物权，第七章"质权"，下设第一节动产质权、第二节权利质权。该法典第 900 条规定权利质权的标的，"称权利质权者，谓以可让与之债或其他权利为标的物之质权"。知识产权被视为无体财产权，知识产权质权的设定适用权利质权的规定，具有优先受偿的效力。

③ 台湾"著作权法"［DB/OL］［2016 – 04 – 26］. http：//www. copyrightnote. org/statute/tw0070. html.

④ 台湾"商标法"［DB/OL］［2016 – 04 – 26］. http：//www. e-learn. org. tw/cn/Html/？910. html.

⑤ 台湾"专利法"［DB/OL］［2016 – 04 – 26］. http：//law. lawtime. cn/d434967440061_ 2_ p1. html.

⑥ 何美欢. 香港担保法［M］. 北京：北京大学出版社，1995：82.

⑦ In the United Kingdom, the Trademark Act was amended in 1994. Under the 1994 Act, a registered trademark may be the subject of a security interest (referred to in England as a "pledge" and in Scotland as "security") in the same way as other personal or moveable property and the grant of a fixed or floating security interest in a mark is recordable at the British Trademark Office. see Lanning G. Bryer. An International Perspective of Intellectual Property Security Interests. INTERNATIONAL INTELLECTUAL PROPERTY LAW & POLICY［J］, Feb 24, 2014：40 – 7.

权利，方式是按揭（mortgage①）。此外，版权、设计依法可以转让和按揭。可见，英国法质押、按揭、担保等，功能等同于知识产权质权，皆是债的担保制度。在效力上，当债务人不履行债务时，债权人可依法对质物进行法律上的处分，如拍卖或变卖，以卖得价金受偿。②

（2）美国。

美国法律没有专利、商标、作品等知识产权如何设定担保的具体规定。但因涉及权利移转或权能限制，故关于知识产权担保的规定主要表现为知识产权权利移转的规范。③ 出于对知识产权价值的重视及其应用，《美国统一商法典》第九编以担保权益统摄各种动产担保形式，④ 由于知识产权被认为是不可占有的权利（动产），美国法上知识产权担保不得采用质权的形式，其他形式如让与、动产抵押、动产信托、信托契书、代办人留置权、附条件买卖、信托收据等皆可。⑤ 在法律效力上，赋予首先登记的担保权人优先受偿权。⑥ 由于知识产权担保债（交易）作用凸显，《美国统一商法典》首创的克服僵化地以担保物划分担保形式的做法，为其他国家所效仿。⑦

综上，知识产权质权制度的发展变迁，从罗马法信托让与担保的质权源流到世界两大法系主要国家和地区的立法规定，无论是大陆法之立法将其置于民法物权法之权利质权（德国、日本、我国台湾）、民法债法之担保（法

---

① The Patents Act of 1977 refers in clear terms to the possibility of taking a security interest in patents. It confirms that any patent, application for a patent or any right in a patent may be assigned or mortgaged, and it provides that a mortgage (as defined in Section 130 of that Act) will include a charge securing money or money's worth. Lanning G. Bryer. An International Perspective of Intellectual Property Security Interests. INTERNATIONAL INTELLECTUAL PROPERTY LAW & POLICY [J], Feb 24, 2014: 40 - 7

② 胡开忠. 权利质权制度研究 [M]. 北京：中国政法大学出版社，2004：28.

③ 例如，《美国专利法》第 261 条规定专利权转让；《美国商标法》第 10 条规定商标权转让；《美国版权法》第 204（a）、205（a）条规定著作权转让。

④ 在大陆法系国家，财产权利担保的形式有抵押、质押、财团抵押、让与担保等形式。而在英美法系，传统上采用财产负担（charge）、浮动担保（floating charge）、按揭（mortgage）等方式设定担保。这些担保形式设立条件不一，法律效力各异，有碍于快捷高效地开展融资担保。

⑤ UCC 9 - 102（2）.

⑥ UCC 9 - 206.

⑦ 一是为联合国贸易法委员会（UNCITRAL）《知识产权担保权补编》（2010）的借鉴。参见：UNCITRAL Legislative Guide on Secured Transactions Supplement on Security Rights in Intellectual Property。二是加拿大的 12 个省和地区中的 8 个；新西兰、墨西哥等动产担保交易法在概念上和结构上皆以美国 UCC 为范本。参见高圣平. 动产担保交易制度比较研究 [M]. 北京：中国人民大学出版社，2008：5.

国）；抑或是英美法归之为动产担保，具体由知识产权法律规定（英国）或进行相关规定（美国），无一不是依循知识产权质权（质押）是债（或债权、或债务）的担保，具有优先于其他普通债权受偿的法律效力（债的特别效力），如表8－2－2所示。

表8－2－2　知识产权质权制度发展变迁

进程阶段	法律体系		制度表观	制度本质
制度源流	罗马法		信托让与担保→动产质权→权利质权	债务担保，优先受偿
发展变迁	大陆法	法国	民法典：担保→物保→动产担保→无形动产质权 知识产权法典：知识产权质押	债的担保，优先受偿
		德国	民法典：物权→质权→权利质权担保设定 知识产权担保：采用质权方式，即知识产权质权	债的担保，优先受偿
		日本	民法典：物权→质权→权利质权 知识产权法律：各种知识产权质权 实务方式：知识产权抵押、让与担保	债权担保，优先受偿
		中国台湾	民法典：物权→质权→权利质权 知识产权法律：各种知识产权质押	债权担保，优先受偿
	英美法	英国	财产法：动产担保→质、留置、按揭、债务负担知识产权法律：知识产权质押、按揭、担保	债的担保，优位受偿
		美国	统一商法典：知识产权担保权 知识产权法律：知识产权移转规定，适用于担保	交易（债）的担保，优先受偿

因此，在未来，如果规定了知识产权担保权制度（涵摄知识产权质权制度），就无须重复规定知识产权担保制度（涵盖知识产权质押制度）。

（三）知识产权担保权的立法构想

1. 构想一：民法债法作一般性规定

首先，在体系上，质权、抵押权、留置权制度由民法物权编调至民法债编。知识产权质权是债的特别效力，且只有合同之债才涉及债的担保问题。

其位置是，民法——债编——债的总则或通则——债的担保——特别担保。债的担保，下设债的一般担保、债的特别担保。债的一般担保是指，以债务人的所有财产为责任财产的广义担保。债的特别担保是指，专门适用于合同之债的担保，包括人的担保（保证），物的担保（不动产担保与动产担保）以及权利担保。

其次，在名称上，采用权利概念，即质权、抵押权、留置权。这是基于两点考虑：一是知识产权质权的优先受偿效力，是由法律规定，而非当事人意定的，赋予其作为一种技术性民事权利而具有的法律后果。二是与现行《物权法》使用的质权、抵押权、留置权等立法概念在历史与实践中形成连贯。因此，不动产担保包括抵押权；动产担保包括抵押权、质权、留置权、定金；权利担保包括权利质权、权利抵押权、权利留置权。[①] 于此处需要特别说明的是权利留置权。对于留置权的立法定位，大陆法国家大致区分为债权的留置权与物权的留置权。前者指德国民法与法国民法上的留置权；后者指瑞士、日本及大陆民法上的留置权。英美法国家，留置权为担保权的一种。从实质上看，两大法系的留置权功能与质权、抵押权近似，都是旨在担保债的履行，留置权人有对留置客体变价受偿的优先效力。对于留置权的客体，综观各国立法例，有动产、不动产、有价证券。值得探讨的是：财产权利，可否成为留置权客体？即是否有留置权呢？有学者专门研究指出，可以设立权利质权的权利范围中的汇票、本票、支票、存款单、债券等。至于股权、可以转让的基金份额、知识产权中的财产权，则不可以。[②] 是否可以如此呢？从法学原理来看，既然前述三种类型的权利是质权客体，即移转占有（只是移转占有的公示方式可以是登记或交付权利证明凭证），而留置权与质权的功能近似，都是担保债的履行，有优先效力。区别在于，留置权的成立仅依法律的规定而产生，不受当事人意思表示一致这个约定条件的控制，只要一

---

① 权利质押与权利抵押的担保，相应地形成权利质权与权利抵押权，两者本质区别在于：收益控制权是否移转。权利质权须移转，权利抵押权无须移转。参见丘志乔. 对知识产权质押的澄清 [J]. 河北法学，2014（5）：77.

② 季伟明. 论《物权法》中留置权制度的解释适用与立法再完善 [D]. 吉林大学博士学位论文，2013：18.

国立法肯认即可。科技合同中委托开发合同是适用知识产权留置的典型领域。例如，某甲委托某乙开发计算机软件，约定某乙享有人身权，而某甲享有全部财产权。软件程序完成，某甲未能如约付款，某乙可以依法主张行使知识产权留置权。[①]

2. 构想二：知识产权法律的具体性规定

可以分两步来实现。第一步，近期的因应。修改现有的《著作权法》《专利法》《商标法》等知识产权法律及其实施条例等法律规定；修改知识产权质权或质押登记的程序规范。第二步，长期的规划。把知识产权担保权制度列入知识产权法总则制度，将来在知识产权法典中规定。

四、立法完善知识产权质押融资制度

（一）立法价值

坚持正义与利益的和谐统一。[②] 正义价值要求合理、公平地设置知识产权质押融资中债权人与债务人的权利义务，不能以债权安全为由，偏重于保护债权人，忽视保护债务人。利益价值要求，兼顾考虑债权人与债务人双方主体的利益，以及国家利益、社会利益。目前，知识产权质押融资存在的一个矛盾是：国家鼓励科技型中小企业积极地进行知识产权融资，但是，从政策中受益的中小企业数量明显偏低。在此，银行等金融机构作为债权人，主动服务于中小企业，适当地让渡经济利益是必要的。与此同时，登记程序繁杂且成本较高的问题有待相关登记机关克服部门利益之考虑提供便捷的登记服务。

（二）立法模式

在制定知识产权担保制度尚不成熟的目前阶段，补充修改现行的知识产权

---

① 留置权的成立需满足形式要件和实质要件。形式要件：须为登记且在登记之前，被留置的知识产权客体应处于保密状态。实质要件：第一，债权人须占有债务人的知识产权物质载体（如画作、软件程序、技术方案、商标图案）等，且对构成该知识产权的客体进行保密（一旦泄露或公开发表，则留置权消灭）。第二，债权人留置的知识产权物质载体，与债权属具有牵连关系（例如前例委托开发计算机软件，某乙留置的软件与其对某甲享有的软件程序报酬请求权具有牵连关系）。第三，债务人不履行到期债权。知识产权留置权人的权利：留置占有知识产权物质载体、请求偿还必要费用、优先受偿等。义务：善良管理、保管留置的知识产权客体等。

② 冯晓青. 知识产权法利益平衡理论 [M]. 北京：中国政法大学出版社，2010：29.

法律、担保物权法律是必然选择。① 内容包括：（1）扩大知识产权质押范围。《担保法》和《物权法》规定可作为质押担保的知识产权仅限于商标权、专利权以及著作权等知识产权中的财产权。依据我国与 WTO 签订的 TRIPS 协议，知识产权主要包括著作权及其相关权利、商标权、产地标示、工业设计、专利权、集成电路布局、商业秘密等，质押标的范围明显偏窄。（2）明确规范质押合同成立与质权成立。其中最重要的有两点：一是区分质押合同的生效与质权的成立。二是质权的成立顺应国际立法趋势：登记对抗主义，取代登记生效主义。

（三）完善质押登记程序规范

准确地说，应该是知识产权质权登记程序规范。实现路径是：统一现行知识产权质权登记的程序规范，包括统一名称，增加登记事项、登记期限、登记的优先效力等规定。即《著作权质权登记办法》《专利权质押登记办法》和《注册商标专用权质权登记程序规定》三部部门规章名称统一采用"质权登记程序规定"。理由是，一方面，这与民法债编采用权利质权等权利担保权概念一致；另一方面，质押是质权成立的债因行为，质押成立遵循合同成立的核心要件，当事人形成合意即可；但是质权的生效，是质押合同之债的特别效力，这种效力的产生，来自法律的规定，依循知识产权质权制度变迁的共同规律和趋势：登记为法定公示方式。因此，前述部门规章涉及的登记，是质权登记，而不是质押登记。再有，这与前述提及的著作权法、专利法、商标法、植物新品种条例、集成电路布图设计保护条例等增加的知识产权"担保权"也是相互衔接的。鉴于此，建议立法增加植物新品种的品种权质权、集成电路布图设计权质权，相应地，增加这两种质权的登记程序规范。

与此同时，三部部门规章②关于出质人、质权人的权利义务内容的设置与规定，不尽合理。③ 例如，更多地规定质权人的具体权利、事项；以及出质人的义务、事项；但却鲜有规定质权人义务、出质人权利。建议合理规定出质人和质权人的权利义务以维护法律公平。

---

① 丘志乔. 知识产权质押融资制度的立法完善 [J]. 特区经济，2011（4）：252.
② 分别是：《专利权质押登记办法（2010）》《著作权质权登记办法（2010）》《注册商标专用权质权登记程序规定（2009）》
③ 丘志乔. 知识产权质押融资制度的立法完善 [J]. 特区经济，2011（4）：253.

大陆现有法律对出质人处分权的限制，体现了对质权人利益的一种偏向，对于出质人而言，不尽公平。从理论上分析，知识产权出质后，出质人并未丧失对知识产权的处分权，相应地，其转让权应得到法律的许可。《物权法》第80条第2款、《担保法》第78条第2款明显限制出质人的权利，其目的不是促进财产流转而是为了清偿债务，功利主义突出，应按照私法平等的精神予以修改，公平对待知识产权质押中的双方当事人，体现双方主体法律地位平等，并且合理规定出质人和质权人的权利义务，如表8-2-3所示。

表8-2-3　出质人与质权人的权利义务

当事人 权利义务	出质人	质权人
权利	对出质知识产权的继续使用权；转让或许可他人使用其出质的知识产权；再出质权；对质权人的抗辩权；排除侵害和撤销质押登记的请求权等	质押知识产权受到侵害的请求权；质押知识产权的变价权；优先受偿权；转质权；处分权等
义务	在原范围继续使用出质的知识产权；转让许可不得损害质权人权利；再出质权须经先质权人的同意且不损害质权人权利；行使抗辩权须履行对质权人的通知；及时通知质权人排除侵害、及时向登记机关请求撤销质押登记等	行使再担保或赔偿的请求权须履行对出质人的通知；以合理方式行使变价、优先受偿权、处分权；转质须经出质人同意且仅在原有范围继续使用，致使出质人遭受损害应予赔偿等

在信息技术时代，登记与查询是互联网络最为基本的功能，在下文知识产权质押融资保障体系中，将专门探讨统一登记公示查询系统。

第三节　借鉴国外知识产权质押融资实践经验

就世界范围而言，发达国家的知识产权质押融资起步早，积累的经验较多，借鉴外国的经验对于进一步推广我国知识产权质押融资具有重要的意义。

一、国外知识产权质押融资模式

(一) 日本 DBJ 模式

日本人热爱发明享誉全球，日本企业非常重视知识产权保护和管理，认为知识产权是企业发展的支柱。日本企业基本设有知识产权管理部门，负责知识产权申请、管理、授权、转让等。日本是世界上最早推出知识产权质押融资的国家，在长期的知识产权担保融资开展过程中积累了丰富的经验，形成了自己的特色，值得借鉴。日本的知识产权质押融资具有鲜明的政府政策主导的特点。

在日本，提供知识识产权质押贷款的金融机构主要是政策投资银行 (Development Bank of Japan ，DBJ)，商业银行为辅。主要的贷款对象是融资难度大且知识产权相对集中的中小企业。融资企业向金融机构申请贷款，由法定的担保机构为贷款提供担保，企业将拥有的知识产权或者其他财产提供给法定的担保机构作为反担保。其中，该法定的政策性担保机构是日本信用保证协会。[①] 日本知识产权质押融资模式重点环节是知识产权价值评估，融资企业向政策投资银行提出贷款申请，银行对知识产权进行相关的调查、评价以及相关的经营情况，再由外部机构对知识产权进行价值评估。日本的律师、会计师和民间机构等也可以发挥评估机构的作用。在价值评估的基础上，由银行确定贷款额度，担保公司担保，银行再发放贷款。在日本，知识产权质押贷款额度较高，一般会超过评估价值的 50%。当企业无法偿还到期的债务时，由日本信用保证协会向银行清偿剩余的债务。[②] 协会再与企业协商，收回代偿的款项。日本 DBJ 模式如图 8 - 3 - 1 所示。

[①] 1953 年日本颁布的《信用保证协会法》规定，信用保证协会的性质是政策性金融机构，宗旨是为企业提供担保，通过信用加强提高企业的融资能力大幅降低银行风险，其不以盈利为目的，资金由政府财政支付。李希义. 日本政策投资银行开展知识产权质押贷款的做法和启示 [J]. 中国科技论坛，2011 (7)：149.

[②] 杨莲芬，董晓安. 日本知识产权质押融资的启示 [J]. 浙江经济，2012 (14)：44 - 45.

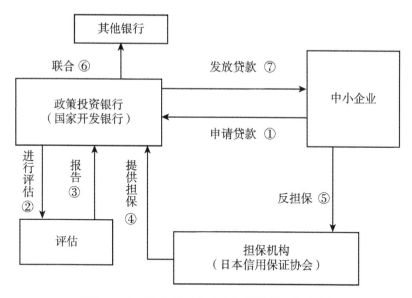

图 8 - 3 - 1 日本 DBJ 知识产权质押融资模式流程

日本 DBJ 模式下，风险分散和贷后管理具有特色经验。一方面，鉴于知识产权质押贷款的风险较大，如果完全由一家银行提供贷款的话，银行所承担的风险比较大，为了降低知识产权担保贷款业务的风险。在 DBJ 发放知识产权质押贷款时，往往与其他金融机构合作共同为一家企业提供知识产权质押贷款，共同承担风险和分享收益。① 由于 DBJ 知识产权质押贷款规模较大，操作业务和控制风险经验丰富，其他金融机构乐意与 DBJ 合作。DBJ 在促进知识产权质押贷款的开展，客观上起到组织协调作用。另一方面，为应对专业知识产权的评估和贷后的管理难题，2006 年 7 月，日本开发银行与美国高登兄弟公司合作，设立高登兄弟日本公司，主要负责日本开发银行的相关的资产评估和管理工作，包括对知识产权担保融资中出质的知识产权标的之评估以及对于贷后的该标的的管理。得益于融资风险有效管控，日本知识产权质押融资金融业务蓬勃发展。

（二）韩国联合融资模式

和中国一样，韩国的中小企业为数众多。资料显示：中小企业约占韩国

---

① 李希义. 日本政策投资银行开展知识产权质押贷款的做法和启示 [J]. 中国科技论坛，2011 (7)：150.

企业总数的95%，提供80%的就业岗位，是韩国经济及社会稳定的坚实根基。同样地，韩国的中小企业在创业、成长、发展的过程中，同样受到"融资难、人才难、研发难、销路难"等问题困扰。韩国为了迎接知识经济时代的到来以及提升技术发展的成效，2000年通过了《技术转移促进法》，推进科技成果的转化，为了科技型的企业更加容易获得所需的资金，而形成了一套融资机制。韩国在扶持中小企业发展方面，创造出知识产权质押联合融资的模式，如图8-3-2所示。

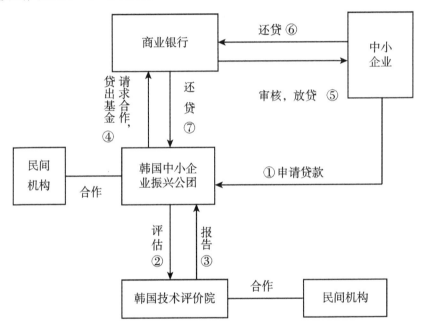

图8-3-2 韩国知识产权质押联合融资模式流程

韩国模式的特点：官民携手，共同推进建立的机制。一方面，韩国政府对知识产权担保融资的参与度很高，从申请、评价到资金注入。政府设立各种企业基金，使多数的中小企业受惠，形成一种有效的长期的机制。同时，政府为了不影响民间机构的能力和自律性，不采取直接干涉的方式，而是扮演着支持者和合作者的角色①。另一方面，民间机构参与度比较高，政府的

① 韩国这样破解中小企业融资难题［DB/OL］［2016-04-26］. http：//money. 163. com/08/1013/10/4O4JEN5S00251HJP. html.

政策旨在激励且充分发挥它们的资源和能力，使中小企业通过市场调节功能自主提高自身竞争力，持续发展。早在 2008 年 7 月，已有 3000 亿韩元来自民间金融机构的资金，向技术创新型企业进行了投资，建立由民间金融资金和政府政策资金共同支持的联合融资（Co - Finance）模式，扩大知识产权产业化的资金供给。

韩国联合融资模式，源于 1976 年依据韩国《信用保证基金法》成立韩国信用保证协会，[①] 帮助解决中小企业资金短缺问题。1979 年成立"韩国中小企业振兴公团"[②]，由政府财政预算支持，主要任务是以金融支持中小企业；以信用的方式提供政策性资金贷款，民间银行提供相应的资金支持；[③] 实现官民合作对中小企业的融资支持。目前，该机构已经成为韩国中小企业国际化的重要帮手。

韩国联合融资模式因应知识产权价值评估需要，采取以下做法：一般情况下，由产业资源部和韩国技术评价院来评价中小企业拥有的知识产权。韩国政府为了促进民间金融机构的"技术融资"，2006 年开始强化民间技术评估能力，设计并普及企业的技术评价模型。企业根据评估的结果向技术担保事业银行申请技术担保融资，以知识产权担保的融资期限一般为五年。此外，韩国是亚洲较早开展中小企业信用担保的国家，是继日本之后亚洲第二个建立信用担保体系的国家，负责为缺乏担保品的企业提供信用担保。为推动知识产权质押融资，韩国政府成立相关的信用担保机构，如兴勃投资公司和兴勃租赁公司等，[④] 形成了信用担保、投资基金、融资租赁等基本手段相配套，主要服务于中小企业的综合支持系统。

---

① 是以扶持中小企业发展为宗旨的公共信用保证机构。旨在为有发展前途，但缺乏有形抵押品从金融机构获得资金的工商企业提供负债担保，有效管理和利用信用咨询促进正常的信用交易，加速国民经济均衡发展。

② 该公团是面向韩国广大中小企业的民间经济团体，隶属于韩国中小企业厅，主要靠国家财政运营。通过执行国家中小企业发展基金，对中小企业结构调整、兼并联合、投资新技术、开发新产品、进行风险创业和解决经营危机等提供资金支援。http：//www.ccpitjs.org/Article/ShowInfo.asp?ID=9796.

③ 韩国这样破解中小企业融资难题 [DB/OL]［2016－04－26］.http：//money.163.com/08/1013/10/4O4JEN5S00251HJP.html.

④ 蔡真.韩国信用担保机构的运作及对中国的启示 [J].银行家，2008（12）：94.

(三) 美国成熟模式

美国是知识产权大国且担保法律制度是世界先驱。知识产权的融资担保业务开展比较早。知识产权融资的运作和实践颇有成效，形成较完善的知识产权融资机制。美国知识产权担保融资普遍活跃，根本原因是社会接受知识产权作为无形资产的应有价值；且无形资产评估水平较高、具有公信力。[①]美国知识产权融资担保实践经验值得国内研究与借鉴。

美国知识产权担保融资机制的相对成熟表现在以下两个方面。

一方面，美国以市场为导向，建立多元化的融资机制。市场是"无形的手"，按照供求关系灵活调整，可以降低知识产权融资成本，提高融资效率，达到资源优化配置的目的。美国的知识产权融资主要有"证券化、信托、融资担保"三种机制。[②] 三种融资机制相互作用，为企业融资解决资金瓶颈问题提供最大限度的支持。例如，当企业的知识产权价值较高，易于为金融机构接受时，它可以直接用知识产权作为担保物，快捷地获得资金。对此，《美国统一商法典》规定得比较详细：知识产权被归之为无体财产权，是动产担保物的类型之一；以担保权（security interest）这一概念统摄担保形式，让与、动产抵押、动产信托、信托契据、代理人留置权、附条件买卖、信托收据等。[③]

另一方面，美国政府的财政和政策支持主要面向中小企业。为此，美国政府设立了中小企业局[④]（Small Business Administration，简称SBA），它是为鼓励和扶持小型企业发展而设立的机构，涉及的业务主要是贷款担保。通过提供信用保证的形式提高创业公司的信用度、帮助小企业获得银行的贷款。SBA并不直接向企业发放贷款，它的性质实质是一个中介。SBA更多的是鼓励双方通过市场化的角度进行商业信贷活动，只是在原有企业自行提供担保

---

① uan – Thao Nguyen，Collateralizing Intellectual Property ［J］．Georgia Law Review，2007 (42)：16.

② 谢黎伟．美国的知识产权融资机制及其启示 ［J］．科技进步与对策，2010 (24)：40 – 44.

③ UCC 9 – 109 (b).

④ 1953 年 7 月 30 日，中小企业法案颁布，国会正式成立 SBA，它是美国政府的一个独立机构，职能是"竭尽所能援助、咨询、协助和保护中小企业的利益"。在玉茹．知识产权质押融资热的冷思考——基于我国中小企业融资模式与美国 SBA 模式比较研究 ［J］．电子知识产权，2010，11：48 – 49.

的基础上在进行信用的加强。在提供相关的评估和贷后管理的信息服务上，SBA 不遗余力，助力贷款企业和商业银行摸索出市场化的知识产权融资担保模式，如图 8 - 3 - 3 所示。

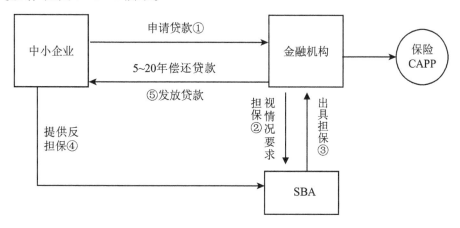

图 8 - 3 - 3 美国知识产权融资模式流程

美国知识产权融资担保模式操作流程如下：企业向银行提出贷款要求，银行根据情况决定是直接贷款还是因申请存在瑕疵而需要 SBA 提供担保才能发放贷款，还款期限一般是 5 ~ 20 年。SBA 向银行担保，保证企业到期不履行还款义务或者拖欠，由其补偿损失，上限是 SBA 与银行约定的担保比率，而企业则用知识产权或者其他财产作为反担保给 SBA。从本质上看 SBA 即为政府担保机构。

为了降低融资风险和成本，美国着力健全配套机制。美国业界推出知识产权保险，缓解金融机构为知识产权的后顾之忧，为融资担保模式有效运行提供保障机制。因应债务人不能履行债务时债权人如何处理知识产权担保物这个难题，美国业界在知识产权担保物变现阶段推出知识产权融资保证资产收购价格机制①（Certified Asset Purchasing Price，简称 CAPP）。其主要内容

---

① M - CAM 金融成为全球资本市场中首家以无形资产作为抵押基础的金融机构。M - CAM 将以知识产权为基础的资产认证、精算模型和金融产品多元化进行整合，为世界各国的企业提供金融咨询。"保证资产收购价格"机制是 M - CAM 公司在 2000 年所发展的一种新的融资模式，不过并不是直接由 M - CAM 提供资金，而是由 M - CAM 提供的一种新型保证。参见刘运华. 专利权质押贷款的困境与出路 [J]. 中南大学学报（社会科学版），2010，06：58 - 63

是：允许提供贷款的金融机构在行使担保权处分担保物时，将知识产权以预定的价格售予 M – CAM 公司，对金融机构的购买和价格作出保证，解决担保物变现难的难题。[①]

二、国外主要模式的经验

美、日、韩等发达国家的知识产权担保融资实践为我国知识产权质押融资提供很多可借鉴的经验。梳理和概括其主要做法，结合我国的实际，改善我国的知识产权担保融资的现状主要有以下经验。

（一）健全立法

美国动产担保交易法一直引领着世界动产担保立法的潮流。作为知识产权大国，知识产权的担保融资活动的规模和范围一直在世界领先，除了得益于其发达的经济和科技，还得益于其现代化的融资担保法律制度，集大成者便是《美国统一商法典》关于知识产权担保与交易的规定。日本的做法是将知识产权担保归在权利质权，在民法典物权法作一般规定，具体的规范在各知识产权特别法中加以规定。韩国在 2011 年施行《知识产权基本法》，[②] 规定知识产权创造、保护、管理及应用，将知识产权担保融资置于知识产权应用之中。

（二）由专门机构负责，分工明确

如美国的中小企业局（SBA），日本的政策投资银行（DBJ）、信用保证协会，韩国的中小企业振兴公团等，在知识产权担保融资中各司其职，担任不可或缺的角色，起着重要的组织和协调作用，为知识产权担保融资顺利进行提供了重要的保障。

（三）完善的风险分散机制和保障体系

基于知识产权的特性，知识产权作为担保品具有高风险。如何分散风险

---

① 周天泰. 知识产权融资的法治研究与建议 [D]. 华东政法学院博士学位论文，2006：126.
② 该法总共40条，主要内容：每5年建立《国家知识产权基本计划》，每年建立《国家知识产权施行计划》；设立"国家知识产权委员会"；中央政府和地方政府运用的"知识产权政策责任官"；知识产权的创造支援、保护强化、纠纷解决、活用促进等。

而从中受益成为知识产权担保融资的难点之一。美国利用保证资产收购价格机制、知识产权保险等制度举措；日本、韩国与美国类似，建立信用证保证协会、中小企业信用担保基金等配套措施，降低融资风险和成本。与此同时，美、日、韩三国注重发展和完备知识产权评估体系，无论是民间抑或是官民联合；且知识产权交易市场相对发达，知识产权变现难的风险得以较好化解。

第四节　构建我国知识产权质押融资保障体系

因国内知识产权质押融资存在的评估难、风险高、处置难等主要现实问题，应采取相应的措施，完善相关配套制度。

一、规范统一的评估体系

（一）建立权威评估机构

韩国设立"技术财务支持集团"（是 KIBO、KIST、KISTI、KTTC、KIPA、KDB 和 ETRI 的统称）负责专利技术等知识产权价值评估。美、日两国设立专责担保资产评估公司。美国的高登兄弟集团（Cordon Brothers Group），不仅于美国本土且与日本开发银行合作，建立了高登兄弟日本公司（Gordon Brother & Japan Co.，Ltd.），为担保的知识产权提供评估服务。美、日、韩三国的做法可资参考。广东省佛山市南海区组建的"知识产权质押融资专家数据库"，可为出质人和银行合意确定评估小组提供方便，值得推广。诚然，需明确评估人员法律责任，以保障当事人的合法权益。知识产权担保融资不同于传统的动产质押贷款，需要专业中介机构的深度参与，如资产评估公司、律师事务所、资产管理公司等机构。目前，我国的这类中介公司的服务水平有待加强。如前所述，美、日等国家都通过设立专业的担保资产评估机构来承担这一职责。我国广东南海模式的"知识产权质押融资专家数据库"能够提供注册资产评估师、相关行业的技术专家、相关法律专家等专业资源，为企业和银行确定评估小组提供了方便。针对不同的知识产权种类制定不同的评估规范。在知识产权担保融资项目管理上建立"知识产权担保融资项目动态管理数据库"，为担保融资的环节提供动态信息，提高该项业务的透明度。另外，加强知识产权价值评估的专业人才的培养。专业型、高层次、多元化的人才是我国当前所需要的。

（二）制定科学的知识产权评估规范

2009 年，中国资产评估协会制定了《专利技术资产评估指导意见》，其他不同类型的知识产权评估规则仍待制定。2015 年最新的消息，中国人大网公布经过调整的《十二届全国人大常委会立法规划》，资产评估法列入第一类立法项目并已提请审议。① 属于无形资产的知识产权，其评估的立法完善，尤其是评估规范与具体规则，亟待业界深入研究且最终制定，为科学、规范评估知识产权价值提供必要的规则和标准。

二、统一登记公示查询系统

在互联网信息技术迅猛发展的时代，可考虑采取电子登记方式，供潜在质权人及公众查询。美国②和加拿大③两国，均建立了统一且有效的登记制度。旨在解决由何机构登记以及如何登记，担保权益公示的内容有哪些，如何确定优先权，以及担保权益所覆盖的具体资产有哪些等问题。其做法是：以成文法的形式建立包括商标权在内的知识产权担保权益登记系统，支持在线搜索。其适用范围包括所有权转让、授权或者应用授权的权益。适用规则：系统严格按照登记优先（登记在先者享有优先权）规则确定其优先权，即登记的让与优先于未登记的让与。登记是知识产权质押的重要问题之一，完善的登记制度，有利于知识产权质押的广泛应用。综上，美、加两国的有益实践可资借鉴。

---

① 王子林. 评估立法是促进评估行业健康发展的基石 [N]. 中国财经报网，2015 – 08 – 17.

② Permanent Editorial Board for the Uniform Commercial Code, Uniform Commercial Code Article 9: Report（1992）.

③ 《加拿大魁北克民法》第 2663、2696、2941 条。转引自谢在全. 动产担保制度之最近发展（上）[DB/OL]. 中国民商法网.

三、健全多方参与风险防范机制

(一) 确立知识产权变动的登记公示模式

知识产权的变动,包括知识产权的发生、变更及消灭。目前,世界各国包括我国,知识产权制度重在规制知识产权静态归属,即知识产权权利归属。市场经济中,知识产权交易频繁发生,交易安全问题相伴随;静的安全制度不足以适应经济发展的需要,知识产权变动的公示成为必要。知识产权质押以知识产权出质设定担保,涉及知识产权变动。《物权法》规定"质权自出质人向质权人移转质物的占有时设定","质权自登记之日设定","质押合同自合同成立之日生效,但法律另有规定或者当事人另有约定的,依其规定或者约定"。即把质押合同生效与质权的生效区分开来,质押合同自合同成立之日生效,质权自出质人向质权人移转质物的占有或登记之日设定。纠正了《担保法》中将质押合同生效要件等同于质权生效要件的不合理规定,值得肯定。但是,与知识产权质押密切相关的知识产权的有偿取得、许可转让等知识产权变动,《著作权法》《专利法》《商标法》等并无明确规定。知识产权权利人发生变更得为登记;未经登记,不产生对抗第三人的效力。[①] 如果出质人到期不能清偿债务,质权人意欲通过许可、转让等方式实现债权,则于知识产权质权受让人、被许可人等善意第三人而言,他们代表交易秩序,对他们的保护就是对交易安全的保护;确立知识产权变动登记公示模式十分必要。将来修改《著作权法》《专利法》《商标法》等法律时,应予补充完善,明确规定知识产权的许可、转让,包括著作权、专利权和商标权等许可与转让,与知识产权质押一样,采取登记对抗主义的知识产权变动公示模式。[②]

[①] 《美国统一商法典》第九编明确区分知识产权担保设立与对抗第三人的效力,知识产权担保采取登记对抗主义。即知识产权担保的设立仅仅是在协议的当事人之间产生可执行力,而要对第三人产生效力,知识产权担保还必须登记,以公示担保权的存在,否则不能对抗其他的债权人或担保权人。See Permanent Editorial Board for the Uniform Commercial Code, Uniform Commercial Code Article 9: Report (1992), § 9 - 203 (b)、9 - 308 comment 2.

[②] 丘志乔. 法价值视阈下对知识产权质押制度的反思与重构 [J]. 暨南学报 (哲学社会科学版), 2013 (8): 85.

（二）大力发展担保机构

实践中，担保机构与银行业金融机构合作不对等，再担保风险分担机制尚未建立和完善。担保机构普遍反映与银行难以建立地位平等、互利双赢、风险共担的合作关系。完善风险分担机制，遵循有利益必有风险，利益与风险共存。通过政府的知识产权担保基金设立政策性担保机构为企业贷款提供政府信用担保。目前，中小企业商业信用担保机构数量还不足以适应中小企业融资需求，也没有形成一个良性的竞争形态。借鉴美日韩经验，为使我国知识产权质押融资制度健康发展，国家应依法建立专门的信用担保机构，以法律形式保障专项担保基金的来源。假如中小企业在动产进行质押融资出现信用不足时，可由信用担保机构或担保基金为其提供担保，[①] 并且以法律的形式来保障担保基金的来源。在充分发挥政策性担保机构的引导和示范作用的基础上，努力将信用担保机构转向市场化，同时积极组建民营资本参与的科技担保公司。现在适逢发展的良好契机：经李克强总理签批，国务院于2015年8月13日印发《关于促进融资担保行业加快发展的意见》，系统规划促进融资担保行业加快发展。[②]

（三）发展知识产权保险

知识产权自身的风险是阻碍知识产权融资顺利进行的一个因素。权利归属不清晰引发知识产权侵权争议，会给参与融资的各方带来潜在风险。权利人如果怠于使用知识产权在某种程度上也造成知识产权贬值。如果在充分利用知识产权的价值和使用价值之前，采取一定的防范措施，一旦争议发生，也能减轻损失，知识产权保险恰能驾驭起这个重任。[③] 知识产权保险是以知识产权本身和知识产权的侵权赔偿责任为标的的保险。在西方发达国家，知识产权保险制度大量存在，一般包括：知识产权执行险，以第三人对被保险人知识产权的侵犯为前提，承保的一般是被保险人因诉讼而支出的必要的诉

---

① 丘志乔．知识产权质押融资保障体系的构建 [J]．金融与经济，2011（9）：21.

② 于士航．国务院印发《关于促进融资担保行业加快发展的意见》[DB/OL] [2016 - 04 - 26]．http：//www. gov. cn/xinwen/2015 - 08/13/content_ 2912234. htm.

③ 李劲松．加快发展我国知识产权保险制度 [N]．光明日报，2013 - 08 - 26.

讼费用；知识产权侵权责任险，承保的是被保险人因该知识产权侵犯了他人知识产权而承担赔偿责任。我国已于 2012 年 12 月开始进行专利保险试点实践，有待凝练有益经验与现实不足。① 知识产权保险如何与知识产权质押融资有效融合？这是理论和实践亟待回答的问题。以下几点认识很重要：知识产权保险能有效分散风险，但并不能解决所有问题，债务人无法偿还贷款的风险不能单独由知识产权保险解决；我国亟待建立一个国家层面的知识产权担保融资的专门保险机构，来推动此项工作；金融机构向企业提供贷款，可以向此类保险机构就债权不能实现的风险投保；同时，该类保险机构还可以对信用担保机构开办信用保险业务，分散担保机构的经营风险；此类保险机构数量和规模应逐步在市场推广。

（四）健全风险防范机制

一方面，完善出质期间的风险控制制度。包括：构建全国性的知识产权动态数据库，质权人得以对出质知识产权的变动行使监督权；在出质的知识产权价值可能降低时，质权人有权要求增加担保；若出质人予以拒绝，该行为构成违约，应承担违约责任；同时，质权人有权拍卖、变卖质物，并与出质人协议将拍卖、变卖所得的价款优先清偿或者提存，保障质权人实现债权。另一方面，构建多方参与的风险防范机制。发挥政府、风投公司、保险公司、担保机构、评估机构等多方主体的作用，建构综合型风险保障模式。保险公司、担保机构、第三方权威评估机构等都纳入知识产权质押风险保障体系，形成担保机构提供再担保、权威机构评估、保险公司承保理赔的综合型模式，制定知识产权质押融资资格标准、保险机构介入知识产权质押融资分散风险等。② 和传统的有形的资产担保相比，知识产权质押融资存在较大的风险，因知识产权自身的风险、估价的不确定、融资参与的多方主体未尽到审慎义务都可能导致知识产权融资的失利。本着利益共享、风险共担的精神，需要建立一个严格的责任制度。责任比例按照各方在企业融资中所起的作用、所获利益确定。当债务人无力按约偿还贷款，由担保公司按约定承担担保责任，

① 潘灿君，于世忠. 我国推行专利保险制度的问题与思考 [J]. 行政与法，2015 (5)：38.
② 丘志乔. 知识产权质押融资保障体系的构建 [J]. 金融与经济，2011 (9)：22.

再由担保公司调查是评估环节还是债务人自身原因等，之后向相关的责任主体追偿，将一部分风险转移到其他参与主体。风险分担、责任分担的做法可以减轻金融机构的压力。

政府主要通过财政扶持设立知识产权质押保证基金来加强对出质人的担保。风投公司、风险基金等投资参与知识产权交易市场，促进知识产权价值的变现与实现，以保障债权安全。至于银行方面，关键是创新贷款方式。当前，国内银行开展知识产权质押贷款业务的时间比较短，各家商业银行开展知识产权质押贷款业务基本上还处于探索阶段，采取的措施和方法不尽相同，基本上是各家银行独立操作实施这项业务，还没有银行联合开展知识产权质押贷款业务的，没有发挥多家银行在项目筛选价值评估和风险分担上面的合作优势。鉴于日本 DBJ 的成功经验，建议多家银行合作，采用银团贷款①方式开展知识产权质押贷款业务，发挥多家银行的积极性和联合优势，共同促进国内知识产权质押贷款业务开展。

四、建设知识产权公开交易市场

知识产权质物处置与质权实现离不开知识产权拍卖、交易。知识产权交易是企业实现知识产权优化配置及其价值最大化的主要途径。② 知识产权交易必须依托市场进行，建设知识产权投融资交易平台、重组优化信用担保机构、担保公司，以其再担保、反担保功能保障知识产权质物处置与质权实现。

在知识产权质押融资试点实践中，试点城市进行了一系列的有益探索和尝试，积累了有益经验。例如，上海浦东建设的版权交易中心；广东南海建设的知识产权投融资交易平台；广州市建设的南方文化产权交易所；天津市滨海国际知识产权交易平台等。纵观现有的知识产权交易市场发展现状，未

---

① 银团贷款，是指五家以上的国际商业银行按照法定或者约定的方式，联合向借款人协议提供数额较大的国际贷款。参见郭寿康，赵秀文. 国际经济法（第三版）［M］. 北京：中国人民大学出版社，2006：278. 此处"借"这一概念指国内银行的联合贷款。

② 杨智杰，任凤珍，孟亚明. 企业知识产权运营与交易市场建设［N］. 光明日报，2013 – 10 – 16.

来知识产权交易市场建设应以系统论为指导，逐步推进知识产权交易市场的规范化和现代化，形成全国性统一、开放、竞争、有序的产权交易市场。

宏观层面，须加快政府机构职能转换，厘清政府与企业关系，合理定位政府与企业角色，消除政府对企业知识产权交易过程中的不必要的行政干预，逐步建立和形成以市场为依托的新机制。微观层面，按照市场经济要求，逐步建立和完善知识产权市场体系。完善和健全企业知识产权交易市场内部组织、自由选择进入不同类型的市场，实现企业知识产权的商品化和证券化。企业知识产权交易，实质上是财产所有权的交易，关系到所有利益相关者利益，须建立有序的公平交易、公平竞争、合法经营的市场基础，加强企业知识产权市场体系建设，设定明确的目标模式。此外，按照规范的企业知识产权市场体系要求，确立企业知识产权市场的交易原则、运行机制和工作程序。

关于我国统一的知识产权交易市场的未来构想：首先，它是开放的市场。开放性应体现在其对内对外两个方面：促进资源在国内的优化配置和在世界范围内的合理流动。其次，它是竞争的市场。包含国内竞争、国际竞争、企业之间的竞争和各交易机构之间的竞争，是在国家政策法规指导下的有序竞争。再次，它是公平的市场。交易"公开、公平、公正"，是"法律规范，政府监管，行业自律"的规范公平的市场。最后，它是信息化市场。为提高交易效率，须统一开发软件系统，便于全国联网，对接国际。伴随世界经济一体化，区域经济与国家经济之间的冲突日益激烈，知识产权领域尤为凸显。国家是知识产权交易和博弈主体，企业是国家经济的微观基础，其知识产权交易须服从和服务于国家知识产权战略，除关注企业自身利益，还要注意保护国家利益。企业知识产权交易法制化，需要积极借鉴国际惯例，处理好国际化与国家化的关系。

五、健全完善我国知识产权质押融资模式

在完善相关立法以及配套保障体系的基础上，健全完善我国知识产权质押融资模式。这种相对完善的知识产权质押融资模式的组成包括政府的特定机构、银行、企业、中介服务共同参与，形成由政府引导并适当参与、市场

化运作且风险共担的制度。其具体流程：（1）需要申请融资的企业自动向政府的特定机构申请信用评级，企业向银行提出贷款申请时由政府特定机构向银行出示该企业的信用等级意见书，帮助银行决定是否贷款。（2）银行请专业的律师事务所、资产评估公司对知识产权作出价值评估、法律状态评估，并且约定责任承担的比例。（3）如果符合放贷条件，银行可以要求企业提供第三方的担保（主要是政策性担保公司），并且约定责任承担的比例，融资企业的法定代表或者以其个人财产反担保给担保机构，督促企业良好经营，防止融资诈骗；接受贷款申请的银行可以联合其他的银行接受该笔业务（若数额大）。（4）企业以其各自主知识产权进行投保（保险公司），购置保险险种。（5）办理质权登记等相关手续后，银行发放贷款。若企业未按期还贷，担保机构按约定承担责任，银行可以处置设定质押的知识产权，通过知识产权交易拍卖或变卖。（6）由银行负责贷后管理，企业予以必要的配合，如图8－4－1所示。

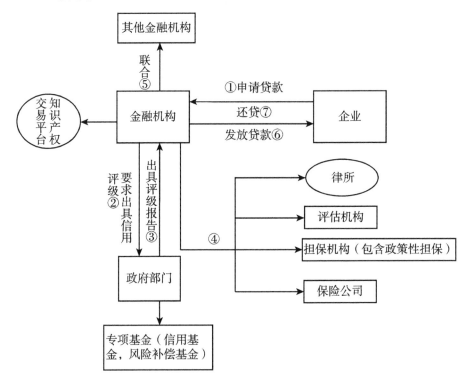

图 8－4－1　我国知识产权质押融资新型模式

第五节　建设知识产权法治文化

一、在全社会营造重视知识产权的氛围和环境

通过宣传，普及知识产权知识，在全社会形成尊重知识、崇尚创新，提高全社会对知识产权的认知度。可借鉴香港行之有效的做法，采取生动丰富的方式，如漫画、图册、宣传片，让知识产权基本知识、知识产权作为无形资产的价值等意识和观念深入人心。

二、培育知识产权文化

国家知识产权局前局长田力普曾这样说："我们建设创新型国家，走自主创新道路，最重要的是培育知识产权文化，就是说每个公民都要认为知识产品和物质产品一样，应该受到尊重，受到保护。"① 除此之外，通过知识产权的商业化应用、科技成果的产业化，让知识产权价值受到人们普遍尊重和认可，知识产权文化是发展知识产权事业的长远之计。

三、加强复合型人才培养

重点是培养兼具法学与知识产权、经济学、管理学等交叉学科知识的知识产权复合型人才，尤其是知识产权质押融资亟须的掌握和了解知识产权应用、推广、营销、运营等人才。这种知识产权复合型专业人才的培养方案主要有以下几种。

（一）专业教育方案

根据现有的教学资源，除了依托现行法学专业基础设置的知识产权专业外，可以在经济学或者管理学等学科博士点、硕士点的高校设置知识产权经济、知识产权管理专业或方向的博士、硕士招生计划。由于博士、硕士的招

---

① 李群. 文化建设：加大宣传力度营造良好氛围，知识产权报 [N]，2013 - 04 - 26.

生数量和规模有限，作为高校的受教育主体，仍以本科教育为主要对象的实际情况，可以考虑在管理学、经济学等学科设知识产权管理、知识产权经济方向，学制 4 年，毕业后授予管理学或经济学或法学学士学位。生源从高考中的理科学生中优先录取一批学生修读本专业，对象是具有理科背景，优势比较明显。主要课程设置分为三块：（1）法学基础理论课程。民法学、民事诉讼法学、刑法学、刑事诉讼法学、法理学、仲裁与公证、知识产权法学等。（2）经济学或管理学基础。经济学、管理学、知识产权经济学概论、知识产权管理学概论、知识产权营销学原理、知识产权贸易原理等。（3）知识产权课程。知识产权法总论、专利法、商标法、著作权法、商业秘密法、电子商务法、对外贸易法。其中，知识产权法学是必修课之一，外加知识产权法务、知识产权运营实习、知识产权文献检索、模拟营销、实例研讨等实务课程。

这样设置的培养目标在于培养知识产权营销专业人才，能在国家机关、企事业单位、咨询服务机构、律师事务所等单位从事知识产权应用、推广、营销、运营等工作。专业设置可行性的重要考虑因素是设置知识产权营销专业的高校拥有适应综合性、应用型的法学、经济学、管理学学科交叉背景及优势。从知识结构上来看，专业课程的设置满足知识产权营销专业人才需要的复合科技、管理、法学、经济学、管理学等知识的需求，培养方向上能够做到理论与实务结合，更突出专业人才的应用性，适应社会的需求。

（二）双学位教育方案

在高校现有法学双学位、经济学双学位、管理学双学位的基础上，开设以平均学分绩点在 2.6 以上（学业平均成绩在 78 分以上①）的高校理工类、管理类、经济类专业二年级的学生为教学对象的法学（知识产权方向）或经济学（知识产权经济方向）、管理学（知识产权管理方向）双学位，鼓励符合条件的理工科学院或法学院二年级学生报读；学制三年，学生修读完规定的课程并获得相应的学分，经过专业实习和毕业实习合格后即可授予法学与经济学或管理学学士双学位。

---

① 《广东工业大学教务处双学位报名条件规定》。其他高校对双学位学生的报读资格或条件也多以相似的学业成绩绩点或平均分来予以规定。

第六节　全面总结实践经验与深入推广

截至 2013 年年底，国家知识产权局自 2008 年起连续三年分别部署三批共 16 个城市的知识产权质押融资，3 年的试点期限已全部届满。2011～2013 年陆续开展知识产权质押融资实践的省市，也正在进行实践经验的总结和成效的分析。鉴于试点的城市分布在我国华北、华东、华南、中部、西部地区，各地的经济发展水平、经济资源分布、经济特色优势，知识产权工作水平各有千秋，这些因素无疑会影响、制约抑或是推动或促进知识产权质押融资的开展。于是，全面、客观地评估和评价某一试点城市、全部试点城市以及全国所有开展知识产权质押融资工作的 29 个地区总体情况、取得成效、存在问题、有益经验、不足以及未来改进措施等，十分必要且非常重要。毕竟，知识产权融资是世界经济发展的未来方向。① 我国对此项业务的开展，短期来看，将直接促进我国"十二·五"期间的知识产权工作事业的发展和进步；中长期来看，将有助于实现或提前实现国家知识产权战略中制定的 2020 年目标；长远来看，是我国实现由知识产权大国向知识产权强国，实现中华民族繁荣富强的"中国梦"的必要过程和环节。其有效的实践模式、典型的案例经验，无疑为国际上知识产权担保交易的实践提供丰富、具体的内容和实证材料。因此，从中央到地方的各级政府、银行、中小企、中介机构、社会公众等，应多元联动，积极支持国家此项创新实践。

---

① UNCITRAL Legislative Guide on Secured Transactions Supplement on Security Rights in Intellectual Property［OL］［2016 - 04 - 26］，http：//www. uncitral. org/pdf/chinese/texts/security/10 - 57125_ Ebook_ Suppl_ SR_ IP_ c. pdf.

结　论

　　国家知识产权局部署的知识产权质押融资试点工作已取得积极成效。在知识产权质押融资的总金额与质押登记的知识产权数量、融资程序、融资模式、融资环境及各批次试点城市现状中得以体现和反映。作为世界性的新课题之一，也是我国进行的知识产权应用实践的重大举措之一，知识产权质押融资试点实践面临着评估难、风险高、处置难等现实问题。针对既存的主要现实问题，采用法律文化的研究视角，结合构成法律文化的法律意识、法律思想、法律规范、法律制度和法律实践等五个面向，归纳出主要现实问题的具体表现是：知识产权价值评估难、质权登记程序繁杂、知识产权风险管控难、知识产权质权实现难、中小企业融资难等。

　　剖析其成因，具体表现在：法律意识成因，如人们的知识产权意识仍待提高；社会普遍重视有形财产多于无形财产；银行重资金安全胜于金融创新等观念。法律思想成因，如偏重知识产权创造多于应用；优先考虑抵押担保；偏重保护债权人多于债务人等。法律规范成因，如知识产权法律中欠缺知识产权质押具体规范；担保物权法律中知识产权质押、知识产权质权规定过于原则，实践操作性不强；商业银行法律规范偏重资本安全。法律制度成因，如我国尚未有知识产权统一法，尚未有知识产权质权、抵押权、留置权等知识产权担保权制度等。法律实践成因，如实践时间不长仍待摸索；社会公众普遍接受这一新生事物需要更多时间；创新实践亟待总结经验和教训，克服和解决现实难题等。

　　在实证分析研究的基础上，提出完善我国知识产权质押融资的法律方案。主要内容包括总体思路、基本原则、建构国内知识产权担保权制度、立法完善知识产权质押融资制度、健全知识产权质押融资保障体系、建设知识产权法治文化、全面总结知识产权质押融资经验且做进一步推广。

围绕知识产权质押融资的现实问题、主要成因及其法律完善方案展开阐述与分析，提出较为全面、客观的体系化解决思路、原则和具体立法建议、制度设计、新型融资模式等，为国家知识产权局进一步普及和推广此项创新实践提供参考。

参考文献

一、中文文献

（一）著作

[1] 魏振瀛. 民法（第五版）［M］. 北京：北京大学出版社，2013.

[2] 王利明. 民法（第四版）［M］. 北京：中国人民大学出版社，2008.

[3] 王利明. 中国民法典草案建议稿及说明［M］. 北京：中国法制出版社，2004.

[4] 王利明. 物权法专题研究（下）［M］. 长春：吉林人民出版社，2002.

[5] 梁慧星，陈华彬. 物权法（第五版）［M］. 北京：法律出版社，2010.

[6] 郑成思. 知识产权法［M］. 北京：法律出版社，1997.

[7] 吴汉东. 知识产权法［M］. 北京：中国政法大学出版社，2002.

[8] 吴汉东. 中国知识产权蓝皮书［M］. 北京大学出版社，2011.

[9] 刘春田. 知识产权法（第四版）［M］. 北京：高等教育出版社，2010.

[10] 张今. 知识产权法［M］. 北京：中国人民大学出版社，2011.

[11] 冯晓青. 知识产权法利益平衡理论［M］. 北京：中国政法大学出版社，2006.

[12] 齐爱民. 知识产权法总论［M］. 北京：北京大学出版社，2014.

[13] 杨延超. 知识产权资本化研究［M］. 北京：法律出版社，2008.

[14] 王卫国. 荷兰民法典（1992年）［M］. 中国政法大学出版社，2006.

[15] 李鹃. 知识产权担保制度研究［M］. 北京：知识产权出版社，2012.

[16] 史尚宽. 物权法论［M］. 北京：中国政法大学出版社，2000.

[17] 史尚宽. 债法总论［M］. 北京：中国政法大学出版社，2000.

［18］费安玲. 比较担保法［M］. 北京：中国政法大学出版社，2010.

［19］胡开忠. 权利质权制度研究［M］. 北京：中国政法大学出版社，2004.

［20］何美欢. 香港担保法［M］. 北京大学出版社，1995.

［21］高富平. 论物权法的私法性［A］//人大法律评论［M］. 北京：中国人民大学出版社，2002.

［22］刘保玉、赵军蒙. 权利质权争议问题探讨与立法规定的完善［A］//王利明. 物权法专题研究（下）［M］. 长春：吉林人民出版社，2002.

［23］刘凯湘. 债法总论［M］. 北京：北京大学出版社，2011.

［24］崔建远. 合同法（第五版）［M］. 北京：法律出版社，2010.

［25］刘保玉，吕文江. 债权担保制度导论［M］. 北京：中国民主法制出版社，2000.

［26］马俊驹，陈本寒. 罗马法契约自由思想的形成及对后世法律的影响［A］//S. 斯奇巴尼等. 罗马法、中国法与民法法典化［M］. 北京：中国政法大学出版社，1995.

［27］尹田. 契约自由与社会公正的冲突与平衡——法国合同法中意思自治原则的衰落［A］//梁慧星：民商法论丛（第2卷）［M］. 北京：法律出版社，1994.

［28］高圣平. 动产担保交易制度比较研究［M］. 北京：中国人民大学出版社，2008.

［29］王闯. 让与担保法律制度研究［M］. 北京：法律出版社，2000.

［30］钱穆. 文化学大义［M］. 台北：中正书局，1981.

［31］黄源盛. 唐律与传统法文化［M］. 台北：元照出版有限公司，2011.

［32］［美］E. 博登海默. 法理学、法律哲学与法律方法［M］. 邓正来，译. 北京：中国政法大学出版社，1999.

［33］［美］罗尔斯. 正义论［M］. 何怀宏，何包钢，廖申白，译. 北京：中国社会科学出版社，1988.

［34］［美］理查德·A. 波斯纳. 法律的经济分析［M］. 蒋兆康，译. 林毅夫. 校. 中国大百科全书出版社，1997.

［35］［英］戴维·M. 沃克. 牛津法律大辞典［M］. 李双元，等，译. 北京：中国政法大学出版社，1994.

［36］［英］约翰·洛克.政府论（下篇）［M］.叶启芳，瞿菊农，译，北京：商务印书馆，2008.

［37］［英］哈耶克.自由秩序原理（上）［M］.邓正来，译.上海：三联书店，1997.

［38］［英］彼得·斯坦，约翰·香德.西方社会的法律价值［M］.王献平，郑思成，译.北京：中国法制出版社，2004.

［39］［法］孟德斯鸠.论法的精神（下）［M］.张雁深，译.北京：商务印书馆，1982.

［40］［法］卢梭.社会契约论（中译本）［M］.何兆武，译.北京：商务印书馆，1980.

［41］［法］蒲鲁东（Proudhon）.什么是所有权［M］.孙署冰，译.北京：商务印书馆，1982.

［42］［法］皮埃尔·勒鲁.论平等（中译本）［M］.王允道，译.北京：商务印书馆，1988.

［43］［法］弗朗索瓦·泰雷，菲利普·森勒尔.法国财产法（上）［M］.罗结珍，译——北京：中国法制出版社，2008.

［44］［法］知识产权法典（法律部分）［M］.黄晖，译.北京：商务印书馆，1999.

［45］［德］黑格尔.法哲学原理（中译本）［M］.范扬，张企泰，译.北京：商务印书馆，1996.

［46］［德］黑格尔.哲学史演讲录［M］.贺麟，王太庆，译.北京：商务印书馆，1983.

［47］［德］曼弗雷德·沃尔夫.物权法［M］.吴越，李大雪，译.北京：法律出版社，2002.

［48］［德］卡尔·拉伦茨.德国民法通论［M］.王晓华，等，译.北京：法律出版社，2003.

［49］［德］迪特尔·梅迪库斯.德国民法总论［M］.邵建东，译.北京：法律出版社，2013.

［50］［德］迪特尔·梅迪库斯.德国债法总论［M］.杜景林，卢谌，译.北京：法律出版社，2004.

［51］［德］罗伯特·霍思，海因·科茨，汉斯·G. 莱塞. 德国民商法导论［M］. 北京：中国大百科全书出版社，1996.

［52］［德］德国民法典（第3版）［M］. 陈卫佐，译注. 北京：法律出版社，2010.

［53］［日］川岛武宜. 现代化与法［M］. 王志安，顾培东，等，译. 北京：中国政法大学出版社，2004.

［54］［日］北川善太郎. 日本民法体系［M］. 李毅多，仇京春，译. 北京：北京科学出版社，1995.

［55］［日］田山辉明. 物权法［M］. 陆庆胜，译. 北京：法律出版社，2001.

［56］［日］近江幸治. 担保物权法［M］. 祝娅，王卫军，房兆荣，译. 北京：法律出版社，2000.

［57］［日］镰田薫. 知的财产担保理论与实务［M］. 东京：信山社，1997.

［58］［日］我妻荣. 新订担保物权法［M］. 申政武，封套，郑芙蓉，译. 北京：中国法制出版社，2008.

［59］［日］田村善之. 日本知识产权法（第4版）［M］. 周超，等，译. 北京：知识产权出版社，2011.

［60］［意］桑德罗·斯其巴尼. 物与物权［M］. 范怀俊，费安玲，译. 北京：中国政法大学出版社，2010.

［61］张文显. 法理学［M］. 北京：法律出版社，1997.

［62］邢建国. 秩序论［M］. 北京：人民出版社，1993.

［63］卓泽渊. 论法的价值（第二版）［M］. 北京：法律出版社，2006.

［64］刘金国，舒国滢. 法理学教科书［M］. 北京：中国政法大学出版社，1999.

［65］吕世伦，文正邦. 法哲学论［M］. 北京：中国人民大学出版社，1999.

［66］黄茂荣. 法学方法与现代民法［M］. 北京：中国政法大学出版社，2001.

［67］郑玉波. 法的安全论.［A］// 刁荣华. 现代民法基本问题［M］. 台北：三民书局，1982.

［68］丘志乔. 知识产权质押制度之重塑：基于法律价值的视角［M］. 北京：知识产权出版社，2015.

（二）论文

[1] 郑成思. 民法草案与知识产权专家建议稿 [J]. 政法论坛，2003（1）.

[2] 吴汉东. 知识产权法价值的中国语境解读 [J]. 中国法学，2013（4）.

[3] 吴汉东. 知识产权立法体例与民法典编撰 [J]. 中国法学，2003（1）.

[4] 吴汉东. 关于知识产权私权属性的再认识——兼评"知识产权公权化"理论 [J]. 社会科学，2005（10）.

[5] 龙卫球. 债的本质研究：以债务人关系为起点 [J]. 中国法学，2005（6）.

[6] 曹新明. 知识产权与民法典连接模式之选择——以《知识产权法典》的编纂为视角 [J]. 法商研究，2005（1）.

[7] 陈小君，曹诗权. 质权的若干问题及其适用 [J]. 法商研究，1996（5）.

[8] 胡开忠. 权利质权制度的困惑与出路 [J]. 法商研究，2003（1）.

[9] 齐爱民. 论二元知识产权体系 [J]. 法商研究，2010（2）.

[10] 胡吕银. 担保权属性与各种担保方式的重新界定 [J]. 法学，2013（8）.

[11] 宋伟，胡海洋. 知识产权质押贷款风险分散机制研究 [J]. 知识产权，2009.

[12] 张伯友. 知识产权质押融资的风险分解与分步控制 [J]. 知识产权，2009（2）.

[13] 王宏军. 论作为排他权与支配权的知识产权——从与物权比较的视角 [J]. 知识产权，2007（5）.

[14] 关永红. 知识产权一般效力论要 [J]. 法学评论，2013（1）.

[15] 杨延超. 为知识产权担保正名——质押还是抵押 [J]. 电子知识产权，2008（5）.

[16] 杨延超. 为专利权质押正名 [J]. 电子知识产权，2011（7）.

[17] 李晓安，曾静. 法律效益探析 [J]. 中国法学，1994（6）.

[18] 张恒山. 法的价值概念辨析 [J]. 中外法学，1999（5）.

[19] 周旺生. 论法律的秩序价值 [J]. 法学家，2003（5）.

[20] 杨建军. 法律事实的概念 [J]. 法律科学，2004（6）.

[21] 苏喆. 知识产权质权的债权化研究 [J]. 法学杂志，2013（7）.

[22] 陶丽琴，魏晨雨，李青. 知识产权质押融资中政府支持政策的实施和完善 [J]. 法学杂志，2011 (10).

[23] 乔生，班小辉. 知识产权质押融资制度现状与完善 [J]. 法律适用，2009 (8).

[24] 覃远春. 债权基本权能论略 [J]. 河北法学，2006 (5).

[25] 易继明. 论我国专利权质押制度 [J]. 科技与法律，1996 (4).

[26] 丘志乔. 中国知识产权质押制度比较与评析 [J]. 澳门科技大学学报，2014 (1).

[27] 陈信勇，徐继响. 论动产让与担保与动产抵押之雷同 [J]. 法学论坛，2004 (4).

[28] 丘志乔. 对知识产权质押的澄清 [J]. 河北法学，2014 (5).

[29] 崔广平. 满足人的需要法律价值概念质疑 [J]. 河北法学，2002 (1).

[30] 胡开忠. 试论完善我国知识产权质权制度若干途径 [J]. 安徽大学法律评论，2002 (2).

[31] 叶金强. 登记之公信力：不动产善意取得制度 [J]. 厦门法律评论，2005 (1).

[32] 丘志乔. 法价值视阈下知识产权质押制度的反思与重构 [J]. 暨南学报，2013 (8).

[33] 易军. 法律行为制度的私人自治根基 [J]. 暨南学报（哲学社会科学版），2012 (4).

[34] 王锦瑾. 我国知识产权质押法律风险及防范 [J]. 河南财经政法大学学报，2013 (1).

[35] 刘召峰. "从抽象上升到具体"与马克思的劳动价值论——以"劳动的耗费、凝结与社会证成"为中心线索的解读 [J]. 政治经济学评论，2013 (2).

[36] 左玉茹. 知识产权质押融资热的冷思考——基于我国中小企业融资模式与美国 SBA 模式比较研究 [J]. 电子知识产权，2010 (11).

[37] 丘志乔. 中小型文化创意企业知识产权质押融资现状及对策 [J]. 中国发明与专利，2011 (7).

［38］李希义，蒋琇．政府支持下的知识产权质押贷款模式及其特征分析［J］．
科技与法律，2009（5）．

［39］王涌．私权的分析与建构［D］．中国政法大学博士学位论文，1999.

［40］周天泰．知识产权质押融资法治研究与建议［D］．华东政法大学博士学位
论文，2006.

［41］刘阅春．知识产权质权制度研究［D］．中国人民大学博士学位论
文，2005.

［42］季伟明．论《物权法》中留置权制度的解释适用与立法再完善［D］．吉林
大学博士学位论文，2013.

［43］江云丰．论知识产权质权之性质［D］．西南政法大学硕士学位论
文，2007.

［44］李飒．知识产权担保体例的选择［D］．郑州大学硕士学位论文，2009.

［45］巩姗姗．论担保权性质［D］．广西大学硕士学位论文，2005.

［46］李竹音．中国知识产权质押融资制度研究［D］．河北科技大学硕士学位论
文，2010.

［47］吴大庆．探索推动知识产权质押贷款发展的有效途径［J］．中国金融，
2007（5）．

［48］杨松堂．知识产权质押融资中资产评估［J］．中国金融，2007（5）．

［49］刘玉平．知识产权质押融资中资产评估研究［J］．中国资产评估，2011
（2）．

［50］张弛．从法律视角论知识产权质押融资风险控制［J］．银行家，2007
（12）．

［51］黎四奇．知识产权质押融资的法律障碍及其克服［J］．理论探索，2008
（4）．

［52］王军明．论知识产权的特殊性及保护［J］．中央政法管理干部学院学报，
1996（1）．

［53］吴晨曦，王莹．权利质权？抑或权利抵押权？［J］．广西政法干部管理学院
学报，2005（4）．

［54］万慧进，朱法贞．论自然价值的双重向度［J］．浙江大学学报（人文社会
科学版），2001（1）．

[55] 祝宁波. 美国知识产权抵押担保法律制度述评 [J]. 华东理工大学学报（社会科学版），2009（4）.

[56] 苏平. 知识产权变动之理论基础及模式选择 [J]. 重庆理工大学学报（社会科学版），2012（9）.

[57] 丘志乔. 知识产权质押融资保障体系的构建 [J]. 金融与经济，2011（9）.

[58] 丘志乔. 知识产权质押融资制度的立法完善 [J]. 特区经济，2011（4）.

[59] 姜心怡，卢宇婧. 科技型企业知识产权质押融资困境及其对策 [J]. 金融与经济，2012（12）.

[60] 程守红，周润书. 知识产权质押融资中的政策工具及模式研究 [J]. 华东经济管理，2013（2）.

[61] 江云丰. 论知识产权质权之性质 [J]. 南方论刊，2009（9）.

[62] 李希义. 日本政策投资银行开展知识产权质押贷款的做法和启示 [J]. 中国科技论坛，2011（7）.

[63] 谢昌. 对浦东知识产权质押贷款的调查与分析 [J]. 浦东开发，2008（4）.

[64] 李琳. 融资新渠道：知识产权质押贷款 [J]. 上海经济，2007（1）.

[65] 杨晨，陶晶. 知识产权质押融资中的政府政策配置研究 [J]. 科技进步与对策，2010（13）.

[66] 朱传峰. 权利让与担保与权利质押之比较 [J]. 工会论坛，2010（4）.

[67] 潘灿君，于世忠. 我国推行专利保险制度的问题与思考 [J]. 行政与法，2015（5）.

[68] 蔡真. 韩国信用担保机构的运作及对中国的启示 [J]. 银行家，2008（12）.

[69] 谢黎伟. 美国的知识产权融资机制及其启示 [J]. 科技进步与对策，2010（24）.

[70] 李劲松. 加快发展我国知识产权保险制度 [N]. 光明日报，2013 - 08 - 26.

［71］杨智杰，任凤珍，孟亚明．企业知识产权运营与交易市场建设［N］．光明日报，2013 - 10 - 16．

［72］陶鑫良．有效运用知识产权积极推进质押融资［N］．知识产权报，2014 - 11 - 26．

［73］朱谢群．正确认识知识产权制度为知识产权辩护［N］．中国知识产权报，2004 - 07 - 06．

［74］李群．文化建设：加大宣传力度营造良好氛围，知识产权报［N］，2013 - 04 - 26．

［75］黄永康．知识产权评估需要国家建立基础数据［N］．中国会计报，2011 - 01 - 18．

［76］王峰．全国专利保险试点在江苏镇江启动［N］．金融时报，2012 - 03 - 21．

［77］赵俊冬，纪瑞朴，郑晓楠．知识产权质押贷款的风险防控［N］．金融时报，2013 - 07 - 15．

［78］杨婧如．知识产权可套现，深圳建立知识产权质押融资再担保体系［N］．深圳特区报，2014 - 04 - 22．

［79］任雪梅．专利可上保险被侵权能获赔——中国专利保险理赔第一单昨日在佛山交付［N］．佛山日报，2012 - 04 - 20．

［80］谢在全．动产担保制度之最近发展（上）［DB/OL］［2016 - 04 - 26］．中国民商法网．

［81］梁慧星．制定民法典的设想［DB/OL］［2016 - 04 - 26］．中国民商法网．http：//www. civillaw. com. cn/article/default. asp？id = 7654．

［82］于士航．国务院印发《关于促进融资担保行业加快发展的意见》［DB/OL］［2016 - 04 - 26］．http：//www. gov. cn/xinwen/2015 - 08/13/content_ 2912234. htm．

［83］彭松建．提高知识产权意识强化知识产权保护［DB/OL］［2016 - 04 - 26］．http：//theory. people. com. cn/GB/49150/49153/4568727. html．

［84］2014 年中国知识产权发展状况新闻发布会［DB/OL］［2016 - 04 - 26］．国家知识产权局官网．http：//www. sipo. gov. cn/twzb/2014zgzscqfzzk/．

［85］国家知识产权局．关于知识产权支持小微企业发展的若干意见新闻发布会内容［DB/OL］［2016 - 04 - 26］．http：//www. sipo. gov. cn/twzb/zscqzcxwqyfz.

［86］马励.2012 年全国知识产权质押融资金额首破百亿［DB/OL］［2016 – 04 –
26］.国家知识产权局网站.http：//ip. people. com. cn/n/2013/0122/c179663 –
20289724. htm.

［87］雷春.广州完成专利保险首单理赔支付［DB/OL］［2016 – 04 – 26］.国家
知识产权局官网.http：//www. sipo. gov. cn/dtxx/gn/2014/201410/t20141014_
1021233. html.

［88］梁宝忠.我国农业植物新品种权申请量突破 1 万件［DB/OL］［2016 – 04 –
26］.农业部网站.http：//www. moa. gov. cn/zwllm/zwdt/201211/t20121116_
3064219. htm.

［89］赵建国.我国累计受理林业植物新品种申请 1246 件［DB/OL］［2016 – 04 –
26］.国家知识产权战略网.http：//www. nipso. cn/onews. asp？id = 20861.

［90］吴雨.银行助企业知本变资本推广遭遇瓶颈［DB/OL］［2016 – 04 – 26］.
新华网.

［91］于文国.农发行知识产权质押融资面临的问题及对策［DB/OL］［2016 –
04 – 26］.http：//www. adbc. com. cn/templates/jiangsu_ second/index. aspx？
nodeid = 454& page = ContentPage&contentid = 28133.

［92］王子林.评估立法是促进评估行业健康发展的基石［DB/OL］［2015 – 08 –
17］.中国财经报网.

［93］唐克芬.论让与担保制度.中律网［DB/OL］［2016 – 04 – 26］.http：//
www. 148com. com/html/533/78350. html.

二、外文文献

［1］Agreement On Trade – related Aspects of Intellectual Property Right（TRIPs）.

［2］Uniform Commercial Code（UCC）.

［3］Hague Conference on Private International Law（HCPIL）.

［4］Patent Cooperation Treaty（PCT）.

［5］Madrid Agreement Concerning the International Registration of Marks
（MACIRM）.

［6］Paris Convention on the Protection of Industrial Property（PCPIP）.

［7］Universal Declaration of Human Rights（UDHR）.

［8］Lanning G. Bryer. An International Perspective of Intellectual Property Security Interests. *International intellectual property law & policy*, Feb 24, 2014: pp. 40 – 1, 40 – 7.

［9］UNCITRAL. Legislative Guide on Secured Transactions Supplement on Security Rights in Intellectual Property pp. 13, 19 – 20, 37, 41 – 47, 49 – 50, 57, 59 – 63, 80 – 81, 83 – 84, 108 – 109, 127, 168 – 169.

［10］Peter Drahos. A Philosophy of Intellectual Property . *Dartmouth Publishing Co Ltd.* 1996: 38.

［11］Pippin Way, Inc. v. Four Star Music Co. Andrea Tosato. Security interests over intellectual property, *Journal of Intellectual Property Law & Practice.* 2011, Vol. 6, No. 2, p. 104.

［12］Xuan – Thao Nguyen. Collateralizing Intellectual Property. *SMU Dedman School of Law Legal Studies Research Paper*, 2008, p. 31.

［13］Alejandro M. Garro. The Creation of a Security Right and its Extension to Acquisition Financing Devices. *Rev. dr. unif.* 2010, pp. 376 – 390.

［14］Steven E. Fayne. Media Finance: The Next Generation. *Southwestern Journal of Intenational Law.* Vol. 18, 2011, pp. 23 – 264.

［15］Xuan – Thao Nguyen. Collateralizing Intellectual Property. *Georgia Law Review*, Vol 42, Fall 2007, Number 1: pp. 1 – 45.

［16］Richard M. Kohn. The Case for Including Directly Held Securities within the Scope of the UNCITRAL Legislative Guide on Secured Transactions. *Rev. dr. unif.* 2010, pp. 413 – 418.

［17］Lester F. Ward, Applied Sociology（Boston, 1906）, p. 22. Immanuel Kant, The Metaphysical Elements of Justice, transl. J. Ladd（Indianapolis, 1965）, p. 34.

［18］Herbert Spencer , Justice（New York, 1891）, p. 46.

［19］John Locke. Concerning Civil Governmen, *Bk. n. Chvi*, 2011, p. 157.

[20] Dsavid L. Weimer; Aidan R. Vining. *Policy Analysis: Concepts and Practice*, 4th Edition. Upper Saddle River, New Jersey: Prentice Hall, 2005, p. 121.

[21] A. G. Guest . *Anson's Law of Contract*, 25th ed, Claredon Press. p. 4.

[22] Allgeyer v. Louisiana, 165 U. S. 578 (1897) .

[23] Permanent Editorial Board for the Uniform Commercial Code, *Uniform Commercial Code Article* 9: Report (1992), §9 – 102 (2), 203 (b), 206, 308 comment 2.

[24] Dr. Arthur S. Hartkamp: Civil Code Revision In The Netherlands 1947 – 1992. *The Patrimonial Law of the Netherlands*, Kluwer Law and Taxation Publishers, 1990, p. 160.

[25] Peter van Schilfgaarde: System, good faith and equity in the New Dutch Civil Code, *European Review of Private Law* 1: 1997, pp. 1 – 10 .

[26] B. Wessels: Civil Code Revision in the Netherlands: System, Contents and Future, *Netherlands International Law Review*, XL1: 1994, pp. 163 – 169.

[27] James Boyle. A Politics of Intellectual Property: Environmentalism for the Net? 47 *Duke Law Journal* 1997, p. 104.

[28] Friedrich August Von Hayak. The Constitution of Liberty. *The University of Chicago Press*, 1990, p. 77.

[29] Keith Aoki. Considering Multiple and Overlapping Sovereignties: Liberalism, Libertarianism, National Sovereignty, "Global" Intellectual Property, and the Internet, 5 *IND. J. GLOBAL LEGAL STUD.* 1998, pp. 443, 449.

[30] *Papers presented at the UNCITRAL Second International Colloquium on Secured Transactions*: Security interests in Intellectual Property Rights, 18 – 19 January 2007, Vienna. [2014 – 10 – 18], http: //www. uncitral. org/uncitral/en/ commission/colloquia/2secint. html.

[31] Ad Hoc Working Group. *Report and Analysis of the Ad Hoc Working Group On Intellectual Property Financing regarding the UNCITRAL Draft Legislative Guide on Secured Transactions.* [2014 – 10 – 18], http: //www. uncitral. org/pdf/ english/colloquia/2secint/Ad% 20Hoc% 20Working% 20Group% 20Report. pdf.

[32] Ulrich Drobnig. *Key objectives*, *Scope of application and Basic approaches to security*. Jeremy Phillips. Introduction to trademarks as collateral (including nature of asset, relevant terminology and examples of financing transactions). [2014 – 10 – 18], http: //www. uncitral. org/pdf/english/colloquia/2secint/Phillips. pdf.

[33] Nguyen Xuan – Thao. *Collateralizing patents: debtor's and third party's rights.* [2014 – 10 – 18], www. uncitral. org/pdf/english/colloquia/2secint/Nguyen. pdf.

[34] Thomas Dreier. *Introduction of copyright (copyrighted works and industries concerned), and creation (description of the object that might serve as collateral, and restricted transferability of author's rights).* [2014 – 10 – 18], http: // www. uncitral. org/pdf/english/colloquia/2secint/Dreier. pdf.

[35] Paul Seiler. *Trade secrets and non – traditional categories of intellectual property.* [2014 – 10 – 18], http: //www. uncitral. org/pdf/english/colloquia/2secint/ Seiler. pdf.

国家知识产权质押融资
相关法律法规、政策文件

一、国家知识产权质押融资相关法律法规规章

国家知识产权质押融资相关法律法规规章一览表

法　　律	行政法规	规　　章
《中华人民共和国担保法》第75条 《中华人民共和国物权法》第223条、第227条 《中华人民共和国专利法修订草案（送审稿）》第86条	《中华人民共和国专利法实施细则（2010修订）》第14条第3款	《专利权质押登记办法》（通篇） 《著作权质权登记办法》（通篇） 《注册商标专用权质权登记程序规定》（通篇）

1.《中华人民共和国担保法》（节选）

（1995年6月30日第八届全国人民代表大会常务委员会第十四次会议通过。1995年6月30日中华人民共和国主席令第五十号公布，1995年10月1日起施行。）

第四章　质　　押

第二节　权利质押

第七十五条　下列权利可以质押：

（一）汇票、支票、本票、债券、存款单、仓单、提单；

（二）依法可以转让的股份、股票；

（三）依法可以转让的商标专用权，专利权、著作权中的财产权；

（四）依法可以质押的其他权利。

2.《中华人民共和国物权法》（节选）

（2007 年 3 月 16 日第十届全国人民代表大会第五次会议通过，自 2007 年 10 月 1 日起施行。）

第十七章　质权

第二节　权利质权

第二百二十三条　债务人或者第三人有权处分的下列权利可以出质：

（一）汇票、支票、本票；

（二）债券、存款单；

（三）仓单、提单；

（四）可以转让的基金份额、股权；

（五）可以转让的注册商标专用权、专利权、著作权等知识产权中的财产权；

（六）应收账款；

（七）法律、行政法规规定可以出质的其他财产权利。

第二百二十七条　以注册商标专用权、专利权、著作权等知识产权中的财产权出质的，当事人应当订立书面合同。质权自有关主管部门办理出质登记时设立。

知识产权中的财产权出质后，出质人不得转让或者许可他人使用，但经出质人与质权人协商同意的除外。出质人转让或者许可他人使用出质的知识产权中的财产权所得的价款，应当向质权人提前清偿债务或者提存。

3.《中华人民共和国专利法修订草案（送审稿)》（节选）

（国务院法制办 2015 年 12 月 2 日，国务院法制办公室关于《中华人民共和国专利法修订草案（送审稿)》公开征求意见的通知。）

第八章　专利的实施和运用（新增）

第八十六条（新增）　以专利权出质的，由出质人和质权人共同向国务院专利行政部门办理出质登记，质权自登记之日起生效。

4.《中华人民共和国专利法实施细则（2010 修订）》（节选）

（2001 年 6 月 15 日中华人民共和国国务院令第 306 号公布。根据 2010 年 1 月 9 日《国务院关于修改〈中华人民共和国专利法实施细则〉的决定》第二次修订。）

第一章　总　则

第十四条　除依照专利法第十条规定转让专利权外，专利权因其他事由发生转移的，当事人应当凭有关证明文件或者法律文书向国务院专利行政部门办理专利权转移手续。

专利权人与他人订立的专利实施许可合同，应当自合同生效之日起 3 个月内向国务院专利行政部门备案。

以专利权出质的，由出质人和质权人共同向国务院专利行政部门办理出质登记。

5.《专利权质押登记办法》

（国家知识产权局令第 56 号。《专利权质押登记办法》已经局务会议审议通过，现予公布，自 2010 年 10 月 1 日起施行。）

第一条　为了促进专利权的运用和资金融通，保障债权的实现，规范专利权质押登记，根据《中华人民共和国物权法》、《中华人民共和国担保法》、《中华人民共和国专利法》及有关规定，制定本办法。

第二条　国家知识产权局负责专利权质押登记工作。

第三条　以专利权出质的，出质人与质权人应当订立书面质押合同。

质押合同可以是单独订立的合同，也可以是主合同中的担保条款。

第四条　以共有的专利权出质的，除全体共有人另有约定的以外，应当取得其他共有人的同意。

第五条 在中国没有经常居所或者营业所的外国人、外国企业或者外国其他组织办理专利权质押登记手续的，应当委托依法设立的专利代理机构办理。

中国单位或者个人办理专利权质押登记手续的，可以委托依法设立的专利代理机构办理。

第六条 当事人可以通过邮寄、直接送交等方式办理专利权质押登记相关手续。

第七条 申请专利权质押登记的，当事人应当向国家知识产权局提交下列文件：

（一）出质人和质权人共同签字或者盖章的专利权质押登记申请表；

（二）专利权质押合同；

（三）双方当事人的身份证明；

（四）委托代理的，注明委托权限的委托书；

（五）其他需要提供的材料。

专利权经过资产评估的，当事人还应当提交资产评估报告。

除身份证明外，当事人提交的其他各种文件应当使用中文。身份证明是外文的，当事人应当附送中文译文；未附送的，视为未提交。

对于本条第一款和第二款规定的文件，当事人可以提交电子扫描件。

第八条 国家知识产权局收到当事人提交的质押登记申请文件后，应当通知申请人。

第九条 当事人提交的专利权质押合同应当包括以下与质押登记相关的内容：

（一）当事人的姓名或者名称、地址；

（二）被担保债权的种类和数额；

（三）债务人履行债务的期限；

（四）专利权项数以及每项专利权的名称、专利号、申请日、授权公告日；

（五）质押担保的范围。

第十条 除本办法第九条规定的事项外，当事人可以在专利权质押合同中约定下列事项：

（一）质押期间专利权年费的缴纳；

（二）质押期间专利权的转让、实施许可；

（三）质押期间专利权被宣告无效或者专利权归属发生变更时的处理；

（四）实现质权时，相关技术资料的交付。

第十一条 国家知识产权局自收到专利权质押登记申请文件之日起 7 个工作日内进行审查并决定是否予以登记。

第十二条 专利权质押登记申请经审查合格的，国家知识产权局在专利登记簿上予以登记，并向当事人发送《专利权质押登记通知书》。质权自国家知识产权局登记时设立。

经审查发现有下列情形之一的，国家知识产权局作出不予登记的决定，并向当事人发送《专利权质押不予登记通知书》：

（一）出质人与专利登记簿记载的专利权人不一致的；

（二）专利权已终止或者已被宣告无效的；

（三）专利申请尚未被授予专利权的；

（四）专利权处于年费缴纳滞纳期的；

（五）专利权已被启动无效宣告程序的；

（六）因专利权的归属发生纠纷或者人民法院裁定对专利权采取保全措施，专利权的质押手续被暂停办理的；

（七）债务人履行债务的期限超过专利权有效期的；

（八）质押合同约定在债务履行期届满质权人未受清偿时，专利权归质权人所有的；

（九）质押合同不符合本办法第九条规定的；

（十）以共有专利权出质但未取得全体共有人同意的；

（十一）专利权已被申请质押登记且处于质押期间的；

（十二）其他应当不予登记的情形。

第十三条 专利权质押期间，国家知识产权局发现质押登记存在本办法第十二条第二款所列情形并且尚未消除的，或者发现其他应当撤销专利权质押登记的情形的，应当撤销专利权质押登记，并向当事人发出《专利权质押登记撤销通知书》。

专利权质押登记被撤销的，质押登记的效力自始无效。

第十四条 国家知识产权局在专利公报上公告专利权质押登记的下列内容：出质人、质权人、主分类号、专利号、授权公告日、质押登记日等。

专利权质押登记后变更、注销的，国家知识产权局予以登记和公告。

第十五条 专利权质押期间，出质人未提交质权人同意其放弃该专利权的证明材料的，国家知识产权局不予办理专利权放弃手续。

第十六条 专利权质押期间，出质人未提交质权人同意转让或者许可实施该专利权的证明材料的，国家知识产权局不予办理专利权转让登记手续或者专利实施合同备案手续。

出质人转让或者许可他人实施出质的专利权的，出质人所得的转让费、许可费应当向质权人提前清偿债务或者提存。

第十七条 专利权质押期间，当事人的姓名或者名称、地址、被担保的主债权种类及数额或者质押担保的范围发生变更的，当事人应当自变更之日起30日内持变更协议、原《专利权质押登记通知书》和其他有关文件，向国家知识产权局办理专利权质押登记变更手续。

第十八条 有下列情形之一的，当事人应当持《专利权质押登记通知书》以及相关证明文件，向国家知识产权局办理质押登记注销手续：

（一）债务人按期履行债务或者出质人提前清偿所担保的债务的；

（二）质权已经实现的；

（三）质权人放弃质权的；

（四）因主合同无效、被撤销致使质押合同无效、被撤销的；

（五）法律规定质权消灭的其他情形。

国家知识产权局收到注销登记申请后，经审核，向当事人发出《专利权质押登记注销通知书》。专利权质押登记的效力自注销之日起终止。

第十九条 专利权在质押期间被宣告无效或者终止的，国家知识产权局应当通知质权人。

第二十条 专利权人没有按照规定缴纳已经质押的专利权的年费的，国家知识产权局应当在向专利权人发出缴费通知书的同时通知质权人。

第二十一条 本办法由国家知识产权局负责解释。

第二十二条　本办法自 2010 年 10 月 1 日起施行。1996 年 9 月 19 日中华人民共和国专利局令第八号发布的《专利权质押合同登记管理暂行办法》同时废止。

6.《著作权质权登记办法》

（国家版权局令第 8 号。《著作权质权登记办法》已经 2010 年 10 月 19 日国家版权局第 1 次局务会议通过，现予公布，自 2011 年 1 月 1 日起施行。）

第一条　为规范著作权出质行为，保护债权人合法权益，维护著作权交易秩序，根据《中华人民共和国物权法》、《中华人民共和国担保法》和《中华人民共和国著作权法》的有关规定，制定本办法。

第二条　国家版权局负责著作权质权登记工作。

第三条　《中华人民共和国著作权法》规定的著作权以及与著作权有关的权利（以下统称"著作权"）中的财产权可以出质。

以共有的著作权出质的，除另有约定外，应当取得全体共有人的同意。

第四条　以著作权出质的，出质人和质权人应当订立书面质权合同，并由双方共同向登记机构办理著作权质权登记。

出质人和质权人可以自行办理，也可以委托代理人办理。

第五条　著作权质权的设立、变更、转让和消灭，自记载于《著作权质权登记簿》时发生效力。

第六条　申请著作权质权登记的，应提交下列文件：

（一）著作权质权登记申请表；

（二）出质人和质权人的身份证明；

（三）主合同和著作权质权合同；

（四）委托代理人办理的，提交委托书和受托人的身份证明；

（五）以共有的著作权出质的，提交共有人同意出质的书面文件；

（六）出质前授权他人使用的，提交授权合同；

（七）出质的著作权经过价值评估的、质权人要求价值评估的或相关法律法规要求价值评估的，提交有效的价值评估报告；

（八）其他需要提供的材料。

提交的文件是外文的，需同时附送中文译本。

第七条 著作权质权合同一般包括以下内容：

（一）出质人和质权人的基本信息；

（二）被担保债权的种类和数额；

（三）债务人履行债务的期限；

（四）出质著作权的内容和保护期；

（五）质权担保的范围和期限；

（六）当事人约定的其他事项。

第八条 申请人提交材料齐全的，登记机构应当予以受理。提交的材料不齐全的，登记机构不予受理。

第九条 经审查符合要求的，登记机构应当自受理之日起 10 日内予以登记，并向出质人和质权人发放《著作权质权登记证书》。

第十条 经审查不符合要求的，登记机构应当自受理之日起 10 日内通知申请人补正。补正通知书应载明补正事项和合理的补正期限。无正当理由逾期不补正的，视为撤回申请。

第十一条 《著作权质权登记证书》的内容包括：

（一）出质人和质权人的基本信息；

（二）出质著作权的基本信息；

（三）著作权质权登记号；

（四）登记日期。

《著作权质权登记证书》应当标明：著作权质权自登记之日起设立。

第十二条 有下列情形之一的，登记机构不予登记：

（一）出质人不是著作权人的；

（二）合同违反法律法规强制性规定的；

（三）出质著作权的保护期届满的；

（四）债务人履行债务的期限超过著作权保护期的；

（五）出质著作权存在权属争议的；

（六）其他不符合出质条件的。

第十三条 登记机构办理著作权质权登记前，申请人可以撤回登记申请。

第十四条　著作权出质期间，未经质权人同意，出质人不得转让或者许可他人使用已经出质的权利。

出质人转让或者许可他人使用出质的权利所得的价款，应当向质权人提前清偿债务或者提存。

第十五条　有下列情形之一的，登记机构应当撤销质权登记：

（一）登记后发现有第十二条所列情形的；

（二）根据司法机关、仲裁机关或行政管理机关作出的影响质权效力的生效裁决或行政处罚决定书应当撤销的；

（三）著作权质权合同无效或者被撤销的；

（四）申请人提供虚假文件或者以其他手段骗取著作权质权登记的；

（五）其他应当撤销的。

第十六条　著作权出质期间，申请人的基本信息、著作权的基本信息、担保的债权种类及数额，或者担保的范围等事项发生变更的，申请人持变更协议、原《著作权质权登记证书》和其他相关材料向登记机构申请变更登记。

第十七条　申请变更登记的，登记机构自受理之日起 10 日内完成审查。经审查符合要求的，对变更事项予以登记。

变更事项涉及证书内容变更的，应交回原登记证书，由登记机构发放新的证书。

第十八条　有下列情形之一的，申请人应当申请注销质权登记：

（一）出质人和质权人协商一致同意注销的；

（二）主合同履行完毕的；

（三）质权实现的；

（四）质权人放弃质权的；

（五）其他导致质权消灭的。

第十九条　申请注销质权登记的，应当提交注销登记申请书、注销登记证明、申请人身份证明等材料，并交回原《著作权质权登记证书》。

登记机构应当自受理之日起 10 日内办理完毕，并发放注销登记通知书。

第二十条　登记机构应当设立《著作权质权登记簿》，记载著作权质权登记的相关信息，供社会公众查询。

《著作权质权登记证书》的内容应当与《著作权质权登记簿》的内容一致。记载不一致的，除有证据证明《著作权质权登记簿》确有错误外，以《著作权质权登记簿》为准。

第二十一条 《著作权质权登记簿》应当包括以下内容：

（一）出质人和质权人的基本信息；

（二）著作权质权合同的主要内容；

（三）著作权质权登记号；

（四）登记日期；

（五）登记撤销情况；

（六）登记变更情况；

（七）登记注销情况；

（八）其他需要记载的内容。

第二十二条 《著作权质权登记证书》灭失或者毁损的，可以向登记机构申请补发或换发。登记机构应自收到申请之日起 5 日内予以补发或换发。

第二十三条 登记机构应当通过国家版权局官方网站公布著作权质权登记的基本信息。

第二十四条 本办法由国家版权局负责解释。

第二十五条 本办法自 2011 年 1 月 1 日起施行。1996 年 9 月 23 日国家版权局发布的《著作权质押合同登记办法》同时废止。

7. 《注册商标专用权质权登记程序规定》

（工商标字〔2009〕182 号）

第一条 为充分发挥商标专用权无形资产的价值，促进经济发展，根据《物权法》、《担保法》、《商标法》和《商标法实施条例》的有关规定，制定本程序规定。

国家工商行政管理总局商标局负责办理注册商标专用权质权登记。

第二条 自然人、法人或者其他组织以其注册商标专用权出质的，出质人与质权人应当订立书面合同，并向商标局办理质权登记。

质权登记申请应由质权人和出质人共同提出。质权人和出质人可以直接向商标局申请，也可以委托商标代理机构代理。在中国没有经常居所或者营业所的外国人或者外国企业应当委托代理机构办理。

第三条　办理注册商标专用权质权登记，出质人应当将在相同或者类似商品/服务上注册的相同或者近似商标一并办理质权登记。质权合同和质权登记申请书中应当载明出质的商标注册号。

第四条　申请注册商标专用权质权登记的，应提交下列文件：

（一）申请人签字或者盖章的《商标专用权质权登记申请书》。

（二）出质人、质权人的主体资格证明或者自然人身份证明复印件。

（三）主合同和注册商标专用权质权合同。

（四）直接办理的，应当提交授权委托书以及被委托人的身份证明；委托商标代理机构办理的，应当提交商标代理委托书。

（五）出质注册商标的注册证复印件。

（六）出质商标专用权的价值评估报告。如果质权人和出质人双方已就出质商标专用权的价值达成一致意见并提交了相关书面认可文件，申请人可不再提交。

（七）其他需要提供的材料。

上述文件为外文的，应当同时提交其中文译文。中文译文应当由翻译单位和翻译人员签字盖章确认。

第五条　注册商标专用权质权合同一般包括以下内容：

（一）出质人、质权人的姓名（名称）及住址；

（二）被担保的债权种类、数额；

（三）债务人履行债务的期限；

（四）出质注册商标的清单（列明注册商标的注册号、类别及专用期）；

（五）担保的范围；

（六）当事人约定的其他事项。

第六条　申请登记书件齐备、符合规定的，商标局予以受理。受理日期即为登记日期。商标局自登记之日起 5 个工作日内向双方当事人发放《商标专用权质权登记证》。

《商标专用权质权登记证》应当载明下列内容：出质人和质权人的名称

（姓名）、出质商标注册号、被担保的债权数额、质权登记期限、质权登记日期。

第七条　质权登记申请不符合本办法第二条、第三条、第四条、第五条规定的，商标局应当通知申请人，并允许其在 30 日内补正。申请人逾期不补正或者补正不符合要求的，视为其放弃该质权登记申请，商标局应书面通知申请人。

第八条　有下列情形之一的，商标局不予登记：

（一）出质人名称与商标局档案所记载的名称不一致，且不能提供相关证明证实其为注册商标权利人的；

（二）合同的签订违反法律法规强制性规定的；

（三）商标专用权已经被撤销、被注销或者有效期满未续展的；

（四）商标专用权已被人民法院查封、冻结的；

（五）其他不符合出质条件的。

第九条　质权登记后，有下列情形之一的，商标局应当撤销登记：

（一）发现有属于本办法第八条所列情形之一的；

（二）质权合同无效或者被撤销；

（三）出质的注册商标因法定程序丧失专用权的；

（四）提交虚假证明文件或者以其他欺骗手段取得商标专用权质权登记的。

第十条　质权人或者出质人的名称（姓名）更改，以及质权合同担保的主债权数额变更的，当事人可以凭下列文件申请办理变更登记：

（一）申请人签字或者盖章的《商标专用权质权登记事项变更申请书》；

（二）出质人、质权人的主体资格证明或者自然人身份证明复印件；

（三）有关登记事项变更的协议或相关证明文件；

（四）原《商标专用权质权登记证》；

（五）授权委托书、被委托人的身份证明或者商标代理委托书；

（六）其他有关文件。

出质人名称（姓名）发生变更的，还应按照《商标法实施条例》的规定在商标局办理变更注册人名义申请。

第十一条 因被担保的主合同履行期限延长、主债权未能按期实现等原因需要延长质权登记期限的，质权人和出质人双方应当在质权登记期限到期前，持以下文件申请办理延期登记：

（一）申请人签字或者盖章的《商标专用权质权登记期限延期申请书》；

（二）出质人、质权人的主体资格证明或者自然人身份证明复印件；

（三）当事人双方签署的延期协议；

（四）原《商标专用权质权登记证》；

（五）授权委托书、被委托人的身份证明或者商标代理委托书；

（六）其他有关文件。

第十二条 办理质权登记事项变更申请或者质权登记期限延期申请后，由商标局在原《商标专用权质权登记证》上加注发还，或者重新核发《商标专用权质权登记证》。

第十三条 商标专用权质权登记需要注销的，质权人和出质人双方可以持下列文件办理注销申请：

（一）申请人签字或者盖章的《商标专用权质权登记注销申请书》；

（二）出质人、质权人的主体资格证明或者自然人身份证明复印件；

（三）当事人双方签署的解除质权登记协议或者合同履行完毕凭证；

（四）原《商标专用权质权登记证》；

（五）授权委托书、被委托人的身份证明或者商标代理委托书；

（六）其他有关文件。

质权登记期限届满后，该质权登记自动失效。

第十四条 《商标专用权质权登记证》遗失的，可以向商标局申请补发。

第十五条 商标局设立质权登记簿，供相关公众查阅。

第十六条 反担保及最高额质权适用本规定。

第十七条 本规定自 2009 年 11 月 1 日起施行。本规定施行之日起原《商标专用权质押登记程序》（国家工商行政管理局工商标字〔1997〕第 127 号）废止。

二、国家知识产权质押融资相关政策文件
（2007～2017 年，截至 2017 年 12 月 31 日）

国务院及有关部委部分重要政策涉及知识产权质押融资的内容一览表

（2007～2017 年，截至 2017 年 12 月 31 日）

出台文件的单位	文件名称	文件号	实施时间	涉及知识产权质押融资的内容
国家知识产权局	《关于专利权质押合同登记工作的公告》	国家知识产权局公告（120 号）	2007.2.1	2007 年 2 月 1 日起，专利权质押合同登记工作由国家知识产权局专利局初审及流程管理部负责
国家发展和改革委员会、财政部、科学技术部、国家工商行政管理总局、国家版权局、国家知识产权局	《建立和完善知识产权交易市场的指导意见》	发改企业〔2007〕3371 号	2007.12.6	知识产权交易是知识产权质押融资的重要内容
国务院	《国家知识产权战略纲要》	国发〔2008〕18 号	2008.6.5	促进自主创新成果的知识产权化、商品化、产业化，引导企业采取知识产权转让、许可、质押等方式实现知识产权的市场价值
国务院	《珠江三角洲地区改革发展规划纲要（2008～2020 年）》	国函〔2008〕129 号	2008.12.30	完善创新创业融资环境，积极发展知识产权质押、租赁融资和创业投资

续表

出台文件的单位	文件名称	文件号	实施时间	涉及知识产权质押融资的内容
国务院	《关于进一步促进中小企业发展的若干意见》	国发〔2009〕36 号	2009.9.19	采取知识产权质押等方式，缓解中小企业贷款抵押不足的矛盾
中国银行业监督管理委员会、科学技术部	《关于进一步加大对科技型中小企业信贷支持的指导意见》	银监发〔2009〕37 号	2009.5.5	推动完善知识产权转让和登记制度，培育知识产权流转市场，积极开展专利等知识产权质押贷款业务
科学技术部	《关于发挥国家高新技术产业开发区作用促进经济平稳较快发展的若干意见》	国科发高〔2009〕379 号	2009.7.7	推动银行贷款模式创新，开展股权质押、知识产权等无形资产质押贷款试点
财政部、工业和信息化部、银监会、国家知识产权局、国家工商行政管理总局、国家版权局	《关于加强知识产权质押融资与评估管理支持中小企业发展的通知》	财企〔2010〕199 号	2010.8.12	
国家知识产权	《全国专利事业发展战略（2011～2020年）》	国知发办字〔2010〕126 号	2010.10.26	进一步加强专利质押贷款工作，推动一批知识产权优势企业通过资本市场上市融资，促进专利产业化的股权、债券交易市场的形成，推动建立质押贷款、风险投资、上市、证券化等多层次的专利技术融资体系
国务院办公厅	《关于加快发展高技术服务业的指导意见》	国办发〔2011〕58 号	2011.12.12	创新知识产权服务模式，发展咨询、检索、分析、数据加工等基础服务，培育评估、交易、转化、托管、投融资等增值服务

续表

出台文件的单位	文件名称	文件号	实施时间	涉及知识产权质押融资的内容
国务院办公厅	《关于加强战略性新兴产业知识产权工作的若干意见》	国办发〔2012〕28号	2012.4.28	完善知识产权投融资政策，支持知识产权质押、出资入股、融资担保。探索与知识产权相关的股权债权融资方式，支持社会资本通过市场化方式设立以知识产权投资基金、集合信托基金、融资担保基金等为基础的投融资平台和工具
国家知识产权局、国家发展和改革委员会、科学技术部、农业部、商务部、国家工商行政管理总局、国家质量监督检验检疫总局、国家版权局、国家林业局	《关于加快培育和发展知识产权服务业的指导意见》	国知发规字〔2012〕110号	2012.11.13	完善以金融机构、创业投资为主、民间资本广泛参与的知识产权投融资体系，推动金融机构拓展知识产权质押融资业务，鼓励融资性担保机构为知识产权质押融资提供担保服务，探索建立质押融资风险多方分担机制
中国银监会、国家知识产权局、国家工商行政管理总局、国家版权局	《关于商业银行知识产权质押贷款业务的指导意见》	银监发〔2013〕6号	2013.1.21	为支持创新，充分发挥知识产权融资担保价值，引导和规范商业银行开展知识产权质押贷款业务的指导意见
国务院办公厅	《关于转发知识产权局等单位深入实施国家知识产权战略行动计划（2014～2020年）的通知》	国办发〔2011〕58号	2011.12.12	

续表

出台文件的单位	文件名称	文件号	实施时间	涉及知识产权质押融资的内容
国家知识产权局	《关于进一步推动知识产权金融服务工作的意见》	国知发管函字〔2015〕38号	2015.3.30	力争到2020年，全国专利权质押融资金额超过1000亿元，专利保险社会认可度和满意度显著提高，业务开展范围至少覆盖50个中心城市和园区；全国东部地区和中西部地区中心城市的知识产权金融服务实现普遍化、常态化和规模化开展
国务院	《关于新形势下加快知识产权强国建设的若干意见》	国发〔2015〕71号	2015.12.18	创新知识产权投融资产品，探索知识产权证券化，完善知识产权信用担保机制，推动发展投贷联动、投保联动、投债联动等新模式
国家知识产权局	《关于报送知识产权质押融资及专利保险试点、示范的通知》	国知办函管字〔2016〕145号	2016.3.14	国家知识产权局拟选择一批城市和园区，开展知识产权质押融资及专利保险试点、示范
国家知识产权局	《关于修订印发〈国家知识产权试点、示范城市管理办法〉的通知》	国知发管字〔2016〕87号	2016.11.18	第十八条 示范城市的申报条件：……（六）开展城市知识产权运营体系化建设工作，申报前一年专利质押融资额在试点城市中位于前30%
国务院	《关于印发"十三五"国家知识产权保护和运用规划的通知》	国发〔2016〕86号	2016.12.30	年度知识产权质押融资金额，2015年750亿元，到2020年达到1800亿元，与其实现增加值1050亿元

续表

出台文件的单位	文件名称	文件号	实施时间	涉及知识产权质押融资的内容
国家知识产权局	《关于抓紧落实专利质押融资有关工作的通知》	国知办函管字〔2017〕733 号	2017.10.19	部署、督促落实知识产权质押融资工作。加快扩大工作覆盖面、抓紧建立健全风险分担及补偿机制、加强项目对接与服务、完善质权风险管理、开展专利权质押登记试点

1. 关于商业银行知识产权质押贷款业务的指导意见银监发〔2013〕6号

各银监局，各省（自治区、直辖市）知识产权局、工商行政管理局、版权局，各政策性银行、国有商业银行、股份制商业银行、金融资产管理公司，邮政储蓄银行，各省级农村信用联社，银监会直接监管的信托公司、企业集团财务公司、金融租赁公司：

为支持企业创新，充分利用知识产权的融资担保价值，引导和规范商业银行开展知识产权质押贷款业务，结合实际，现提出如下指导意见。

一、充分发挥知识产权质押融资的积极作用

（一）商业银行可以接受境内个人、企业或其他组织以本人或他人合法拥有的、依法可以转让的注册商标专用权、专利权、著作权等知识产权中的财产权做质押，按照国家法律法规和相关信贷政策发放贷款或提供其他授信。

（二）商业银行要充分利用各级政府制定的知识产权质押贷款业务促进政策，根据知识产权质押贷款的业务特点，完善业务流程，加强风险管理，积极开展知识产权质押贷款业务。条件成熟的，可以将知识产权质押贷款作为专门的贷款产品管理。

（三）商业银行要结合国家有关支持中小企业发展的信贷政策，建立适合中小企业知识产权质押贷款特点的风险评估、审批授权、尽职调查和激励约束机制。

（四）商业银行及相关中介机构可建立知识产权质押贷款专家咨询制度，

听取政府相关部门或相关行业专家对知识产权质押贷款审查、评估、处置变现等方面的咨询意见，提高知识产权质押贷款业务水平。

（五）银行业监督管理机构和知识产权行政管理部门要完善法规政策，建立和完善协调机制，不断改进服务，提供指导，从各方面促进知识产权质押贷款业务的开展。

二、认真调查知识产权质押标的

（六）商业银行要认真按照规定进行贷前尽职调查，针对知识产权的特点确定质物调查的重点，并严格进行贷款担保审查。

（七）商业银行要明确可接受作为质物的不同种类知识产权的具体标准。整体上，用于质押的知识产权应当合法、完整、有效且权属清晰，依法可转让，且不违反国家保密法规和国有资产管理规定。

（八）用于质押的知识产权需获得权属证书的，要由国家相关机构依法正式授予知识产权权属证书；不需获得权属证书的，要提供由商业银行认可的相关权属证明材料。存在共同知识产权人的，应当已取得共同知识产权人的同意。属于被许可权人出质的，应当已取得原知识产权人或授权人的同意。

（九）用于质押的知识产权剩余有效期或保护期要长于贷款期限，专利和著作权的剩余有效期或保护期一般不少于5年。出质人要承诺按时缴纳年费等相关费用，并及时办理相关权利续展手续。

（十）商业银行还要重点关注质物对出质人的重要性，质物所属行业的发展情况、国家行业政策的发展趋势、相关市场的技术发展水平，包括与质物具有竞争性或替代性的同类产品的发展情况等外部因素，以及在不造成债权损失的前提下及时处置质物的时效性、可行性。另外，鉴于出质人的综合实力对知识产权市场价值的影响，商业银行也要重点关注借款人的管理架构、行业经验、业内声誉和生产经营业绩等整体情况。

三、合理确定知识产权质押贷款条件

（十一）商业银行在选择用作知识产权质押贷款的质物时，要从该项知识产权的合法性、有效性、完整性、权属清晰性、经济价值、市场交易可行性等方面作出综合评估。必要时，可听取中介机构、外部专家等提供的专业意见。

（十二）商业银行要根据尽职调查掌握的借款人、出质人和出质知识产权的情况决定采用知识产权单一担保或组合担保。组合担保方式下，由第三人为借款人提供保证的，商业银行可优先接受与借款人所属知识产权相关的同业联盟或同业协会的成员作为保证人。

（十三）商业银行决定知识产权质押贷款期限时，要考虑各类知识产权的有效期限及其价值变动规律，以短期贷款为主。贷款期限较长的，商业银行在贷款期间要加强对出质知识产权价值变化的跟踪监测，必要时可依合同约定要求借款人提前还款或提供其他形式的补充担保。

（十四）商业银行要根据出质知识产权的经济价值、出质人的经营管理能力、知识产权的流通性、价值稳定性、是否组合担保等因素，并结合借款人的资信状况，审慎确定知识产权的最高质押率。对不同类型的知识产权可以采用差异化的质押率。

（十五）商业银行应当要求出质人对知识产权的转让或许可使用事项作出承诺，确保出质人遵守相关法律规定，不擅自转让或许可使用该知识产权而使质权受损或落空。

四、建立和健全知识产权质押评估管理

（十六）商业银行要建立和完善知识产权质押评估管理制度，审慎评估知识产权质押风险，定期或不定期地动态评估质物的质量。商业银行可以委托专业评估机构对出质知识产权进行评估，也可以自行评估。委托外部机构评估的，要建立评估价值复核认定机制。

（十七）商业银行、出质人或借款人委托的知识产权评估机构、律师事务所等中介机构要具有政府相关部门颁发的从业资格，拥有从事知识产权专业工作的丰富经验和一定数量的合格专业人员，并且与委托事项不存在利益冲突，具有良好的诚信和守法记录，主要负责人或合伙人执业声誉良好。

（十八）商业银行、出质人或借款人可以委托一家或多家知识产权评估机构完成知识产权评估工作。商业银行委托评估的，要与评估机构签订委托合同，并在委托合同中规定具体的评估事项，明确评估报告作为授信审批依据的有效期限以及虚假评估的责任承担，要求评估人对评估结果的客观真实性做出承诺。

（十九）知识产权评估要严格遵守相关的法律法规和行业准则，坚持独立、客观、公正的原则。中介机构出具的知识产权评估价值与市场交易价格之间有明显差异，或商业银行认为不合理的，商业银行应当要求中介机构说明理由，或重新聘请中介机构进行评估。

五、完善知识产权质押合同

（二十）商业银行要与出质人签订书面质押合同，明确出质知识产权的名称、内容、保护期、权属状况及其证明、质押担保范围、质权登记安排、出质人义务、质权实现方式，以及质押期间知识产权转让、许可他人使用、被撤销或被宣告无效时的处理等事项。

（二十一）质押合同要明确出质人维护知识产权权利完整性的义务，包括提供出质知识产权的证书等有关文件、资料，并保证所提供的信息真实、准确、完整、有效；切实维护出质知识产权有效性，未经质权人同意，不得声明放弃已出质的知识产权；积极排除他人对出质知识产权的侵害，对于因侵害获得的赔偿金，优先用于清偿质权担保项下的债务。

（二十二）质押合同还要明确出质人维护质权人质权有效性的义务，包括未经质权人同意，不得转让或许可他人使用；转让或者许可他人使用出质的知识产权所得价款，优先用于清偿对质权人的债务；发生影响出质知识产权权属有效性、经济价值等重大事件的，及时告知质权人并积极应对；专利权存在被强制实施许可可能的，及时并充分实施其专利；专利权被强制实施许可的，明确许可使用费用于提前清偿债务或者予以提存。

（二十三）以专利权出质的，商业银行可以要求出质人承诺将将来改进专利一并质押；以注册商标专用权出质的，商业银行应要求出质人将在相同或者类似商品、服务上注册的相同或近似商标一并质押；以著作权出质的，商业银行可以要求出质人将其拥有或将来拥有的该著作权改编作品的著作权一并质押。

六、切实办理知识产权质权登记，改进登记制度

（二十四）商业银行发放知识产权质押贷款必须办理质权登记，确保商业银行为优先受偿人。商业银行要按照知识产权登记管理要求配合出质人办理质权登记手续，或要求出质人配合办理质权登记手续。

（二十五）知识产权行政管理部门要完善各类知识产权的登记和查询制度，根据实际需要进行修订，简化登记流程，逐步建立和完善统一的电子化知识产权登记系统和查询系统。

七、加强知识产权质押贷款贷后管理

（二十六）商业银行要建立健全知识产权质押贷款贷后风险管理制度，确保借款人按约定的贷款用途使用贷款资金，严密监控借款人的经营管理状况，持续评估借款人的还款能力。

（二十七）在贷款存续期内，商业银行要对出质知识产权的权属关系、有效性、相关维护费用缴纳情况、经济价值变化等因素进行重点监控，持续了解出质知识产权的使用情况。必要时，可由认可的中介机构对影响质物价值的重要因素定期进行调查和通报，并出具动态评估报告。质物的再次评估价值已不能满足商业银行规定的质押率的，应当要求借款人追加其他担保或依合同约定要求提前还款。

（二十八）质押合同主体、质物等实质性内容需变更的，当事人要按照相关规定和合同约定尽快持变更协议及相关资料到质权登记部门办理变更登记。

（二十九）贷款需要重组的，商业银行要对质物进行重新审查，必要时重新进行评估。

（三十）贷款合同约定的还款期限届满，借款人到期未履行还款义务或者发生当事人约定的实现质权的情形，商业银行可以通过协议折价、拍卖、变卖、许可使用等方式实现质权，并依合同约定从所得价款中优先受偿。

八、优化知识产权质押贷款业务政策环境

（三十一）银行业监督管理机构要鼓励商业银行在商业可持续原则下积极开展中小企业知识产权质押贷款业务，并对业务开展良好的商业银行按相关规定实行监管激励。

（三十二）银行业监督管理机构和知识产权行政管理部门要建立协商沟通机制，搭建业务交流和信息共享平台，与地方政府相关部门、相关行业协会等共同建立联合工作机制，促进知识产权质押贷款业务健康发展。

（三十三）知识产权行政管理部门要联合相关部门共同加强知识产权质押评估技术的规范化，提升资产评估机构及有关从业人员的专业化水平，促进知识产权评估标准的制定，规范知识产权评估机构的行为，完善知识产权质押贷款服务平台建设。

（三十四）知识产权行政管理部门要积极构建知识产权交易市场，研究制定统一的知识产权交易规则，提供知识产权交易信息发布平台，促进知识产权流转。

（三十五）知识产权行政管理部门要联合其他相关部门为知识产权质押贷款业务的发展创造良好的市场环境，协助商业银行逐步建立知识产权质押融资信用体系。

商业银行以外的银行业金融机构以及经银监会批准设立的其他金融机构（以下统称银行业金融机构）开展知识产权质押贷款业务，参照适用本指导意见。

请各银监局联合当地知识产权局、工商行政管理局、版权局将本意见联合转发至辖内银监分局、知识产权局、工商行政管理局、版权局及银行业金融机构，并协调做好本意见的贯彻实施工作。

中国银监会　　国家知识产权局

国家工商行政管理总局　　国家版权局

2013 年 1 月 21 日

2. 关于抓紧落实专利质押融资有关工作的通知

（国知办函管字〔2017〕733 号）

各省、自治区、直辖市，新疆生产建设兵团知识产权局：

近期，国务院和国务院办公厅印发《国务院关于强化实施创新驱动发展战略进一步推进大众创业万众创新深入发展的意见》《国务院办公厅关于推广支持创新相关改革举措的通知》，对知识产权质押融资工作提出明确要求。为督促落实有关工作部署，现提出如下举措，请遵照实施。

一、加快扩大工作覆盖面

加强总结交流，加快扩展专利质押融资工作覆盖面。2017 年 11 月底前，应组织辖区内各地市深入开展专利质押融资工作总结和经验交流，认真梳理全省（含各地市）已出台的各项政策措施，并在此基础上，以年均 20% 以上的增长目标（新增服务企业数量或项目数）制订全省推进专利质押融资工作方案（2018～2020 年）。2018 年 6 月底前，辖区内 70% 以上的地市建立完善专利质押融资服务和促进机制，并将专利质押融资工作纳入年度计划；50% 以上的地市专利质押融资工作有政策保障、有专人负责、有经费支持、有平台服务；省会等中心城市实现常态化开展；省知识产权局建立全省专利质押融资工作年度考核机制。

二、抓紧建立健全风险分担及补偿机制

发挥试点效应，尽快建立健全专利质押融资风险分担及补偿机制。国家专利质押融资风险补偿试点省份要在落实《关于引入专利质押融资保证保险完善专利质押融资风险补偿机制的通知》（国知办函管字〔2017〕96 号）要求的基础上，加快组织省内有关地市深化创新试点工作，2018 年 6 月底前将取得的经验在辖区内 80% 以上的地市进行推广。尚未建立风险补偿机制的省份，要引入专利保险机制，设立地方性风险补偿资金，积极引导企业为质押项目购买专利执行保险和融资保证保险，2018 年上半年实现贷款、保险、财政风险补偿捆绑的专利权质押融资项目落地。

三、加强项目对接与服务

积极提供服务，做好项目对接。各省知识产权局应经常性组织开展需求调查，并会同有关部门结合企业的融资需求及企业核心专利的运营情况，建立分类的需求项目库，及时加强服务供给，有效促进项目对接。强化专利项目担保和资产评估服务，鼓励引进或培育专利资产评估等服务机构，加强业务培训，提升服务能力；探索建立科学、快捷的专利资产评估模式，加强对专利资产评估服务的规范、指导和监督。

四、完善质权风险管理

加强知识产权保护，支持开展质权风险管理。按照《担保法》和《专利权质押登记办法》要求，做好专利权质押登记服务，确保质权合格并及时生效。对本地区在质押的专利项目实施法律状态跟踪，一旦发现问题及时通报质权人并协助开展风险管控；将知识产权管理制度不够健全、管理能力相对较弱的创新型中小企业列入重点名单，提供及时有效的知识产权保护。

五、开展专利权质押登记试点

国家知识产权局计划开展专利权质押登记试点，授权试点地区开展质押登记请求的受理、审查、发出质押登记通知书等服务，同时便于各地掌握项目情况，有利于开展相关服务和促进工作。对于专利权质押融资业务量较大，工作基础较好的地区，特别是知识产权综合管理改革试点地区、知识产权运营服务体系建设重点城市及双创示范基地所在省份，可以申请开展专利权质押登记试点。鼓励有条件的地区，试点期间在当地政务大厅设立专利权质押登记服务窗口，进一步提升服务质量和效率。

各地要按照以上要求，抓紧制订推进计划，结合《关于推进2017年度专利质押融资工作若干事项的函》的工作部署，积极组织实施；拟申报专利权质押登记试点的省份要制定试点工作方案（要求明确工作目标、组织实施方式、人员条件保障及工作进度），由省局向国家知识产权局提出申请。有关推进计划、人员信息表（附件）、专利权质押登记试点申请材料，请于2017年12月1日前以正式文件和电子件形式报国家知识产权局。

特此通知。

附件：人员信息表

国家知识产权局办公室

2017 年 10 月 19 日

联系人：专利管理司　耿中泽　余　博　王双龙

电　话：010 – 62086660 62086575

邮　箱：gengzhongze@ sipo. gov. cn

3.《关于加强知识产权质押融资与评估管理支持中小企业发展的通知》

（2010年8月12日，财政部、工业和信息化部、银监会、国家知识产权局、国家工商行政管理总局、国家版权局联合印发。）

各省、自治区、直辖市、计划单列市财政厅（局）、中小企业管理部门、银监局、知识产权局、工商行政管理局、版权局：

为贯彻落实《国家知识产权战略纲要》（国发〔2008〕18号和《国务院关于进一步促进中小企业发展的若干意见》（国发〔2009〕36号），推进知识产权质押融资工作，拓展中小企业融资渠道，完善知识产权质押评估管理体系，支持中小企业创新发展，积极推动产业结构优化升级，加快经济发展方式转变，现就知识产权质押融资与评估管理有关问题通知如下：

一、建立促进知识产权质押融资的协同推进机制

知识产权质押融资是知识产权权利人将其合法拥有的且目前仍有效的专利权、注册商标权、著作权等知识产权出质，从银行等金融机构取得资金，并按期偿还资金本息的一种融资方式。各级财政、银监、知识产权、工商行政、版权、中小企业管理部门（以下统称各有关部门）要充分发挥稳各自的职能作用，加强协调配合和信息沟通，积极探索促进本地区知识产权质押融资工作的新模式、新方法，完善知识产权质押融资的扶持政策和管理机制，加强知识产权质押评估管理，支持中小企业开展知识产权质押融资，加快建立知识产权质押融资协同工作机制，有效推进知识产权质押融资工作。

二、创新知识产权质押融资的服务机制

各有关部门要指导和支持银行等金融机构探索和创新知识产权信贷模式，积极拓展知识产权质押融资业务，鼓励和支持商业银行结合自身特点和业务需要，选择符合国家产业政策和信贷政策、可以用货币估价并依法流转的知识产权作为质押物，有效满足中小企业的融资需求。

各有关部门要指导和支持商业银行等金融机构根据国家扶持中小企业发展的政策，充分利用知识产权的融资价值，开展多种模式的知识产权质押融资业务，扩大中小企业知识产权质押融资规模。要鼓励商业银行积极开展以拥有自主知识产权的中小企业为服务对象的信贷业务，对中小企业以自主知识产权质押的贷款项目予以优先支持。要充分利用国家财政现有中小企业信用担保资金政策，对担保机构开展的中小企业知识产权质押融资担保业务给予支持。

各有关部门要引导商业银行、融资性担保机构充分利用资产评估在知识产权质押中的作用，促进知识产权、资产评估法律及财政金融等方面的专业协作，协助贷款、担保等金融机构开展知识产权质押融资业务。要进一步加强知识产权、资产评估、金融等专业知识培训和业务交流，开展相关政策与理论研究，提升商业银行、融资性担保机构、资产评估机构等组织及有关从业人员的专业能力。

各有关部门要支持和指导中小企业运用相关政策开展知识产权质押融资，构建中小企业与商业银行等金融机构之间的信息交流平台，提高中小企业知识产权保护和运用水平。

三、建立完善知识产权质押融资风险管理机制

各地银监部门要指导和支持商业银行等金融机构建立健全知识产权质押融资管理体系，创新授信评级，严格授信额度管理，建立知识产权质押物价值动态评估机制，落实风险防控措施。

各有关部门要鼓励融资性担保机构为中小企业知识产权质押融资提供担保服务，引导企业开展同业担保业务，构建知识产权质押融资多层次风险分担机制。探索建立适合中小企业知识产权质押融资特点的风险补偿和尽职免责机制。支持和引导各类信用担保机构为知识产权交易提供担保服务，探索建立社会化知识产权权益担保机制。

四、完善知识产权质押融资评估管理体系

各有关部门要根据财政部和国家知识产权局、国家工商行政管理总局、国家版权局等部门有关加强知识产权资产评估管理的意见，完善知识产权质押评估管理制度，加强评估质量管理，防范知识产权评估风险。

各有关部门要鼓励商业银行、融资性担保机构、中小企业充分利用专业评估服务，由经财政部门批准设立的具有知识产权评估专业胜任能力的资产

评估机构，对需要评估的质押知识产权进行评估。要指导商业银行、融资性担保机构、中小企业等评估业务委托方，针对知识产权质押融资的评估行为，充分关注评估报告披露事项，按照约定合理使用评估报告。

中国资产评估协会要加强相关评估业务的准则建设和自律监管，促进资产评估机构、注册资产评估师规范执业，加快推进知识产权评估理论研究和数据服务系统建设，为评估机构开展知识产权评估提供理论和数据支持。要在无形资产评估准则框架下，针对各类知识产权制定具体的资产评估指导意见，形成完整的知识产权评估准则体系。要加大知识产权评估相关业务的培训，进一步提高注册资产评估师专业胜任能力。要监督资产评估机构按照国家有关规定合理收取评估费用，制止资产评估机构低价恶性竞争或超标准收费行为。

五、建立有利于知识产权流转的管理机制

各级知识产权部门要建立动态的信息跟踪和沟通机制，及时做好知识产权质押登记，加强流程管理，强化质押后的知识产权保护，并为商业银行、融资性担保机构、质押评估委托方查询质押知识产权法律状态、知识产权质押物经营状况等信息提供必要的支持，协助商业银行逐步建立知识产权质押融资信用体系。

各级中小企业管理部门要积极引导拥有自主知识产权的中小企业进行质押融资，提高其知识产权参与资产评估的积极性和有效性，建立适应知识产权交易的多元化、多渠道投融资机制，并将其纳入当地中小企业成长工程。

各有关部门要加快推进知识产权交易市场建设，充分依托各类产权交易市场，引导风险投资机构参与科技成果产业化投资，促进知识产权流转。要积极探索知识产权许可、拍卖、出资入股等多元化价值实现形式，支持商业银行、融资性担保机构质权的实现。

财政部　工业和信息化部　银监会

国家知识产权局　国家工商行政管理总局　国家版权局

二〇一〇年八月十二日

附录二
地方知识产权质押融资
相关法律规定、政策文件

一、地方知识产权质押融资相关法律规定、政策文件一览表

区域和省份		省级相关规定	开展知识产权质押融资县（区）市
华东	山东省	《山东省知识产权促进条例》， 《山东省知识产权战略纲要》（鲁政发〔2012〕35号）， 《关于加强知识产权工作提高企业核心竞争力的意见》（鲁政发〔2012〕46号）， 《山东省知识产权（专利）专项资金管理暂行办法》（鲁财教〔2017〕29号）， 《山东省小微企业知识产权质押融资项目管理办法》（鲁科字〔2015〕88号）， 《山东省知识产权质押融资风险补偿基金管理办法》（鲁知管字〔2016〕6号）， 《山东省科技型小微企业知识产权质押融资暂行办法》（鲁科字〔2015〕88号）， 《关于大力推进体制机制创新 扎实做好科技金融服务的意见》（银发〔2014〕9号）， 《关于支持高新区科技型小微企业创新发展的若干意见》（鲁政办发〔2014〕11号）	威海、潍坊、滨州、东营、济南、菏泽、聊城、泉林

区域和省份		省级相关规定	开展知识产权质押融资县（区）市
华东	江苏省	《江苏省专利促进条例》， 《江苏省知识产权战略纲要》（苏政发〔2009〕1号）， 《江苏省知识产权强企行动计划》， 《关于知识产权强省建设的若干政策措施》（苏政发〔2017〕32号）， 《关于加快建设知识产权强省的意见》（苏发〔2015〕6号）， 《关于加快推进产业科技创新中心和创新型省份建设的若干政策措施》（苏政发〔2017〕32号）， 《江苏省知识产权战略纲要》（苏政发〔2009〕1号）， 《江苏省专利发明人奖励办法》（苏政发〔2016〕95号）， 《江苏省重大经济科技活动知识产权评议办法》（苏政办发〔2016〕82号	南京、镇江、无锡、苏州、南通、连云港
	安徽省	《安徽省专利条例》， 《安徽省科学技术进步条例》， 《关于进一步推进大众创业万众创新深入发展的实施意见》（皖政〔2017〕135号）， 《支持科技创新若干政策》（皖政〔2017〕52号）， 《安徽省促进科技成果转移转化行动实施方案》（皖政办〔2016〕40号）， 《加快知识产权强省建设实施方案》（皖〔2016〕64号）， 《关于实施创新驱动发展战略进一步加快创新型省份建设的意见》（皖发〔2014〕4号）， 《实施创新驱动发展战略进一步加快创新型省份建设配套文件》（皖政办〔2014〕8号）， 《关于修订印发实施创新驱动发展战略进一步加快创新型省份建设配套文件的通知》（皖政办〔2015〕4号）， 《合芜蚌自主创新综合试验区专利权质押贷款试点工作实施办法（试行）》（皖政办〔2009〕129号）	合肥、芜湖、蚌埠、亳州、铜陵等14个市及宁国、颍上、青阳、全椒、金寨5个县（市）

区域和省份		省级相关规定	开展知识产权质押融资县（区）市
华东	浙江省	《浙江省专利条例》， 《浙江省知识产权保护与管理专项资金管理办法》（浙财教〔2015〕1号）， 《浙江省知识产权发展"十三五"规划》（浙发改规划〔2016〕596号）， 《关于深入实施知识产权战略行动计划（2015～2020年）》（浙政办发〔2015〕58号）， 《浙江省贯彻国家知识产权战略纲要实施意见》（浙政办发〔2009〕189号）	杭州、温州
	福建省	《福建省专利促进与保护条例》， 《福建省人民政府关于贯彻国家知识产权战略纲要的实施意见》（闽政文〔2010〕31号）， 《福建省专利权质押贷款工作指导意见》（福银〔2009〕243号）， 《福建省小微企业专利权质押贷款风险补偿资金管理办法（试行）》（闽财教〔2015〕44号）， 《福建省知识产权强县（市、区）管理办法（暂行）》（闽知管〔2015〕45号）， 《福建省专利导航试点工作管理暂行办法》（闽知管〔2016〕12号）， 《福建省"十三五"专利事业发展规划》（闽知规〔2016〕9号）， 《福建省知识产权优势企业管理办法》（闽知管〔2017〕2号）， 《福建省知识产权评议工作指导意见》（闽知规〔2017〕15号）， 《福建省标准化管理办法》（福建省人民政府令第59号），	福州、厦门、漳州、泉州、龙岩
	辽宁省	《关于进一步加强科技创新中知识产权工作的若干意见》（闽政办〔2009〕29号）， 《福建省专利发展专项资金管理暂行办法》（闽财教〔2008〕95号）， 《福建省专利发展专项资金管理暂行办法》（闽财教〔2008〕95号）	

区域和省份		省级相关规定	开展知识产权质押融资县（区）市
华东	上海市	《上海市专利资助办法》， 《上海知识产权战略纲要》， 《专利资产评估管理暂行办法》， 《上海市知识产权质押评估实施办法（试行）》《上海市知识产权质押评估技术规范（试行）》（沪财会〔2010〕52号）， 《关于本市促进知识产权质押融资工作实施意见》（沪府办发〔2009〕26号）， 《上海市知识产权试点和示范园区评定与管理办法》（沪知局〔2013〕80号）， 《上海市企事业专利工作试点示范单位认定和管理办法（试行）》， 《上海市专利资助资金管理办法》， 《上海市版权公开交易管理办法》（沪版权〔2009〕11号）	浦东新区和闵行、徐汇、黄浦、普陀、长宁、静安、虹口、杨浦、闸北、青浦、奉贤区等12个城区
华南	广东省	《广东省专利条例》， 《广东省知识产权战略纲要（2007～2020年)》， 《关于加快建设知识产权强省的决定》（粤发〔2012〕4号）， 《关于加快推进广东省知识产权质押融资工作的若干意见》（粤知〔2012〕207号）， 《广东省建设引领型知识产权强省试点省实施方案》（粤府〔2016〕56号）， 《关于知识产权服务创新驱动发展的若干意见》（粤府办〔2016〕49号）， 《加强中国（广东）自由贸易试验区知识产权工作的指导意见》（粤知协〔2015〕154号）， 《广东省加快建设知识产权强省重点任务分工方案》（粤办函〔2012〕704号）， 《关于促进我省知识产权服务业发展的若干意见》（粤府办〔2014〕3号）	广州、南海、东莞、顺德、深圳、江门

区域和省份		省级相关规定	开展知识产权质押融资县（区）市
华南	广西壮族自治区	《广西壮族自治区专利条例》， 《广西壮族自治区实施知识产权战略意见》， 《广西壮族自治区专利资助和奖励办法（试行）》（桂财教〔2017〕55号）， 《广西壮族自治区知识产权事业发展"十三五"规划》（桂知规字〔2017〕5号）；	—
	海南省	《海南省专利权质押登记办理指南》， 《海南省促进省属高等院校和科研院所科技成果转化的若干意见（试行）》（琼府办〔2015〕252号）， 《海南省鼓励和支持战略性新兴产业和高新技术产业发展的若干政策（暂行）》（琼府〔2011〕52号）， 《海南省知识产权战略纲要（2010～2020年）》（琼府〔2010〕30号）， 《海南省促进高新技术产业发展的若干规定》（琼府〔2009〕59号）， 《海南省促进知识产权发展若干规定》（琼府〔2012〕8号）	—
华中	湖北省	《湖北省专利条例》， 《湖北省知识产权战略纲要》， 《加强专利创造运用保护暂行办法》及实施细则， 《关于加快知识产权强省建设的意见》及实施方案， 《关于推进湖北省知识产权金融服务工作的指导意见》， 《加强中国（湖北）自由贸易试验区知识产权工作的意见》， 《关于加强知识产权质押融资管理的通知》， 《2017年度知识产权质押融资工作计划》， 《加强中国（湖北）自由贸易试验区知识产权工作的意见》， 《中国（湖北）自由贸易试验区总体方案任务分工》（鄂自贸组文〔2017〕3号）	武汉

区域和省份		省级相关规定	开展知识产权质押融资县（区）市
华中	湖南省	《湖南省知识产权战略推进专项资金管理办法》（湘财教〔2015〕48号）， 《关于确定2017年专利权质押融资评估费补贴单位的通知》（湘知发〔2017〕43号）， 《关于促进湖南省专利权质押贷款工作的意见》（长银发〔2012〕121号）， 《湖南省知识产权战略实施专项项目管理办法》（湘知发〔2013〕19号）， 《湖南省专利奖励办法》（湘政发〔2013〕3号）， 《湖南省知识产权保护创新示范企业创建工作方案》， 《湖南省知识产权局合同合法性审查制度（试用稿）》， 《湖南省知识产权优势企业培育工程管理办法（试行）》	株洲、长沙
	河南省	《河南省专利保护条例》， 《河南省知识产权事业发展项目全过程管理办法》（豫知〔2016〕42号）， 《2015年河南省专利事业发展战略推进计划》（豫知〔2015〕7号）， 《河南省知识产权局关于进一步推动知识产权质押融资工作的意见》（豫知〔2015〕14号）， 《全国知识产权教育培训分类指导大纲（试行）》（豫知函〔2015〕7号）	全省18个省辖市
	江西省	《江西省专利促进条例》， 《江西省中小微企业知识产权质押融资管理办法（暂行）》， 《江西省建设特色型知识产权强省试点省实施方案》（赣府字〔2016〕85号）， 《关于加快特色型知识产权强省建设的实施意见》（赣府发〔2016〕37号）， 《江西省知识产权局责任清单》， 《江西省知识产权局权力清单》， 《江西省专利奖励办法》及实施细则， 《江西省知识产权服务机构入册服务暂行办法》， 《江西省专利实施资助项目管理暂行办法》	南昌

区域和省份		省级相关规定	开展知识产权质押融资县（区）市
华北	北京市	《北京市专利保护和促进条例》， 《关于加快知识产权首善之区建设的实施意见》（京政发〔2017〕4号， 《北京市"十三五"时期知识产权（专利）事业发展规划》， 《深入实施首都知识产权战略行动计划（2015～2020年）》（京政办发〔2015〕32号）， 《首都知识产权服务业发展规划（2014～2020年）》（京知局〔2015〕21号）， 《北京市人民政府关于实施首都知识产权战略的意见》（京政发〔2009〕11号）， 《北京市专利资助金管理办法实施细则》（京知局〔2017〕351号）， 《关于进一步推动首都知识产权金融服务工作的意见》， 《北京市加强专利运用工作暂行办法》， 《关于加快推进中关村国家自主创新示范区知识产权质押贷款工作的意见》（中示区组发〔2010〕19号）	海淀区
	天津市	《天津市专利促进与保护条例》， 《天津市专利奖评奖办法》， 《天津市专利资助办法》， 《天津市专利权质押贷款实施指导意见》， 《天津市知识产权质押融资工作方案》（津知发施字〔2010〕5号）， 《关于征集2010年度专利运用试点项目的通知》（津知发施字〔2010〕7号）， 《天津市知识产权质押融资工作方案》（津知发施字〔2010〕5号）	天津市
	河北省	《河北省专利条例》， 《河北省专利事业发展"十三五"规划》， 《河北省专利权质押贷款管理暂行办法》（冀知办〔2010〕11号）， 《2011～2014年河北省专利权质押贷款工作安排意见》， 《河北省知识产权局关于开展2016年全省知识产权金融工作的安排意见》，	邯郸等8个区市，石家庄高新区、鹿泉等3个县（区）

区域和省份		省级相关规定	开展知识产权质押融资县（区）市
华北	河北省	《专利权作价出资入股补贴（试行）办法》， 《2016年度专利资助办法》， 《河北省知识产权优势培育工程专利奖评选办法》（2014年修订）	
	山西省	《山西省知识产权战略纲要》， 《山西省人民政府关于新形势下推进知识产权强省建设的实施意见》， 《山西省专利奖励办法实施细则》， 《山西省专利推广实施资助专项资金管理办法》， 《山西省专利奖励办法》， 《山西省专利实施和保护条例》	—
	内蒙古自治区	《推进内蒙古自治区科技金融结合工作的若干意见》， 《内蒙古科技保险实施方案》， 《内蒙古知识产权质押贷款管理方案》	包头
西北	宁夏回族自治区	《宁夏回族自治区专利保护条例》， 《宁夏回族自治区企业知识产权试点示范工作管理办法》（宁知发〔2017〕71号）， 《宁夏知识产权保护和运用"十三五"规划》（宁政办发〔2017〕134号）， 《知识产权补助资金管理暂行办法》（宁财企发〔2017〕181号）	银川、青铜峡
	新疆维吾尔自治区	《新疆维吾尔自治区专利促进与保护条例》， 《新疆维吾尔自治区专利奖评奖办法（暂行)》， 《新疆维吾尔自治区知识产权战略纲要》（新政发〔2010〕40号）， 《关于加强重大经济科技活动知识产权评议工作的意见》（新政办发〔2016〕2号）， 《新疆维吾尔自治区专利申请资助专项资金管理办法》	乌鲁木齐
	青海省	《青海省专利促进与保护条例》， 《青海省人民政府关于加强知识产权工作的实施意见》（青政〔2016〕52号）， 《青海省专利权质押贷款实施办法》，	—

续表

区域和省份		省级相关规定	开展知识产权质押融资县（区）市
西北	青海省	《关于青海省贯彻落实国家知识产权战略行动计划（2014～2020年）实施意见》青政办〔2015〕38号， 《青海省专利奖评奖办法》及其实施细则， 《青海省重大经济科技活动知识产权分析评议办法》	—
	陕西省	《陕西省专利保护条例》， 《陕西知识产权质押贷款管理办法》（陕银监发〔2016〕28号）， 《关于定期报送知识产权质押融资工作进展情况的通知》（陕知发〔2016〕56号）， 《关于积极推进知识产权质押贷款工作的通知》（陕知发〔2016〕51号）， 《陕西省知识产权质押贷款评估资助资金管理办法（暂行）》（陕知发〔2011〕42号）， 《陕西省重大经济活动知识产权评议计划管理办法（暂行）》， 《陕西省专利申请专项资金管理办法》	覆盖全省大范围地区
	甘肃省	《甘肃省专利条例》， 《甘肃省中小微企业专利权质押融资办法》	—
西南	四川省	《四川省知识产权质押融资风险补偿基金管理暂行办法》， 《四川省知识产权战略纲要（2009～2020年）》， 《四川省绿色金融发展规划的通知》（川办发〔2018〕7号）， 《四川省省级知识产权专项资金管理办法》（川财建〔2017〕18号）， 《2017年深入实施知识产权战略加快建设知识产权强省推进计划》《2017年度深入实施知识产权战略加快建设知识产权强省进度安排表》（川知领〔2017〕2号）， 《关于深入实施知识产权战略加快建设西部知识产权强省的意见》（川府发〔2016〕31号）， 《2016年四川省知识产权战略纲要实施推进计划》（川知领〔2016〕2号），	成都、绵阳、自贡、攀枝花、遂宁、乐山、宜宾、内江、雅安、广安、泸州

区域和省份		省级相关规定	开展知识产权质押融资县（区）市
西南	四川省	《关于加快培育和发展知识产权服务业的实施意见》（川知发〔2015〕8号）， 《四川省专利实施与产业化激励办法实施细则》（川知发〔2013〕99号）， 《四川省专利实施与促进专项资金管理办法》	
	云南省	《云南省专利促进与保护条例》， 《云南省园艺植物新品种注册保护条例》， 《云南省专利奖奖励办法（试行）》， 《知识产权现代服务体系建设项目管理暂行办法》（云知发〔2017〕13号）， 《关于进一步加强知识产权工作促进技术创新若干意见》（云政办发〔2001〕193号）	昆明
	贵州省	《贵州省专利条例》， 《贵州省专利权质押贷款贴息补助管理办法》（黔知发〔2012〕19号）， 《贵州省关于新形势下加快知识产权强省建设的实施意见》， 《关于大力推进大众创业万众创新的实施意见》（黔府发〔2016〕25号）， 《贵州省专利申请资助管理办法》（黔科通〔2015〕37号）， 《贵州省科技保险补助资金管理暂行办法》（黔科通〔2015〕22号）， 《贵州省重大经济活动知识产权评议办法》（黔科通〔2015〕6号）， 《关于促进贵州省知识产权服务辅导机构发展的补助管理暂行办法》（黔科通〔2014〕168号）	龙里县等
	西藏自治区	《关于加强知识产权工作的若干意见》， 《西藏自治区科学技术奖励办法实施细则》（藏科发〔2015〕198号）	—
	重庆市	《重庆市知识产权质押融资管理办法（试行）》， 《重庆市深化体制机制改革加快实施创新驱动发展战略行动计划（2015~2020年）》（渝委发〔2015〕13号）， 《重庆市知识产权质押融资操作指引》	重庆市

区域和省份		省级相关规定	开展知识产权质押融资县（区）市
东北	辽宁省	《辽宁省知识产权"十三五"规划》（辽政办发〔2016〕76号）， 《关于新形势下加快知识产权强省建设的实施意见》（辽政发〔2016〕45号）， 《辽宁省深入实施知识产权战略行动计划（2015～2020年）》， 《关于设立辽宁省知识产权质押融资风险补偿基金的实施方案》（辽知发〔2016〕18号）， 《关于加快建设知识产权强县（市、区）的指导意见》， 《关于加强中国（辽宁）自由贸易试验区知识产权工作的若干意见》， 《辽宁省关于加强中小企业知识产权工作的若干意见》	沈阳、大连、鞍山等10个市
	吉林省	《吉林省知识产权质押融资贷款风险补偿合作方案（草案）》， 《"十三五"吉林省知识产权保护和运用规划》， 《吉林省深入实施知识产权战略行动计划（2015～2020）年》（吉政办发〔2015〕15号）， 《关于新形势下加快知识产权强省建设的实施意见》（吉政发〔2016〕27号）， 《关于深化科技体制改革加快推进科技创新的实施意见》（吉发〔2012〕24号）， 《关于加快经济发展方式转变的若干意见》（吉发〔2010〕19号）， 《吉林省科技成果转化促进计划（2011～2015年）》， 《关于进一步加强知识产权工作的意见》	长春、吉林、沈阳
	黑龙江省	《黑龙江省专利保护条例》， 《黑龙江省知识产权保护和运用"十三五"规划》， 《黑龙江省知识产权战略纲要》， 《黑龙江省深入实施知识产权战略行动计划（2015～2020年）》， 《关于新形势下加快知识产权强省建设的实施意见》（黑政发〔2016〕19号）	哈尔滨等

二、部分地方知识产权质押融资政策文件

1.《山东省小微企业知识产权质押融资项目管理办法》

第一条 为推动大众创业、万众创新，支持小微企业发展，提高财政资金使用效益，更好地发挥财政资金引导作用，特制定本办法。

第二条 本办法所称知识产权质押融资扶持项目（以下简称扶持项目），是从省财政预算内的科技重大专项和重点研发计划中安排资金，对省内（不含青岛市）经工商行政管理部门核准登记注册的小微企业以其合法有效、且可以转让的知识产权出质获得金融机构贷款发生的利息和评估费，给予贴息和补助的项目。

第三条 申请扶持资金的企业应当具备以下条件：

（一）企业为具有独立法人资格的小微企业，符合国家小微企业划型标准规定；

（二）在山东省小微企业知识产权质押融资信息库备案；

（三）在 2014 年 4 月 30 日后获得金融机构专利权质押贷款，按期还本付息，借款合同已按约定履行完毕；

（四）专利权质押合同已办理过专利权质押登记手续；

（五）质押贷款项目符合国家产业政策，出质的专利权权属清晰、合法有效，处于实质性实施或使用阶段，且技术含量高、市场前景好，对提升企业创新能力、增强企业市场竞争力产生明显的推动作用。

第四条 对符合本办法规定条件的单笔贷款，按照贷款当年中国人民银行同期贷款基准利率的 60% 给予贴息支持，一个年度贴息最高不超过 20 万元。对未按照规定归还的逾期贷款利息、加息和罚息，不予贴息。贴息期限最长为 2 年。同一家企业享受贴息最多不超过三次。

第五条 企业因贷款而产生的专利评估、价值分析费，按确认发生额的

50% 予以补助，对同一家企业年补助最高不超过 5 万元；同一家企业享受补助最多不超过三次。

第六条　企业申报扶持资金应按照有关要求提供以下材料：

（一）山东省小微企业知识产权质押融资扶持资金申报书；

（二）营业执照副本、税务登记证副本；

（三）国家知识产权局出具的专利权质押登记通知书，用于质押的专利权证书；

（四）专利权质押合同、借款合同、已偿还贷款本金和支付相应利息凭证，贷款发放银行出具的贷款真实性证明；

（五）专利评估、价值分析协议，评估、价值分析报告，评估、价值分析费支付凭证；

（六）申报单位对报送材料真实性声明，项目实施效果评估报告；

（七）应提交的其他证明材料。

第七条　凡已经列入省内其他同类性质财政资金扶持的项目，不得重复申报。

第八条　市知识产权部门、财政部门负责本市企业扶持项目审核，对符合上述条件的小微企业拨付资金。每年 1 月 31 日前，由市知识产权部门、财政部门向省知识产权局提交政策兑付报告、审核材料和相关资金文件。

第九条　每年 4 月 30 日前，省科技厅、省知识产权局对各市扶持项目进行审核后，向省财政厅报送当年资金预拨和上年度资金清算的意见，省财政厅据此下达各市资金。2015 年省级补助资金，于当年 7 月 15 日前预拨各市，2016 年清算。

第十条　企业收到扶持资金后，应当按照财务会计制度有关规定，冲减已支付的利息和评估费用。

第十一条　省科技厅、省财政厅、省知识产权局负责对贴息补助项目实施情况进行监督检查，对弄虚作假、以不正当手段套取财政资金的，给予以下处理：

（一）不良记录列入单位信用档案，向社会公布；

（二）一定期限内取消预拨资金资格，追回扶持资金；

（三）取消申报扶持资金资格。

第十二条　本办法由省科技厅、省财政厅、省知识产权局负责解释。

第十三条　本办法自 2015 年 7 月 6 日起施行，有效期至 2020 年 7 月 5 日。

2.《福建省专利权质押贷款工作指导意见》

第一条　为鼓励金融创新，发挥专利权融资功能，支持专利技术产业化，促进创新型省份建设，根据《中华人民共和国物权法》、《中华人民共和国专利法》、《中华人民共和国商业银行法》等有关法律法规的规定，制定本指导意见。

第二条　本意见所称专利权，是指已被国家专利行政部门依法授予的发明专利、实用新型专利和外观设计专利的财产权。

本意见所称专利权质押贷款是指为生产经营的需要，企事业单位或个人（以下简称"借款人"）以其依法拥有的发明专利、实用新型专利和外观设计专利的财产权作为质押，从银行业金融机构（以下简称"贷款人"）取得一定金额的信贷资金，并按期偿还贷款本息的一种贷款业务。

第三条　提供专利权作为质押担保物的借款人为出质人，接受专利权担保的贷款人为质权人。如一项专利有两个以上（含两个）的共同专利人，出质人应为全体专利权人。

第四条　借款人用于质押贷款的专利权必须符合以下条件：

（一）已依法获得国家知识产权局专利授权；

（二）专利权处于法定有效期内。其中发明专利剩余有效期限不少于 8 年，实用新型和外观设计专利的剩余有效期限不少于 3 年；

（三）专利权人依法缴纳专利年费，专利权法律状态明确、有效，依法可以转让流通；

（四）该专利不涉及国家安全和保密事项；

（五）他人未对专利权启动无效宣告程序；

（六）该专利项目处于实质性实施阶段，具有较好的市场潜力和良好的经济效益。

第五条　有下列情形之一的，贷款人不予办理专利权质押贷款：

（一）专利权质押未经专利权共有人一致同意的；

（二）用于质押的专利权存在权属纠纷或涉嫌侵犯他人专利权的；

（三）用于质押的实用新型或外观设计专利权评价报告显示专利权不具备新颖性、创造性或未满足授权的其他实质性条件的；

（四）专利权质押期限超过专利权有效期的；

（五）专利权被宣告无效或者已经终止的；

（六）其他不具备办理专利权质押贷款的情形。

第六条　贷款人在贷款前应审慎分析借款人信贷风险和财务承担能力，根据授信管理办法，核定借款人的贷款金额、期限和利率。

确定专利权质押贷款额度可将专利权价值评估结果作为主要的参考依据，由借贷双方协商按专利权评估价值的一定比例发放，原则上不得超过专利权价值评估额的50%。贷款人应在人民银行现行的利率政策规定下，按照收益覆盖风险的原则，合理确定利率水平。

第七条　借款人与贷款人达成初步贷款意向的，由借款人委托贷款人认可的具有资产评估资质的知识产权评估机构出具专利权价值评估报告，并持评估报告申请质押贷款。

第八条　借款人以专利权出质向贷款人借款的，除提供贷款所需常规性资料外，还需向贷款人提交下列资料：

（一）专利权质押贷款申请书；

（二）拟出质的专利证书及复印件；

（三）专利权登记簿副本原件；

（四）工商营业执照、法定代表人身份证明、企业贷款卡及复印件；

（五）出质须取得有关部门批准的还应提交有关批准文件；

（六）出质前该专利权的实施及许可使用情况证明文件；

（七）用于质押的实用新型或外观设计专利的专利权评估报告；

（八）贷款人要求的其他资料。

第九条　借贷双方签订专利权质押合同后，借款人应及时向国家知识产权局办理合同登记手续，质权自登记之日起生效。专利权质押合同登记后，借款人将出质的专利权证书移交贷款人。

借款人和贷款人认为如有必要，可向当地专利行政管理部门征询办理专利权质押登记意见。当地专利行政管理部门应提供咨询服务和其他必要的帮助。

第十条 借款人应同时将专利权质押合同登记情况报备当地专利行政管理部门。

第十一条 发生借款完全清偿、质押合同提前解除、专利权丧失、质押合同被认定为无效等情形的，借贷双方应当及时办理质押合同登记注销手续。

第十二条 贷款人应当按照借款合同约定办理质押贷款手续，及时发放贷款，并密切关注出质专利权的风险状况和价值变动情况，进行贷后跟踪监控。

第十三条 借款人应按借款合同的约定使用借款，履行相关义务，并接受专利行政管理部门、贷款人的监督。

第十四条 借款人如违反贷款合同约定，贷款人可以依法处置质押的专利权，并就处置所得优先受偿。

第十五条 专利权质押贷款用途、利率、贷款风险管理、质权实现等方面应按照有关法律法规及银行监管部门各项监管规定执行。

第十六条 贷款人应将专利权质押贷款有关信息及时录入人民银行征信系统，并加强与其他银行的信息交流。

第十七条 贷款人可根据实际需要制定专利权质押贷款业务管理具体实施细则，建立健全专利权质押贷款业务操作流程和风险管理体系，严格按照规定做好贷前调查、贷时审查、贷后管理和贷款回收与总结工作，在风险可控的前提下积极稳妥开展专利权质押贷款业务。

第十八条 各级专利行政管理部门、人民银行和银行业监管部门要建立健全信息交流沟通机制，及时协调解决专利权质押贷款业务开办过程中存在的问题。

第十九条 各级专利行政管理部门应积极培育专利权流转交易市场，规范专利权市场交易行为，并积极配合专利权质押贷款工作，在专利权法律状态核实、专利权评价报告出具、专利权质押合同登记、质押专利权处置等方面提供支持。

第二十条　为促进专利权质押贷款业务开展，各级专利行政管理部门应联合有关部门研究制定出台财政贴息优惠政策、组建专业性担保机构等支持政策和措施。

第二十一条　本指导意见由人民银行福州中心支行、福建银监局、福建省知识产权局负责解释。

第二十二条　本指导意见自发布之日起实施。

3. 《福建省小微企业专利权质押贷款风险补偿资金管理办法（试行）》

第一条　为缓解小微企业贷款难题，扶持小微企业以专利权质押方式获得银行信贷，促进专利技术转化运用，根据《福建省专利促进与保护条例》、《福建省人民政府办公厅关于进一步落实扶持小型微型企业发展政策措施的意见》精神，制定本办法。

第二条　小微企业专利权质押贷款风险补偿资金（以下简称风险补偿金）由省财政专项资金设立，省知识产权局与省财政厅共同管理，初始额度暂定 1000 万元，专项用于补偿与省知识产权局签订合作协议的国有银行（以下简称合作银行）在开展小微企业专利权质押助保贷业务（以下简称助保贷业务）过程中产生的贷款本息损失。

风险补偿金实行专户管理，专款专用，省知识产权局负责日常管理。

第三条　本办法所称助保贷业务是指合作银行向我省（计划单列市除外）具有专利权的小微企业发放的，在借款小微企业提供一定抵质押担保的基础上，由借款小微企业缴纳一定比例的助保金和政府提供的风险补偿金共同作为增信手段的信贷业务。助保贷业务利率控制在基准利率上浮 25% 以内。

第四条　本办法所称助保金是指获得合作银行助保贷支持的小微企业按规定比例缴纳的资金，具有保证性质，采取专户管理，专款专用，由省知识产权局负责监督并具体实施日常管理。

第五条　申请助保贷的企业应具备以下条件：

（一）在福建省境内（计划单列市除外）注册的具有独立法人资格的小微企业；

（二）需提供不低于贷款额度 40% 的抵质押担保，抵质押物由固定资产和自主发明、实用新型专利组成；

（三）申请企业愿意以助保金方式贷款；

（四）贷款金额不超过 300 万元，贷款时间不超过 1 年。

第六条 风险补偿金优先支持下列小微企业：

（一）省知识产权优势企业；

（二）高新技术企业；

（三）省级以上科技企业孵化器内的科技型企业。

第七条 合作银行负责助保贷业务的办理，同时应及时将进入风险补偿范围的助保贷业务信息向省知识产权局备案。省知识产权局根据合作银行的需要对相关业务办理给予必要的指导和协助。

第八条 企业在办理助保贷时，按其实际获得贷款额的 1% ～3% 缴纳助保金，合作银行负责代收。在省知识产权局和合作银行合作协议存续期间，相关借款小微企业缴纳的助保金暂不退还，待助保业务平台停止合作，所有企业的助保金贷款到期后，助保金在扣减企业逾期贷款本息的代偿后如有剩余，则按比例退还企业。

第九条 省知识产权局以在合作银行设立的助保金和风险补偿金账户余额为限承担有限代偿责任，代偿范围为合作银行助保贷债权本金及相应利息（包括复利和罚息）。

第十条 贷款企业不能按期还本付息，合作银行应及时通知省知识产权局。对逾期 1 个月的贷款，启动代偿程序，按借款小微企业贷款逾期发生的先后顺序，先以助保金进行代偿，由合作银行提出助保金代偿申请，经省知识产权局审核同意后由合作银行从助保金账户内扣划。

第十一条 对于助保金代偿不足部分，由合作银行和风险补偿金各按 50% 比例承担代偿责任。由合作银行提出风险补偿金代偿申请，经省知识产权局和省财政厅审核同意后拨付。

第十二条 因合作银行违反国家法律、中国人民银行、中国银行监督委员会相关规定发放贷款形成的损失不属于补偿范围。

第十三条 当合作银行专利权助保贷业务不良贷款率超过 5% 时，合作银行应立即暂停开展纯新客户的助保贷业务，待与省知识产权局协商同意继续开展后，才可重启业务。因合作银行不及时暂停造成的损失，省知识产权局不承担代偿责任。

不良贷款率＝专利权助保贷不良贷款余额/专利权助保贷余额

第十四条　在实施助保金和风险补偿金代偿后，合作银行应及时对相关企业进行追偿。追索回的资金或企业恢复还款收回的资金在抵扣追索费用、违约金后，先偿还银行债权，剩余部分按代偿比例补回风险补偿金和助保金所承担的损失。

合作银行可通过政府设立的产权交易平台等渠道发布质押专利权处置公告，依法拍卖、变卖相关专利权。

第十五条　建立政银信息沟通机制，指定专门部门和专人负责信息沟通。合作银行应按月定期向省知识产权局报送相关数据和备案信息。

第十六条　对于按时还贷的企业，将优先获得同期银行基准利率50%的专利权质押贷款贴息补贴。

第十七条　任何单位、个人不得骗取、截留或挪用风险补偿金和助保金。对违反规定的，按照《财政违反行为处罚处分条例》等法律法规追究法律责任。

第十八条　省知识产权局、省财政厅可根据需要对合作银行风险补偿金支付情况进行专项审计，合作银行应积极配合。

第十九条　鼓励各设区市参照本办法出台相关扶持政策，共同支持小微企业专利权质押融资活动。

第二十条　本办法由省知识产权局、省财政厅负责解释，自印发之日起施行。

4.《上海市知识产权质押评估实施办法（试行）》

第一章　总则

第一条　为规范本市评估机构、注册资产评估师及相关当事方在知识产权质押评估过程中的行为，明确相关责任和义务，加强知识产权质押评估的行业自律监管，根据相关法律法规、资产评估准则、《上海市人民政府办公厅转发市金融办等七部门关于本市促进知识产权质押融资工作实施意见的通知》（沪府办发〔2009〕26号）的规定和中国资产评估协会关于在上海进一步开展规范知识产权质押评估试点工作的要求，制定本办法。

第二条 本办法所称的融资服务机构，是指银行、小额贷款公司、担保机构和保险公司等。

第三条 本办法所称的知识产权，是指国家相关法律规定可以转让的专利权、注册商标专用权、著作权等知识产权中的财产权。

本办法所称的知识产权质押，是指债务人或者第三人将其依法所有的知识产权作为债权的担保。债务人不履行债务时，债权人有权依照法律规定以该知识产权折价或者以拍卖、变卖该资产的价款优先受偿。其中，债务人或者第三人为出质人，债权人为质权人，知识产权为质物。

本办法所称的知识产权质押评估，是指注册资产评估师依据相关法律法规、资产评估准则和本办法，对知识产权在评估基准日以质押融资为目的或质物变现处置为目的下的价值进行分析、估算并发表专业评估意见的行为和过程。

第四条 上海市资产评估协会负责对本市评估机构、注册资产评估师在执行知识产权质押评估业务过程中实施行业自律监管，其主要职能如下：

（一）组建上海市知识产权质押评估专业委员会；

（二）负责制定知识产权质押评估技术规范；

（三）组织开展知识产权质押评估专业技能培训；

（四）对知识产权质押评估工作实施日常监督管理；

（五）对知识产权质押评估工作实施业务指导；

（六）根据中国资产评估协会《资产评估执业行为自律惩戒办法（试行)》，对评估机构和注册资产评估师的执业违规行为实施行业自律惩戒。

第五条 本市注册资产评估师在执行由融资服务机构或其他委托方要求进行的知识产权质押评估业务时，适用本办法。

第六条 注册资产评估师执行知识产权质押评估业务，应当符合上海市金融服务办公室、上海市知识产权局、上海市工商行政管理局、上海市版权局、上海市财政局等政府部门的相关管理要求，接受其专业指导和职责范围内的监督。

第七条 注册资产评估师对评估对象在法律权属和技术应用等领域内存在的问题，可以寻求政府相关部门在其知识产权行政管理工作职责范围内提供相关服务，以取得专业性咨询意见。

第二章 基本要求

第八条 执行知识产权质押评估业务的评估机构应当符合以下条件：

（一）依法设立，取得财政部颁发的《资产评估资格证书》；

（二）遵守国家有关法律法规和资产评估准则，严格履行法定职责和义务；

（三）具有与知识产权质押评估业务要求相适应的专业执业人员和健全的质量控制与管理制度。

第九条 执行知识产权质押评估业务的注册资产评估师应当符合以下条件：

（一）取得资产评估执业资格，通过注册资产评估师执业资格年度检查；

（二）具有良好的职业道德，遵守国家有关法律法规和资产评估准则，严格履行法定职责和义务；

（三）经过专业技能培训，具备与知识产权质押评估业务要求相适应的专业知识、经验和专业胜任能力。

第十条 注册资产评估师执行知识产权质押评估业务时，应当遵守以下法律法规及规范性文件：

（一）知识产权、担保质押相关的法律法规；

（二）《资产评估机构审批管理办法》（财政部令第 22 号）、《财政部关于印发〈资产评估准则—基本准则〉和〈资产评估职业道德准则—基本准则〉的通知》（财企〔2004〕20 号）、中国资产评估协会颁布的各项资产评估具体准则、资产评估指南和资产评估指导意见；

（三）本办法及相关技术规范的执业要求。

第十一条 知识产权质押评估业务遵循谁委托谁付费的原则，委托方与评估机构另有约定的，从其约定。涉及对知识产权法律权属及技术应用等需要进行鉴定或咨询的，相关费用由委托方承担。

第十二条 评估机构与委托方签订评估业务约定书时，应当遵守《评估准则—评估业务约定书》的规定，并可以在业务约定书中进一步明确以下事项：

（一）出质对象和具体涉及的范围；

（二）评估报告使用者的限定；

（三）评估报告使用的限制；

（四）保密条款；

（五）其他必要的约定。

第十三条 注册资产评估师执行知识产权质押评估业务，应当勤勉尽责，恪守独立、客观、公正的原则。

第十四条 注册资产评估师执行知识产权质押评估业务，可以聘请相关专家协助工作，但应当采取必要措施确信专家工作的合理性。

第十五条 知识产权质押评估报告的评估结果是评估对象于评估基准日的价值反映。质权人关注质物在贷中质押期间的价值变动情况的，可以自行组织实施或委托评估机构对质物价值在贷中质押期间的变动实施跟踪评估。

第三章　评估对象

第十六条 知识产权质押评估业务涉及的评估对象为明确的或潜在的出质对象。

第十七条 出质的知识产权必须同时具备以下基本条件：

（一）出质人拥有完整、合法、有效的相关知识产权权利，产权关系明晰；

（二）出质的知识产权具有一定的价值，可以依法转让；

（三）符合相关法律法规的规定。

第十八条 专利权的出质对象是指专利权人依法所有的专利所有权。

以专利权出质的，应当符合国家知识产权局关于专利权质押登记的相关规定。

第十九条 商标权的出质对象是指商标权人依法所有的注册商标专用权。

以商标权出质的，应当符合国家工商行政管理总局的《注册商标专用权质权登记程序规定》。

第二十条 著作权的出质对象是指著作权人依法所有的著作权中的财产权及相关权利。

以著作权出质的，应当是已向版权行政主管部门登记，取得登记证书，并符合版权行政主管部门关于著作权质押登记的相关规定。

第二十一条 知识产权组合，是指由若干单项知识产权组成的，在长期使用过程中，共同作用于特定对象，相互匹配、不可分割的资产综合体。

构成知识产权组合的各单项知识产权，应当共同出质设定为质押对象且分别符合相关行政主管部门质押登记的有关规定。

第二十二条 注册资产评估师执行知识产权质押评估业务，应当关注评估对象的法律权属及其是否符合相关融资服务机构等所遵循的出质条件和标准，关注评估对象是否能带来显著、持续的可辨识经济利益，并提请委托方充分考虑其影响。

注册资产评估师执行知识产权质押评估业务，不得为评估对象的法律权属及其是否符合相关出质条件提供保证。

第四章 操作要求

第二十三条 注册资产评估师执行知识产权质押评估业务时，所采用的价值类型通常是市场价值或可质押净值；在执行质物变现处置评估业务时，通常是采用清算价值为价值类型。

本办法所称的知识产权可质押净值为评估对象在评估基准日的价值，等于假定未设立法定优先受偿权利下的市场价值减去注册资产评估师知悉的法定优先受偿款。

本办法所称的清算价值（或称"快速可变现价值"），是指评估对象在评估基准日处于被迫出售、快速变现等非正常市场条件下的价值估计数额。

第二十四条 注册资产评估师执行知识产权质押评估业务，应当对知识产权的基本情况、法律状况、技术状况、经济状况以及实施和许可使用情况等进行尽职调查，包括必要的现场调查和市场调查，并收集相关信息资料。

第二十五条 注册资产评估师执行知识产权质押评估业务，应当尽可能获取与知识产权相关的财务数据及相关企业经审计的财务报表，并对相关财务数据资料进行必要的分析。

第二十六条 注册资产评估师执行知识产权质押评估业务，应当关注和分析影响知识产权价值的获利能力、成本因素、技术因素、市场因素、宏观政策和经济因素、企业经营条件、有效期限、法律保护、质押风险，以及许可使用和同类资产的市场交易价格等相关因素。

第二十七条 注册资产评估师执行知识产权质押评估业务，应当根据评估目的、评估对象、价值类型、资料收集情况等相关条件，分析收益法、市场法和成本法等三种基本方法的适用性，恰当选择一种或者多种资产评估方法。

第五章　信息披露

第二十八条 注册资产评估师执行知识产权质押评估业务，应当在执行必要的评估程序后，根据《评估准则—评估报告》，编制并由所在评估机构出具知识产权质押评估报告。

第二十九条 注册资产评估师执行知识产权质押评估业务，应当在评估报告中披露必要信息，使评估报告使用者能够合理理解评估结论。

第三十条 注册资产评估师出具的知识产权质押评估报告应当满足质权人为确定知识产权质押贷款额度而提供质押对象价值参考依据的要求。

第三十一条 注册资产评估师执行知识产权质押评估业务，应当在评估报告中详细说明评估对象的状况和特点，充分披露知识产权评估的实施过程与方法，通常包括以下内容：

（一）说明知识产权的基本情况、法律权属状况、技术状况、出质前的实施和许可使用状况，以及经营和获利能力状况等；

（二）描述质押对象、范围、质押条件和限制等情况；

（三）说明影响知识产权价值的法律因素、经济因素、技术因素的分析过程；

（四）说明知识产权实施或经营条件；

（五）说明所使用的评估假设及限定条件；

（六）说明有关评估方法的选取及理由，运算和逻辑推理方式、重要参数的来源、分析、比较和测算过程，对评估结论形成的分析、比较和确定过程等；

（七）披露存在的法定优先受偿款、权属纠纷、权利瑕疵等影响质押对象设定及质物价值的事项。

第三十二条　注册资产评估师应当关注知识产权质押风险对评估报告相关信息披露的特殊要求，并对下列事项作出充分的提示、说明和披露：

（一）对质押评估报告的特定使用者的使用限制给予明确的说明和提示；

（二）对质押评估报告及其评估结论的正确理解和使用给予明确的说明和提示；

（三）对预期可能导致知识产权价值变动的各种因素给予充分的分析和说明；

（四）对质押期间，知识产权贬值的影响和可能产生的其他质押风险关注点给予明确的关注和提示。

第六章　执业责任和相关责任

第三十三条　注册资产评估师执行知识产权质押评估业务，应当对评估结论的合理性承担责任。同时，对下列事项承担相关责任：

（一）应当对评估对象的价值进行独立分析、估算并形成专业意见，不受委托方或相关当事方的影响，不得以预先设定的价值作为评估结论；

（二）应当在评估报告中提供必要信息，使评估报告使用者能够合理理解评估结论，不得出具含有虚假、不实、有偏见或具有误导性的分析或结论的评估报告；

（三）应当遵守保密原则，除法律法规另有规定之外，未经委托方书面许可，不得对外提供执业过程中获悉的商业秘密和业务资料；

（四）应当关注评估对象的法律权属，并在评估报告中对评估对象的法律权属及其证明材料来源予以必要的说明，但不得对其提供保证；

（五）应当关注评估对象的出质条件是否符合相关质押规定，进行必要的尽职调查，并在评估报告中予以披露，但不得对其提供保证。

第三十四条 涉及知识产权质押评估业务的评估机构、注册资产评估师、委托方、融资服务机构等相关当事方应当对下列事项各自承担相关责任：

（一）相关当事方应当履行合同规定的义务，并承担相应的责任；

（二）相关当事方之间不得进行误导和欺诈；

（三）相关当事方之间存在影响公正执业的利害关系时，应当予以回避；

（四）相关当事方不得利用职务或执业之便，为自己或他人谋取不正当利益；

（五）委托方应当提供必要的资料并保证所提供资料的真实性、合法性和完整性；

（六）合理使用评估报告是委托方及相关当事方的责任。

第三十五条 评估机构和注册资产评估师的执业违规行为，由行业协会依据《资产评估执业行为自律惩戒办法（试行）》实施自律惩戒。

行业协会认为评估机构和注册资产评估师的违规行为应当给予行政处罚或可能构成犯罪的，应当及时提请行政、司法机关调查处理。

第七章 附则

第三十六条 本市评估机构在执行知识产权质押评估业务过程中应当遵守本办法。

第三十七条 本办法实施后，如与相关法律法规和资产评估准则有关规定因调整而发生不一致的，应以调整后的相关法律法规和资产评估准则为准。

第三十八条 本办法由上海市资产评估协会负责解释。

第三十九条 本办法自 2010 年 7 月 1 日起实施。

5. 《上海市知识产权质押评估技术规范（试行）》

第一章 总则

第一条 为规范本市评估机构和注册资产评估师在知识产权质押评估过程中的行为，保证知识产权质押评估质量，维护知识产权质押当事人的合法权益，防范知识产权质押融资相关风险，根据资产评估准则和《上海市知识产权质押评估实施办法（试行）》（以下简称《实施办法》），制定本技术规范。

第二条　本技术规范中专门术语的基本含义如下：

融资服务机构，是指银行、小额贷款公司、担保机构和保险公司等。

知识产权，是指国家相关法律规定可以转让的专利权、注册商标专用权、著作权等知识产权中的财产权。

知识产权质押，是指债务人或者第三人将其依法所有的知识产权作为债权的担保。债务人不履行债务时，债权人有权依照法律规定以该知识产权折价或者以拍卖、变卖该资产的价款优先受偿。

其中，债务人或者第三人为出质人，债权人为质权人，知识产权为质物。

知识产权质押评估，是指注册资产评估师依据相关法律法规、资产评估准则和《实施办法》，对知识产权在评估基准日以质押融资为目的或质物变现处置为目的下的价值进行分析、估算并发表专业评估意见的行为和过程。

市场价值，是指自愿买方和自愿卖方在各自理性行事且未受任何强迫压制的情况下，评估对象在评估基准日进行正常公平交易的价值估计数额。

可质押净值，是指评估对象在评估基准日的价值，等于假定未设定法定优先受偿权利下的市场价值减去注册资产评估师知悉的法定优先受偿款。

清算价值，是指评估对象在评估基准日处于被迫出售、快速变现等非正常市场条件下的价值估计数额，本规范中也称为快速可变现价值。

知识产权组合，是指由若干单项知识产权组成的，在长期使用过程中，共同作用于特定对象，相互匹配、不可分割的知识产权综合体。

第三条　注册资产评估师在执行由融资服务机构或其他委托方要求对知识产权质押的评估业务时，应当遵守本技术规范。

第二章　评估操作程序

第四条　注册资产评估师执行知识产权质押评估业务，应当明确下列评估业务基本事项：

（一）委托方、产权持有者以及委托方以外的其他评估报告使用者；

（二）评估目的；

（三）评估对象和评估范围；

（四）价值类型；

（五）评估基准日；

（六）评估报告使用限制；

（七）评估报告提交时间及方式；

（八）评估服务费、支付时间和方式；

（九）委托方与注册资产评估师工作配合和协助等其他需要明确的重要事项。

第五条 评估机构与委托方签订评估业务约定书时，应当遵守《评估准则—评估业务约定书》的规定，并可以在业务约定书中进一步补充和明确以下事项：

（一）出质对象和具体涉及的评估对象与范围；

（二）评估报告使用者的限定；

（三）评估报告使用的限制；

（四）保密条款；

（五）其他必要的约定。

委托方可以与注册资产评估师约定对评估对象变现能力进行分析。

变现能力是指假定在评估基准日处置质权时，有特定合法的受让人，并能合理、合规地将知识产权转换为现金的可能性。

变现能力分析应当包括知识产权的特殊性、独立使用性或者可分割转让性，假定在评估基准日拍卖或者变卖时最可能实现的价格与评估的市场价值的差异程度，变现的时间长短以及费用、税金的种类、数额和清偿顺序。

第六条 注册资产评估师应当编制评估计划。评估计划的内容涵盖现场调查、收集评估资料、评定估算、编制和提交评估报告等评估业务实施全过程。

评估计划通常包括评估具体步骤、时间进度、人员安排和技术方案等内容。

注册资产评估师可以根据评估业务具体情况确定评估计划的繁简程度。

第七条　注册资产评估师执行知识产权质押评估业务，应当进行现场调查并收集评估资料。

（一）注册资产评估师执行知识产权质押评估业务，应当根据对评估业务具体情况对评估对象进行适当的现场调查，主要内容包括：

1. 确认评估对象基本状况，包括但不仅限于：名称、类别、法律状态及其以往的评估及交易情况等；

2. 核实法律权属；

3. 了解评估对象实施和运用的情况；

（1）分析知识产权拥有者及/或实施企业的经营状况；

（2）分析知识产权历史业绩、形成过程、成本投入以及历史获利能力。

4. 分析影响评估对象价值的各类因素。

（1）分析宏观经济环境以及未来宏观经济走势；

（2）分析行业状况和预期发展水平；

（3）法律、技术（市场）、经济因素分析。

（二）注册资产评估师应当根据评估业务具体情况收集评估资料，并根据评估业务需要和评估业务实施过程中的情况变化及时补充收集评估资料。注册资产评估师收集的评估资料包括：

1. 直接从市场等渠道获取的资料；

2. 从委托方、产权持有者等相关当事方获取的资料；

3. 从政府部门、各类专业机构和其他相关部门获取的资料。

（三）当注册资产评估师执行知识产权质押评估业务，缺乏所需的特殊专业知识和经验时，可以聘请相关专家协助工作，但应当采取必要措施确信专家工作的合理性。

注册资产评估师执行知识产权质押评估业务，应当对评估过程中所引用的专家意见或者专业报告的独立性与专业性进行判断，恰当引用专家意见或者专业报告。

第八条　注册资产评估师应当对收集的评估资料进行必要分析、归纳和整理，对知识产权进行评定估算，主要内容包括：

（一）分析知识产权未来预期收入、成本和费用；

（二）分析收益法、市场法和成本法等评估方法的适用性、恰当选择评估方法；

（三）根据所采用的方法，选取相应的公式和参数进行分析、计算和判断，形成初步评估结论；

（四）注册资产评估师对同一知识产权采用多种评估方法评估时，应当对取得的各种初步价值结论进行比较分析，在综合考虑不同评估方法和初步价值结论的合理性及所使用数据可靠性的基础上，形成最终评估结论。

注册资产评估师应当合理且有依据地使用假设和限制条件，并针对知识产权质押评估业务的具体情况，在评估报告中明确相关假设和限制条件。

第九条 注册资产评估师执行知识产权质押评估业务，应当在执行必要的评估程序后，根据《评估准则—评估报告》，编制并由所在评估机构出具知识产权质押评估报告。

第十条 注册资产评估师在提交评估报告后，应当按照法律法规和资产评估准则的要求对工作底稿进行整理，与评估报告一起及时形成评估档案。

第三章 评估业务基本事项

第十一条 注册资产评估师接受知识产权质押评估业务时，应当要求委托方明确评估对象，应当关注评估对象的权利状况及法律、经济、技术等具体特征。

第十二条 注册资产评估师执行知识产权质押评估业务时，应当根据具体经济行为，谨慎区分单项知识产权和知识产权组合。

第十三条 注册资产评估师执行知识产权质押评估业务时，应当要求委托方根据评估对象的具体情况与评估目的，对知识产权进行合理的分离或者合并，注册资产评估师应当恰当进行单项知识产权或者知识产权组合的评估。

构成知识产权组合的各单项知识产权，应当共同出质设定为质押对象且分别符合相关行政主管部门质押登记的有关规定。

第十四条 知识产权一般与其他资产和资源共同发挥作用，注册资产评估师应当分析被评估知识产权的自身作用，合理确定该知识产权的价值。

第十五条 注册资产评估师执行知识产权质押评估业务，应当关注知识产权的产权因素、获利能力、成本因素、市场因素、有效期限、法律保护、风险因素等相关因素。

第十六条 注册资产评估师执行知识产权质押评估业务时，评估对象为明确的或潜在的出质对象。

第十七条 出质的知识产权必须同时具备以下基本条件：

（一）出质人拥有完整、合法、有效的相关知识产权权利，产权关系明晰；

（二）出质的知识产权具有一定的价值，可以依法转让；

（三）以专利权出质的，应当符合国家知识产权局关于专利权质押登记的相关规定；以商标权出质的，应当符合国家工商行政管理总局的《注册商标专用权质权登记程序规定》；以著作权出质的，应当是已向版权行政主管部门登记，取得登记证书，并符合版权行政主管部门关于著作权质押登记的相关规定；

（四）符合其他相关法律法规的规定。

第十八条 注册资产评估师执行知识产权质押评估业务，应当关注评估对象的法律权属及其是否符合相关融资服务机构等所遵循的出质条件和标准，关注评估对象是否能带来显著、持续和可辨识经济利益，并提请委托方充分考虑其影响。

注册资产评估师执行知识产权质押评估业务，不得为评估对象的法律权属及其是否符合相关出质条件提供保证。

第十九条 注册资产评估师根据知识产权质押评估具体情况，与委托方协商，合理确定评估基准日。

第二十条 委托方将评估基准日设定在确定贷款审批发放或作出其他质押融资决策之前的，为了解知识产权在通常条件下能够合理实现的价值并以此确定贷款额度，可以委托注册资产评估师评估其市场价值或可质押净值。

委托方将评估基准日设定在贷款审批发放或作出其他质押融资决策之后某一时点的，为了动态检测知识产权价值的变化，可以委托注册资产评估师评估其市场价值或可质押净值。

委托方将评估基准日设定在出质人违约、拟处置知识产权时，为确定处置参考底价或可变现价值提供参考依据，可以委托注册资产评估师评估其市场价值或清算价值。

第四章　评估方法

第二十一条　注册资产评估师执行知识产权质押评估业务，应当根据评估目的、评估对象、价值类型、资料收集情况等相关条件，分析收益法、市场法和成本法三种资产评估基本方法的适用性，恰当选择一种或者多种资产评估方法。

第二十二条　注册资产评估师无论采用何种方法评估知识产权，均可以进行敏感性分析，从而验证方法的适用性以及交叉验证评估结果。

第二十三条　知识产权质押评估中的收益法，是指通过将被评估知识产权未来预期能产生的收益以体现其风险水平的折现率进行折现以确定评估对象价值的技术途径。收益法中常用的具体方法包括：节省许可费折现法（也译称许可费节约法，下同，Relieffrom Royalty Method）、增量收益折现法（Premium Profits，or Incremental Income Method）以及超额收益折现法（Excess Earnings Method）。

注册资产评估师使用收益法评估知识产权时应当在获取的相关信息基础上，根据被评估知识产权或者类似知识产权的历史实施情况及未来应用前景，结合知识产权实施或者拟实施企业的一般经济状况，重点分析知识产权经济收益的可预测性，恰当考虑收益法的适用性。

第二十四条　节省许可费折现法，是指将因拥有被评估对象所能节省的许可权费折现加总，或将授权他人使用被评估对象可获得之许可权费收入折现加总从而确定评估对象价值的方法，即实务中的销售收入分成法。

第二十五条　增量收益折现法，是指通过比较企业拥有被评估对象前后其带来的增量收益现值来确定评估对象价值的方法。

增量收益折现法常用来评估能带来超额收益或节约成本的知识产权。

第二十六条　超额收益折现法，是指在考虑其他相关资产对收益的贡献后，折现仅为被评估对象所产生的税后收益，从而确定被评估对象价值的方法。超额收益折现法包括单期超额收益折现法和多期超额收益折现法。鉴于实践中被评估对象会在一定时期内带来收益，因此，一般常用多期超额收益折现法。

超额收益折现法常用来评估对预期收益产生重大贡献的知识产权，相对来说，其他相关资产在整个收益模式中显得较为次要。

第二十七条 知识产权质押评估中的市场法，是指参照市场上相同或相似资产的交易价格，来确定被评估对象价值的评估技术途径。

市场法中常用的方法是交易案例比较法，即通过参照市场上相同或相似资产的交易价格，或者价值乘数来确定被评估对象价值。

价值乘数（Valuation Multiples）通常表现为交易价格除以一个收益性财务数据，这个收益性财务数据可以是销售收入、利润或现金流等口径的指标。价值乘数不仅仅局限于财务数据，在某些情况下，也会参考非财务数据。

注册资产评估师在应用市场法时，应当考虑被评估知识产权或者类似无形资产是否存在活跃的市场，考虑市场交易案例的充分性、可比性以及作出恰当调整的可能性，恰当考虑市场法的适用性。

参照物通常应当与被评估对象处于同一行业，或受相同经济因素的影响。

如果很少或根本没有相同或相似资产的交易价格，或者即使有交易和价格信息，也很难对交易价格或者价值乘数进行适当地调整从而反映出可比交易案例与被评估对象的不同特性，注册资产评估师需要谨慎使用市场法，但可以用作辅助方法，以交叉验证其他评估方法得出的结果。

第二十八条 知识产权质押评估中的成本法，常被称为重置成本法，通过计算重置具有类似或相同服务功能的知识产权所要付出的成本来确定被评估对象价值的思路。在确定重置成本时，可适当考虑机会成本。通过无形资产贬值等调整项来反映与重置资产之间的差异。

注册资产评估师应当根据被评估知识产权形成的全部投入，充分考虑价值与成本的相关程度，恰当考虑成本法的适用性。

在没有可比交易案例也无法合理确定收益时可采用成本法进行评估。

第二十九条 注册资产评估师可以根据评估对象的特性，包括或有收益或衍生收益，在知识产权质押评估中恰当地考虑实物期权法等相关估算方法，并结合上述评估方法加以综合利用。

第五章　评估参数

第三十条　收益法下的具体评估方法很大程度上依赖于预期财务信息。预期财务信息可以是任何形式的财务预测数据，包括营业收入、税前/税后营业利润或税前/税后现金流等。

第三十一条　注册资产评估师应当合理估算被评估知识产权带来的预期收益，合理区分无形资产与其他资产所得的收益，分析与之有关的如下假设条件：

（一）实施知识产权预期可占有的市场份额以及可获得的收入；

（二）利润率以及未来市场预期对利润率的影响；

（三）税费；

（四）实施知识产权需要的营运资金以及资本性支出；

（五）收益期限；

（六）预测期后的收益增长率，该增长率应该反映知识产权剩余经济年限内的行业和经济发展速度，一般不超过知识产权所在行业或国家的长期平均增长率，除非可以证明某一时期的高增长率是合理且可持续的。

第三十二条　注册资产评估师在适当及切实可行的情况下，应当进行敏感性分析来评估收益预测中敏感假设条件对评估结果的影响。如果涉及多个敏感假设条件，注册资产评估师还可以进行多因素情景分析。

注册资产评估师应当比较分析收益预测中不同来源的假设，并在评估报告中披露重大假设及其依据。

第三十三条　注册资产评估师在估算相关知识产权的市场价值时，需要将收益预测的重大假设条件，如增长率、利润率、税率、营运资金和资本性支出，与市场参与者所依赖的信息进行对比，以确定其可靠性和正确性。

第三十四条　注册资产评估师运用收益法评估相关知识产权时，应当关注其他可能影响预期收益的因素，如经济和政治环境、相关的政府政策等。注册资产评估师应当关注汇率、通货膨胀率以及利率等因素对知识产权所在市场和行业的影响。

第三十五条　许可费率是指公平交易情况下，被许可方自愿地使用评估对象愿意支付的费用比率。

第三十六条　注册资产评估师在确定许可费率时，可参考知识产权现行的或以往的许可协议，也可参考市场上相同或相似资产的许可协议。

注册资产评估师要对获得的相关许可费信息予以分析调整，以反映知识产权和参照物之间的差异。应考虑以下因素：

（一）可能影响许可费的许可双方关系，如：关联方之间的许可；

（二）独家经营权条款；

（三）被许可方或许可方是否承担某些费用，如营销和广告费；

（四）许可日期以及其有效期；

（五）许可期限；

（六）不同的特点，如市场地位、地域覆盖、功能等。

第三十七条　注册资产评估师在计算许可费收益时，应当注意维护费和其他支持性费用的处理方式是一致的。如果知识产权出租方承担广告或研发等维护性费用，则许可费率中则包括该部分内容；如果不包括，则应当在确定许可费收益时扣除该部分费用。

第三十八条　注册资产评估师在适当及切实可行的情况下，应当对选定的收入分成率作合理性测试。即根据相对应的销售利润率，换算成利润分成率，并与市场上期望的利润分成率比较分析来检验其合理性。

若该利润分成率与市场数据有较大差别，注册资产评估师应当从以下几个方面作出判断：

（一）知识产权具有的特性；

（二）所选择的许可费率不恰当；

（三）所采用的价值类型为市场价值以外的价值类型；

（四）其他原因。

第三十九条　注册资产评估师应当综合分析知识产权的法定保护期及其续展可能性、技术或经济年限及其他相关因素，来合理确定剩余经济年限，并据此合理确定收益期限。

第四十条 注册资产评估师在评价知识产权的技术或经济年限时，应当充分考虑以下因素：

（一）新的、更为先进、更经济的知识产权的出现；

（二）知识产权传播范围，其他企业合法掌握该知识产权的情况；

（三）与知识产权相对应的产品或服务需求情况；

（四）类似知识产权或相对应产品或服务的生命周期。

在切实可行的情况下，可以利用生存曲线等数量分析方法对剩余经济年限进行研究和分析。

第四十一条 注册资产评估师应当根据知识产权实施过程中的风险因素及货币时间价值等因素合理估算折现率，该折现率应当区别于企业或者其他资产折现率。

注册资产评估师应当确信折现率与预期收益的口径保持一致。

第四十二条 注册资产评估师可以采用以下三种方法确定折现率：

（一）加权平均资本成本调整法：以市场上观察到的一定回报率为基础，通过考虑一定的溢价来反映知识产权的特定风险。实务上，使用加权平均资本成本调整法的基础一般是行业内具有代表性企业的加权平均资本成本。

（二）累加法：由无风险报酬率和风险报酬率组成。在具体实践中，无风险报酬率可以参照同期国库券利率或银行利率。风险报酬率是注册资产评估师根据知识产权的不同种类，对未来收益的风险影响因素，及收益获得的其他外部因素进行综合分析、合理测算确定。实务中，要对各种风险进行定性定量分析。注册评估师在采用累加法估算的折现率时需要合理确定该折现率的"口径"问题。

（三）直接观察法：直接选用市场上可观察到的仅仅依赖知识产权或相似知识产权运营的企业的资金成本。

第四十三条 注册资产评估师在使用超额收益折现法评估知识产权时，需要扣减其他相关资产对预期收益的贡献，即其他相关资产贡献回报率。其他相关资产贡献回报率应该与预期收益口径相一致。若预期收益为税后收益，则其他相关资产贡献回报率为税后的；若预期收益为税前收益，则其他资产贡献回报率为税前的。

通常，通过以下步骤来确定其他相关资产贡献回报率：

（一）确定对预期收益产生贡献的其他相关资产；

（二）估算产生贡献的其他相关资产市场价值；

（三）确定合理的相关资产贡献回报率。

第四十四条　对知识产权收益产生贡献的相关资产（以下简称相关资产）通常包括营运资金、固定资产、人力资源和除知识产权以外的其他无形资产等。注册资产评估师需要注意利润表中的费用和相关资产贡献不可重复计算和遗漏。

第四十五条　对相关资产的贡献回报通常由以下两部分构成：

（一）相关资产要求的投资回报，通常以贡献资产的市场价值为基础计算的投资回报；

（二）相关资产的投资成本回收，对有形资产来说，其折旧即可理解为投资成本的回收。

第四十六条　各种相关资产贡献回报率计算方式如下：

（一）有形资产：两种方法来确定其带来的贡献，一是参考资产的市场租金；二是其他方法，即，将其名义折旧费用视为投资成本回收，市场上购买该资产的资金要求的回报率视为资产要求的投资回报。

（二）营运资金：包括经营性现金、应收应付款、存货、预提和其他与经营活动相关的流动资产。营运资金与有形资产不同，不会在一定期限内消耗，因此其贡献额计算中不包括原始投资成本回收，其投资回报率可参考市场上同期银行贷款利率的基础上合理确定。

（三）人力资源：其资产贡献通常参考公司招聘和培训职工的资金所要求的投资回报率合理确定。

（四）其他无形资产：其资产贡献回报率可以参考其许可费率或者其他适用的回报率来估计。

相关资产贡献回报率也可参考租赁资产的市场许可费率来确定。

第四十七条　注册资产评估师在采用超额收益折现法评估知识产权时，在适当及切实可行的情况下，应当对所有的相关资产贡献回报率的合理性进行验证。一般情况下，以各项资产公允价值为权重计算的加权平均资本回报率应该与公司的加权平均资本成本基本相同或接近。经过测试，发现两者差距较大，则需进一步分析各项资产的公允价值或者资产贡献回报率确定是否合理。

第四十八条 注册资产评估师在运用收益法评估知识产权时，应当考虑因知识产权摊销而减少的纳税额对评估结果的影响。通过资本化知识产权在税收年限中因摊销而减少的纳税额，从而增加被评估知识产权的价值，即税收摊销收益。

注册资产评估师应当关注，只有当这种摊销收益普遍能被市场参与者享有时，才可考虑。

第四十九条 注册资产评估师在使用市场法评估知识产权时，选择具有合理比较基础的可比知识产权交易案例，应当考虑以下因素：

（一）被评估知识产权与可比交易案例在资产特性、获利能力、竞争能力、技术会平、成熟程度、风险状况、转让和许可使用情况等方面是否具有可比性；

（二）特定买卖双方可能会影响价格的因素，如强制销售或关联方交易；

（三）可比交易日期和评估日期之间市场的变化。

注册资产评估师应当根据宏观经济发展、交易条件、交易时间、行业和市场因素、知识产权实施情况的变化、对可比交易案例和被评估知识产权以往交易信息进行必要的调整。

第五十条 注册资产评估师在使用市场法时，在选择、计算和使用价值乘数时，应当考虑：

（一）使用的价值乘数必须能够提供有关知识产权价值的有用信息；

（二）用于计算价值乘数的参照物数据必须准确；

（三）价值乘数的计算必须准确；

（四）如果使用若干年的平均数，所考虑的时间段和取平均的方法必须合理；

（五）对于参照物和被评估对象的评估价值乘数计算方法必须一致；

（六）评估价值乘数中所使用的价格数据在评估基准日的时点必须有效，并且是当时市场上具有代表性的价格；

（七）为了使参照物和被评估对象之间更具有可比性，在恰当的情况下可以进行调整；

（八）对于特殊项目、非经常性项目、非营运性的项目应进行调整；

（九）鉴于相似知识产权与被评估对象在风险和期望方面的差异，所选择的价值乘数必须是恰当的；

（十）如果从交易案例中获得了不止一种的价值乘数，例如，历史和未来的营业额乘数，必须通过比较参照物和被评估对象来判断运用哪个乘数得出的评估结果更可靠。

第六章　专利权

第五十一条　注册资产评估师应当要求委托方明确质押专利权的基本状况，并在此基础上进行确认，进而关注其是否符合出质条件：

（一）注册资产评估师应当要求委托方明确专利权的基本状况，通常包括：

1. 专利名称；

2. 专利类别；

3. 专利申请的国别或者地区；

4. 专利号；

5. 专利的法律状态；

6. 专利权申请日；

7. 专利权利要求书所记载的权利要求；

8. 专利权的许可使用情况；

9. 专利权以往的评估及交易情况。

其中，专利的法律状态通常包括专利权人及其变更情况，年费缴纳情况、专利权的质押，以及是否涉及法律诉讼或者处于复审、宣告无效状态。

（二）注册资产评估师应当对评估对象的确认，通常包括：

1. 注册资产评估师应当知晓专利权质押的评估对象为专利权人拥有且可用于出质的专利所有权或专利所有权资产组合。其中涉及发明或实用新型专利的，应当包括其相应的权利要求书中载明的独立权利和从属权利；

2. 注册资产评估师应当关注专利权是否已许可他人使用及其使用权的具体形式，并关注其对专利所有权价值的影响；

3. 注册资产评估师应当在要求委托方根据评估对象的具体情况对专利权进行合理的分离或者合并的基础上，恰当选择对单项专利权或者专利资产组合进行评估；

4. 涉及专利权或专利权资产组合质物处置评估时，注册资产评估师应关注与质押专利权或专利资产组合实施和运用不可分割的其他非专利无形资产和有形资产是否一并处置。

（三）注册资产评估师应当关注评估对象是否符合相关出质条件：

1. 专利的应用是否符合国家产业政策发展方向，且具有潜在或现实的应用能力；

2. 专利已经实施或应用，相应的产品是否能够适应市场需要，具备可预期的未来获利能力；或者专利虽未实施或应用，但具备可预期和可验证的未来获利能力；对尚未实施或应用的专利技术，注册资产评估师应特别关注专利的潜在可应用性；

3. 与专利权或专利资产组合实施和运用不可分割的其他非专利无形资产和有形资产是否一并抵押或质押。

第五十二条　注册资产评估师应当对专利及其实施情况进行调查，包括进行必要的现场调查、并收集相关信息和资料以及分析专利权价值影响因素等。

（一）注册资产评估师在执行专利权质押评估业务时，应通过现场调查，确认专利权基本情况、在此基础上核实专利权的法律权属，并了解专利权实施/运用的情况。

1. 确认基本情况。

注册资产评估师在现场调查阶段，应核实专利权的基本情况是否与委托方所明确的专利权基本情况相符。

2. 核实法律权属。

（1）注册资产评估师应当核查专利权人持有的证明其权属的资料，包括：国家知识产权局出具的评估基准日有效的专利登记簿副本、最近一期的专利缴费凭证及专利证书。

（2）如果是实用新型专利的，需要核查由国家知识产权局出具的实用新型专利评估报告。

（3）如果是共有专利的，需要核查是否取得其他专利共有人同意该项专利质押的相关声明或证明，必要时应该要求提供相应的公证资料。

（4）如果专利权已经发生过质押的，需要核查专利质押登记的相关资料，以确认前次质押是否已撤销。

（5）专利以往的评估和交易情况，包括专利权转让合同、实施许可合同及其他交易情况。

3. 了解专利实施和应用的情况，通常包括：

（1）了解专利实施涉及的产品范围、应用区域、应用时间、应用历史等；

（2）了解专利实施的方式，如自行实施、独占许可、普通许可和其他许可形式；

（3）了解专利实施产品的获利能力及专利在其中的贡献程度及其变化趋势；

（4）了解专利技术的研发过程、技术实验报告，专利资产所属技术领域的发展状况、技术水平、技术成熟度、同类技术竞争状况、技术更新速度等有关信息、资料；如果技术效果需检测，还应当收集相关产品检测报告；

（5）了解专利产品的市场需求、市场前景及市场寿命、相关行业政策发展状况、宏观经济、同类产品的竞争状况等资料；

（6）了解专利权人或实施企业的历史财务数据；

（7）了解专利权人或拟实施企业对未实施专利的实施计划。

（二）注册资产评估师在执行专利权质押评估业务时，应从委托方处获取相关资料，并从市场、政府部门及各类专业机构等渠道独立收集与质押专利相关的资料。

1. 从委托方处获取资料。

注册资产评估师应当自委托方处获取其提供的有关资料和信息，这些信息包括但不限于下列方面的资料：

（1）专利的技术和权属现状；

（2）专利的产品和市场分析；

（3）专利产品销售与市场开发；

（4）与专利产品相关的财务信息；

（5）专利的竞争性分析；

（6）专利相关的产业政策；

（7）专利技术开发状况；

（8）专利实施和应用的相关历史数据。

2. 从市场、政府部门和各类专业机构等渠道收集资料。

注册资产评估师还应当直接从市场、政府部门和各类专业机构等渠道获取相关的资料和信息，包括但不限于：

（1）查询国家知识产权局网站内的有关信息；

（2）查询国家相关部门（如国务院、国家/地方发改委、国家/地方统计局等）网站内的有关信息；

（3）查询相关研究部门（如中国社会科学研究院、国家发改委宏观经济研究院、国务院研究中心等）网站内的有关信息；

（4）查询国内外相关研究机构（如世界银行、亚洲开发银行、国际货币基金组织等）的有关信息；

（5）查询行业经济的相关数据，包括各相关研究网站、券商网站中的行业研究报告；

（6）查询产权交易市场上专利权交易的历史案例和信息。

（三）注册资产评估师在执行专利权质押评估业务时，应对影响其价值的法律因素、技术因素、经济因素等进行分析。

1. 法律因素通常包括：

（1）专利的权利属性及权利限制；

（2）专利类别；

（3）专利的法律状态；

（4）专利的剩余法定保护期限；

（5）专利的保护范围等。

2. 技术因素通常包括：

（1）专利的技术先进性、创造性和实用性。

1）专利的技术组成、来源以及功能；

2）专利技术的目前状态，历史上的发展、改进情况，未来发展和可能改进的方向（成熟度）；

3）专利是否已自行使用或许可他人使用，使用条件和情况如何；

4）专利技术的产业化进程情况如何，相关工艺技术标准、质量标准、检测手段及标准是否配套；

5）专利产品的市场接受程度；

6）专利产品是否存在技术壁垒（替代性、防御性、垄断性）；

7）专利权人和实施企业的自身保护状况（包括技术措施保护和人才保护）。

（2）专利应用对相关产品的影响。

1）专利应用在产品设计、生产、检测过程中所发挥的作用；

2）专利在相关产品所需全部技术中的地位、比重；

3）专利技术产品的研发政策、研发投入情况；

4）竞争对手使用的技术对相关产品销售价格或生产成本的影响；

3. 经济因素通常包括（主要适用于暂未被实施的专利权）：

（1）专利产品市场需求分析。

1）注册资产评估师应了解和分析专利产品的市场容量、市场份额、市场定位等；

2）注册资产评估师应通过查询包括国家相关部门、各相关研究部门以及主要研究机构发布的信息，获取有关宏观经济研究报告和数据。

（2）专利实施的可行性分析。

1）注册资产评估师应了解已实施专利及相关有形资产、配套资产的能力；

2）注册资产评估师应了解专利实施的前提条件，如是否存在技术门槛，是否需要配套技术，是否需要相关有形资产的投入及企业规模的匹配；

3）注册资产评估师应了解专利实施对环境、生态的影响和要求。

第五十三条　注册资产评估师执行专利质押评估业务，应当根据评估对象、价值类型、资料收集情况等相关条件，分析收益法、市场法、成本法的适用性，恰当选择一种或多种评估方法：

（一）专利权质押评估运用收益法的适用前提和评估思路注册资产评估师确信可以合理预测并量化质押专利的未来收益现值时，可以选用收益法对质押专利权进行评估。

注册资产评估师通过分析比较已许可使用的专利或类似专利的许可使用费率或金额，可以合理估计并预测质押专利使用后节省的许可使用费率或金额时，一般可以选用节省许可费折现法。

注册资产评估师通过预测质押专利实施后相关产品或企业收益，并与质押专利实施前相关产品或企业收益可以清晰的区别其差异比率或金额时，一般可以选用增量收益折现法。

注册资产评估师可以合理估计并预测质押专利使用对相关产品或企业带来的超额收益时，一般可以选用超额收益折现法。

注册资产评估师应合理估算和分析质押专利所对应的收益。

（二）专利权质押评估运用市场法的适用前提和评估思路。

注册资产评估师运用市场法对质押专利权进行评估时，应当收集足够的可比交易案例。

注册资产评估师在分析交易案例的可比性时，应当考虑交易专利的特点、交易时间、限制条件、交易双方的关系、购买方现有条件，专利资产的获利能力、竞争能力、技术水平、成熟程度、剩余法定保护年限及剩余经济年限、风险程度、转让或者使用情况，实施专利资产是否涉及其他专利资产等因素。

注册资产评估师运用市场法对质押专利资产进行评估时，应当对被评估专利资产与可比交易案例之间的各种差异因素进行分析、比较和调整。

在可比的专利权交易案例较难获得时，注册资产评估师应谨慎使用市场法。

（三）专利权质押评估运用成本法的适用前提和评估思路。

注册资产评估师可以合理估计专利开发成本时，可以选用成本法对质押专利进行评估。

注册资产评估师运用成本法对质押专利权进行评估时，应当合理确定专利资产的重置成本。重置成本包括合理的成本、利润和相关税费等。注册资产评估师确定专利资产重置成本时，应当合理确定形成专利资产所需的研发人员、管理人员、设备及房屋建筑物等成本以及其他相关成本费用。

注册资产评估师运用成本法进行质押专利进行评估时，应当合理确定贬值。

成本法评估专利的思路是通过估算专利研发的重置成本，并适当地考虑其投入成本的机会成本，再合理分析和扣除其功能性和经济性贬值。

由于投入成本与专利自身经济价值的弱对应性，对质押专利权进行评估时，注册资产评估师应谨慎选用成本法。

第五十四条　专利权质押评估中涉及的重要参数如下：

（一）预期收益的预测。

专利实施的收益一般为间接收益，注册资产评估师应根据现场调查和收集的资料，核实企业对专利实施产生的收益预测情况，包括：未来产品市场及可能的市场份额，产品生命周期的变化，企业有形资产的相关能力，被评估专利的剩余经济年限，专利产品价格、数量的协调关系等。

对于已经实施的专利，注册资产评估师应参考专利权人或实施企业提供的历史数据，并结合注册资产评估师收集到的行业内其他企业的相关历史资料和数据作出分析和判断。

对于尚未实施的专利，注册资产评估师应参考有关专利实施的可行性研究报告、商业计划、财务预测等，并结合收集到的行业内其他企业的相关数据作出分析和判断。

（二）剩余经济年限的确定。

注册资产评估师运用收益法对质押专利进行评估时，应当根据专利资产的技术寿命、技术成熟度、专利法定寿命、专利产品寿命及专利资产有关的合同约定期限，合理确定专利的剩余经济年限。通常专利的剩余经济年限一般短于专利的法律剩余保护期限。

（三）许可费率的确定。

注册资产评估师应结合已实施专利的历史许可使用费率、类似专利的许可使用费率，以及专利在产品中的技术贡献份额，合理确定许可费率。

对尚未实施专利的许可费率，应参照已实施专利的历史许可使用费率、类似专利的许可使用费率，以及类似专利在产品中的技术贡献份额，合理确定许可费率。

（四）分成率的确定。

注册资产评估师对专利的分成率/贡献率，应针对不同的收益口径，即专利产品的销售收入、专利产品（净）现金流或专利产品（净）利润，并特别注意专利应用对应的技术层次和组成对分成率的影响。

（五）其他相关资产贡献率的确定。

其他相关资产的贡献，通常包括营运资金、固定资产、人力资源和除质押专利或专利资产组合以外的其他无形资产（其他专利、专有技术、商标、著作权）等。

1. 有形资产：一般可以参考有形资产的市场租金或合理折旧以及市场上购买该资产的资金要求回报确定。

2. 营运资金：投资回报率一般可在参考市场上同期银行贷款利率的基础上合理确定。

3. 人力资源：其资产贡献通常参考公司招聘和培训相关岗位职工的资金所要求的投资回报。

4. 其他无形资产：专有技术可以参考相关的许可费率，商标可以参考商标使用费率，著作权可以参考版权税率或者其他使用的回报率确定。

（六）折现率的确定。

注册资产评估师运用收益法对质押专利进行评估时，应当综合考虑评估基准日的利率、投资回报率、资本成本，以及专利实施过程中的技术、经营、市场、资金等因素，合理确定折现率。实务中，常用资本成本调整法和累加法来确定。

（七）专利贬值率的确定。

专利贬值率通常采用已使用年限和已使用年限与剩余经济年限之和的比值确定，也可以根据专利的功能性贬值率和经济性贬值率综合确定。

第七章　商标权

第五十五条　注册资产评估师应当要求委托方明确拟质押评估商标权的基本状况，并在此基础上进行确认，进而关注其是否符合出质条件。

（一）注册资产评估师应当要求委托方明确评估对象的基本情况，通常包括：

1. 商标名称（文字或图案或二者的组合）；

2. 商标注册人；

3. 商标注册人地址；

4. 商标的核定服务项目类别；

5. 商标具体的核定服务项目；

6. 商标注册有效期限以及续展情况；

7. 商标注册的国别或地区；

8. 商标的取得方式与途径；

9. 商标的许可使用情况；

10. 商标以往的评估及交易情况（包括转让、许可、质押情况）。

（二）注册资产评估师应当对评估对象进行确认，通常包括：

1. 注册资产评估师应当知晓商标权质押的评估对象为商标权人依法所有且可用于出质的商标所有权；

2. 注册资产评估师应当确认评估对象的注册类别（即核定服务项目）及其具体使用的产品或服务；

3. 注册资产评估师应当关注评估对象是否已许可他人使用及其许可使用权的具体情况，并关注其对商标权价值的影响；

4. 注册资产评估师应当根据评估对象的具体情况恰当选择对单一商标权或者商标权组合进行评估；

5. 涉及商标权质物处置评估时，注册资产评估师应关注与质押商标权实施和运用不可分割的其他资产是否一并处置；

6. 评估对象是否已经被人民法院查封或存在其他处置障碍。

（三）注册资产评估师应当关注评估对象是否符合相关出质条件：

1. 评估对象是否是商标权人依法所有的商标专用权；

2. 评估对象是已实施或应用的商标专用权，实施企业是否有持续良好的经营业绩和盈利记录，是否具有良好的市场知名度，相应的产品是否适应市场需要，是否具备可预期的未来获利能力；

3. 防御商标是否已随同主商标一并质押；

4. 是否已将在相同或者类似商品/服务上注册的相同或者近似商标一并质押；

5. 是否已将与评估对象同时组合使用在同一商品/服务上的商标一并质押；

6. 评估对象是否存在合同约定的出质限制条件。

第五十六条 注册资产评估师应当对商标权及其实施情况进行调查，包括进行必要的现场调查、收集相关信息和资料以及分析商标权价值影响因素等。

（一）注册资产评估师在执行商标权质押评估业务时，应通过现场调查，确认商标权基本情况、在此基础上核实商标权的法律权属，并了解商标权实施/运用的情况。

1. 确认基本情况。

注册资产评估师应当将委托方明确的基本情况与商标注册证书原件进行核对，若有许可使用情况，还需与商标许可使用合同中的相关条款进行核对。

2. 核实法律权属。

（1）注册资产评估师应当核查商标权人持有的商标注册证、续展申请或相关法律变更文书；

（2）核查商标权质押登记的相关资料，以确认前次质押（如有）是否已解除或撤销。

3. 了解商标权实施和应用的情况，通常包括：

（1）了解商标权的历史演变过程；

（2）了解商标权的获奖情况、广告宣传情况以及市场知名度；

（3）了解商标打假、保护、反倾销等方面的情况；

（4）了解使用商标的企业及其产品或服务的历史概况、行业地位以及经营状况；

（5）了解使用商标的企业的管理制度；

（6）了解商标所对应的产品或服务的质量或信誉以及优势和劣势；

（7）了解商标所对应的产品或服务的市场容量及市场需求量；

（8）了解商标所对应的产品或服务的市场占有率；

（9）了解商标所对应的产品或服务的生命周期；

（10）了解商标所对应的产品或服务的竞争对手的情况；

（11）了解商标所对应的产品或服务的税收政策；

（二）注册资产评估师执行商标权质押评估业务时，应当（但不仅限于）收集的以下资料：

1. 商标权属状况方面的资料；

2. 商标所对应的产品或服务已有市场方面的资料；

3. 商标所对应的产品或服务销售与市场开发方面的资料；

4. 商标所对应的产品或服务相关的财务信息资料；

5. 商标所对应的产品或服务的竞争性分析资料；

6. 商标所对应的产品或服务的相关产业政策；

7. 商标所对应的产品或服务的发展规划；

8. 商标所对应的产品或服务的相关历史数据；

9. 其他需要的资料。

（三）注册资产评估师执行商标权质押评估业务，应当对影响其价值的法律、市场、经济等因素进行分析。

1. 法律因素通常包括：

（1）商标的权利属性及权利限制；

（2）商标类别；

（3）商标是否享有"驰名商标""著名商标"等的专门保护；

（4）商标的有效期限；

（5）商标的保护范围。

2. 市场因素通常包括：

（1）商标产品/服务的市场占有率分析；

（2）商标的竞争对手的情况分析；

（3）商标运用的推广战略、策划、广告宣传情况及效果分析；

（4）商标所对应的产品或服务的市场容量及市场需求量分析；

（5）商标及商标使用企业在行业中的地位与排名分析；

（6）目前市场上同类产品的销量、价格分析。

3. 经济因素通常包括：

（1）有无使用商标前后的销售额、销售量、零售价、出厂价的对比分析；

（2）对与注册商标有关产品销售收入、成本、费用、利润分析及相关财务比率分析。

第五十七条 注册资产评估师执行商标质押评估业务，应当根据评估对象、价值类型、资料收集情况等相关条件，分析收益法、市场法、成本法的适用性，恰当选择一种或多种评估方法。

（一）在以质押融资为目的的商标权评估中，由于投入成本与自身经济价值的弱对应性，成本法应谨慎使用。

（二）商标权的转让市场一般不活跃，难以取得可比交易案例及交易商标的相关详细情况，市场法一般较少采用。

（三）目前比较常用的评估方法主要是收益法。

第五十八条 注册资产评估师运用收益法评估商标权时应恰当地确定相关评估参数。

（一）预期收益的确定。

注册资产评估师根据选用的具体评估方法，通常可以从以下各方面来考虑商标权带来的预期收益：

1. 商标的产品或服务与同类产品或服务相比具有价格优势；

2. 商标使其产品或服务的销售量扩大，市场占有率得以提高；

3. 商标使用范围以及可延伸运用的可能性，但必须重点考虑可拓展的新市场或新产品的技术、财务和经济可行性；

4. 过往使用、推广应用、保护的效果。

（二）剩余经济年限的确定。

商标权剩余经济年限的确定，应考虑法律保护的年限、商标权续展期的影响以及商标权经济寿命因素的影响。尤其是商标权经济寿命的确定，需要结合相关行业、企业的发展状况，使用商标的产品或服务的发展潜力等方面作综合分析。

（三）许可费率的确定。

如果有相同或相类似的许可合同约定的，宜直接采用或参考许可合同所确定的许可费率进行测算，但许可合同必须是非关联企业间签定且未显失公允，或者是关联企业间签定的但可以证明是按市场公允定价原则。

无许可合同约定的，可采用市场调查法等方式确定。

（四）折现率的确定。

折现率一般采用累加法，其中风险率的确定应综合考虑同行业可比企业经营的一般风险水平（即加权平均资本成本）和商标权对企业经营风险的影响。

第八章　计算机软件著作权以外的著作权

第五十九条　注册资产评估师应当要求委托方明确被评估质押计算机软件著作权以外的著作权的基本状况，并在此基础上进行确认，进而关注其是否符合出质条件：

（一）注册资产评估师应当要求委托方明确评估对象的基本状况，相关的基本状况通常包括：

1. 作品作者和著作权权利人的基本情况及获得方式（原创、受让、继承、赠与）；

2. 作品基本情况：包括作品创作完成时间、首次发表时间、复制、发行、出租、展览、表演、放映、广播、信息网络传播、摄制、改编、翻译、汇编等使用情况；

3. 作品的类别：文字、音乐、美术、摄影等；

4. 作品的创作形式：原创或改编、翻译、注释、整理等；

5. 拟质押权利组成；

6. 拟质押权利组成的限制条件，包括时间、地域方面的限制以及存在的质押、诉讼等权利限制；

7. 法律登记状态；

8. 使用状态（是否已许可或质押）；

9. 与著作权有关的权利情况。

（二）注册资产评估师应当从以下几个方面对评估对象进行确认：

1. 注册资产评估师应当知晓计算机软件著作权以外的著作权质押的评估对象为著作权人依法所有且可用于出质的财产权，包括复制权、发行权、出租权、展览权、表演权、放映权、广播权、信息网络传播权、摄制权、改编权、翻译权、汇编权等；

2. 注册资产评估师应当关注评估对象是否已许可他人使用及其许可使用权的具体情况，并关注其对计算机软件著作权以外的著作权价值的影响；

3. 注册资产评估师应当关注评估对象原创著作权和衍生著作权之间的权利关系以及著作权与相关权利之间的关系；

4. 注册资产评估师应当关注评估对象是否已向版权行政主管部门登记并取得登记证书；

5. 涉及著作权质物处置评估时，注册资产评估师应关注与质押著作权实施和运用不可分割的其他资产是否一并处置；

6. 著作权是否存在未决诉讼；

7. 评估对象是否存在处置障碍。

（三）注册资产评估师应当关注评估对象是否符合出质条件：

1. 如果是共有著作权，注册资产评估师应当关注著作权共有人是否一致同意将该著作权进行质押；

2. 评估对象是否存在合同约定的出质限制。

第六十条 注册资产评估师应当对计算机软件著作权以外的著作权及其实施情况进行调查，包括必要的现场调查、市场调查、收集相关信息、资料、分析价值影响因素等。

（一）现场调查。

注册资产评估师在执行计算机软件著作权以外的著作权质押评估业务时，应通过现场调查，确认其基本情况、在此基础上核实其法律权属，并了解其实施/运用的情况。

1. 核实法律权属。

（1）注册资产评估师应当核查著作权人的著作权登记证书；

（2）如果著作权是通过转让或继承而来的，则需要核查相关合同或继承相关的法律文书；

（3）如果是共有著作权，需要核查是否取得其他共有人同意该项著作权质押的相关声明或证明，必要时应该要求提供相应的公证资料；

（4）如果著作权已发生过质押的，需要核查著作权质押登记的相关资料，以确认前次质押是否已经撤销；

（5）如果著作权已存在许可，需要核查著作权许可相关合同，以确认其许可范围（权利及地域范围）、许可方式、许可期限等条件。

2. 了解计算机软件著作权以外的著作权实施和应用的情况，通常包括：

（1）如果著作权尚未实施，则需要了解该著作权的实施进度及相关基本情况。注册资产评估师在了解著作权人及作者的历史创作及业绩情况的基础上，需进一步估计其具备实施条件的可能性、时间进度和后续投入成本等。

（2）如果已实施，则需详细了解著作权的具体实施或运用情况及历史数据，包括实施条件、运用环境、成本效益等，通常包括：

1）了解著作权实施企业的经营状况。

2）历史形成过程以及成本投入，包括著作权的形成缘由及过程，著作权人为获得该著作权所投入的成本。

3）了解历史获利能力及其影响因素。

注册资产评估师在了解获利能力的过程中，要针对不同的著作权种类，重点了解不同的价值影响因素：

A. 对于书籍著作权，可以通过了解该书籍的内容、首次发表时间、出版及销售状况、是否原创、市场上类似书籍的销售情况、作者及出版社的知名度等方面来分析其价值大小；

B. 对于音乐、影视著作权，可以通过了解其作者、导演、主要演员、制片人、编剧等关键角色，以及音乐影视内容类型、目标市场等，来分析其价值大小。

（二）注册资产评估师执行计算机软件著作权以外的著作权质押评估业务时，应当（但不限于）收集以下资料：

1. 著作权权属情况；

2. 著作权所对应的产品（作品）销售与市场开发资料；

3. 与著作权所对应的产品（作品）相关的财务信息；

4. 著作权的竞争性分析资料；

5. 著作权相关的产业政策；

6. 注册资产评估师认为需要的其他资料。

（三）注册资产评估师执行计算机软件著作权以外的著作权质押评估业务，应当对影响其价值的因素进行分析：

1. 法律因素分析。

（1）著作权的权利束内容；

（2）著作权的法律状况；

（3）著作权的剩余法定保护年限；

（4）著作权的相关法制环境等。

2. 作品因素分析。

（1）著作权作品内容种类及特征；

1）如果著作权所对应的作品为图书类作品，则需要确定其属于何种类型的图书，如历史、人物传记、小说、科普等；

2）如果著作权所对应的作品为音乐作品，则需要确定其属于何种风格的音乐，如流行乐、古典乐、民族乐等。

（2）著作权作者的知名度及其历史创作及业绩状况；

（3）著作权实施单位的竞争力。

3. 经济因素分析。

（1）分析宏观经济环境以及未来宏观经济走势；

（2）分析著作权所属行业的发展状况，并预期未来发展水平；

（3）产品市场需求分析；

（4）著作权权利维护方面的情况，包括权利维护方式、效果，历史上的维护成本费用支出等。

除以上提到的三点以外，鉴于计算机软件著作权以外的著作权的特性，注册资产评估师还应从消费者因素、政策因素和文化因素三个方面分析著作权产品所对应市场的未来发展状况。消费者因素主要包括消费者的购买欲望和经济承受能力，政策因素主要考虑政策变化对需求总量和品种需求的影响，文化因素主要包括区域人文环境、人的受教育程度、文化氛围等。

第六十一条 注册资产评估师执行计算机软件著作权以外的著作权质押评估业务，应当根据评估对象、价值类型、资料搜集等相关条件，分析收益法、市场法和成本法三种资产评估基本方法的适用性，恰当选择一种或多种资产评估方法。

（一）收益法。

在质押计算机软件著作权以外的著作权符合以下条件时，注册资产评估师可以考虑采用收益法进行评估：

1. 已经实施，或已具备实施条件，或其未来某个时间具备实施条件的确定性较大；

2. 未来收益可以预测。

（二）市场法。

在质押计算机软件著作权以外的著作权符合以下条件时，注册资产评估师可以考虑采用市场法进行评估：

1. 未来收益难以预测；

2. 市场上存在可比对象，且可比对象资料搜集较为完整、可靠（包括交易价格、条件、日期、可比对象的内容特征、是否公平交易等）。

（三）成本法。

在以质押融资为目的的计算机软件著作权以外的著作权评估中，由于计算机软件著作权以外的著作权重新创作投入成本与经济价值的弱对应性，故成本法不作为首选的评估方法，仅仅当出现以下条件时才考虑选用成本法进行评估：

1. 评估对象的成本投入可以准确地识别与计量；

2. 评估对象使用后产生的效益明显与成本呈正相关；

3. 市场法和收益法适用条件均受较大限制和影响。

第六十二条 注册资产评估师执行计算机软件著作权以外的著作权质押评估业务时涉及的主要参数如下：

（一）预期收益的确定。

注册资产评估师应当根据复制、演绎和传播等运营模式来合理估计预期收益。

著作权的预期收益通常通过增量收益、分成利润和许可费收入三种方式来实现。

注册资产评估师应当关注著作权预期收益的完整性，在切实可行的情况下考虑使用实物期权的逻辑进行分析和判断，尤其要关注各种营运模式的技术、财务和经济可行性。

注册资产评估师还应当关注相关衍生著作权对原著作权预期收益产生的贡献和影响。

（二）剩余经济年限的确定。

计算机软件著作权以外的著作权的剩余经济年限，一般都会少于其法定保护年期。注册资产评估师对计算机软件著作权以外的著作权的剩余经济年限估计时应考虑以下因素：

1. 著作权已使用的时间；

2. 著作权自身的特征，包括作品及内容种类、是否原创、作者知名度、首次及再次发表的可能性、产生衍生品的可能性等；

3. 著作权实施产品的市场情况和特征，包括目标市场的大小、作品更新周期、风格轮换周期等，主要竞争对手的相关情况；

4. 类似著作权的历史经济寿命。

（三）折现率的确定。

注册资产评估师运用收益法进行计算机软件著作权以外的著作权评估时，应当综合考虑评估基准日的利率、投资回报率、资本成本，以及著作权实施过程中的市场、经营、资金等因素，合理确定折现率。著作权折现率应当结合但区别于企业或者其他资产折现率；折现率应当与预期收益的口径保持一致。

（四）市场交易案例因素修正。

注册资产评估师使用市场法的过程中要对所有关键因素进行修正，包括交易日期、关键内容特征、交易条件等。

第九章 计算机软件著作权

第六十三条 注册资产评估师应当要求委托方明确被评估质押计算机软件著作权的基本状况，并在此基础上进行确认，进而关注其是否符合出质条件。

（一）注册资产评估师应当要求委托方明确评估对象的基本状况，相关的基本状况通常包括：

1. 计算机软件著作权的名称；

2. 计算机软件著作权的登记号；

3. 计算机软件著作权的权利人；

4. 计算机软件著作权的首次发表日期/软件开发完成之日；

5. 计算机软件著作权的权利范围；

6. 计算机软件著作权权利取得方式；

7. 计算机软件著作权的使用状态（是否已许可或质押）；

8. 计算机软件著作权的历史交易和评估情况。

（二）注册资产评估师应当从以下几个方面对评估对象进行确认：

1. 注册资产评估师执行计算机软件著作权评估业务，应当关注是否为共有的计算机软件著作权、是否已质押；

2. 注册资产评估师应当关注评估对象是否已许可他人使用及其许可使用权的具体情况，并关注其对计算机软件著作权价值的影响；

3. 注册资产评估师执行计算机软件著作权评估业务，应关注其他知识产权或资产对计算机软件著作权的价值影响；

4. 涉及计算机软件著作权质物处置评估时，注册资产评估师应关注与质押计算机软件著作权实施和运用不可分割的其他资产是否一并处置；

5. 评估对象是否存在处置障碍。

（三）注册资产评估师应当关注评估对象是否符合出质条件：

1. 如果是共有计算机软件著作权，注册资产评估师应当关注权利共有人是否一致同意将该计算机软件著作权进行质押；

2. 评估对象是否存在合同约定的出质限制。

第六十四条 注册资产评估师应当对计算机软件著作权及其实施情况进行调查，包括必要的现场调查、市场调查、收集相关信息、资料、分析价值影响因素等。

（一）现场调查。

注册资产评估师在执行计算机软件著作权质押评估业务时，应通过现场调查，确认计算机软件著作权基本情况，在此基础上核实计算机软件著作权的法律权属，并了解计算机软件著作权实施/运用的情况。

1. 核实法律权属。

注册资产评估师应核实计算机软件著作权的相关法律权属，包括：

（1）计算机软件著作权登记证书；

（2）如果计算机软件著作权是通过转让而来的，则需要核查转让合同和相关权属证明文件；

（3）如果计算机软件著作权存在未决诉讼，则需要核查相关的法律文件；

（4）如果是共有计算机软件著作权，需要核查该经济行为是否征得权利共有人的同意（相关声明或证明）；

（5）如果计算机软件著作权已发生过质押的，需要核查计算机软件著作权质押登记的相关资料，以确认前次质押是否已经被解除或撤销。

2. 了解计算机软件著作权实施和应用的情况。

（1）如果计算机软件著作权尚未实施，则需要分析该计算机软件著作权是否已具备实施条件，若尚未具备实施条件，则需要估计其具备实施条件的可能性、时间进度和后续投入成本等；

（2）如果已实施，则需详细了解计算机软件著作权的具体实施或运用情况及历史数据，包括实施条件、运用环境、成本效益等。

1）了解计算机软件著作权实施企业目前的经营状况；

2）历史形成过程以及成本投入：

A. 了解计算机软件著作权获得的方式，比如外购、自主研发等；

B. 计算机软件著作权人为获得该著作权所支付的历史成本。

3）历史获利能力。

针对不同计算机软件著作权的收益模式，获取其产权拥有者及/或实施企业的历史盈利数据，包括但不限于以下：

A. 以许可使用收费模式的，了解被许可使用的客户数量、许可使用收费的标准、收费周期、已收费的时间、许可使用成本等；

B. 以软件产品销售模式的，了解计算机软件产品的历史销售单价、销售数量、销售期限、销售成本等。

（二）注册资产评估师执行计算机软件著作权质押评估业务时，应当（但不仅限于）收集的以下资料：

1. 计算机软件著作权权属情况；

2. 计算机软件著作权所对应的产品和市场资料；

3. 计算机软件著作权所对应的产品销售与市场开发资料；

4. 与计算机软件著作权所对应的产品相关的财务信息；

5. 计算机软件著作权的竞争性分析资料；

6. 计算机软件著作权相关的产业政策；

7. 计算机软件著作权开发状况；

8. 计算机软件著作权所对应的产品相关的历史数据；

9. 注册资产评估师认为需要的其他资料。

（三）注册资产评估师执行计算机软件著作权质押评估业务，应当对影响其价值的因素进行分析。

1. 法律因素通常包括：

（1）计算机软件著作权的权属状况；

（2）计算机软件著作权的剩余法定保护年限；

（3）计算机软件著作权的经济寿命和法制环境等。

2. 技术因素通常包括：

（1）计算机软件的先进性分析，包括速度、效率、编程语言等；

（2）计算机软件的实施成本分析，包括所需的配套实施硬件配置、软件配置等；

（3）计算机软件的功能性分析，包括满足客户需求的程度、达到行业标准的要求等；

（4）计算机软件的可靠性分析，包括测试的完整性、运行的稳定性等；

（5）计算机软件的可替代性分析，包括模仿的难易程度等。

3. 经济因素通常包括：

（1）对宏观经济环境以及未来宏观经济走势的分析；

（2）对计算机软件所属行业的状况和预期发展水平分析，包括对计算机软件的应用领域分析、所属行业的技术发展趋势等方面的分析；

（3）与计算机软件权利客体不可分割的专利、专有技术或商标权情况；

（4）产品市场需求分析。

根据计算机软件的特点和市场定位，分析其拟或业已投入的应用领域、应用的实施成本，从而对目标市场进行分析，同时通过对市场竞争格局、产品的未来发展潜力进行分析，判断该产品进入目标市场的可能性、市场占有率及市场推广投入。

（5）实施可行性分析。

分析该计算机软件是否已完成研发、测试和验收，能否对外推广和应用。若尚未完成以上工作，则需要估计其应用的可能性、时间进度和后续投入成本等。

第六十五条　注册资产评估师执行对计算机软件著作权质押评估业务，应当根据评估对象、价值类型、资料搜集等相关条件，分析收益法、市场法和成本法三种资产评估基本方法的适用性，恰当选择一种或多种资产评估方法。

（一）收益法。

在质押计算机软件著作权符合以下条件时，注册资产评估师可以考虑采用收益法进行评估：

1. 已经生产并投放市场的专业应用软件；

2. 自行开发完成生产，且已具备实施条件或其未来某个时间具备实施条件的确定性较大的计算机软件；

3. 未来收益可以预测。

（二）市场法。

在质押计算机软件著作权符合以下条件时，注册资产评估师可以考虑采用市场法进行评估：

1. 计算机软件著作权的未来收益难以预测；

2. 存在可比性的参照软件，且可比对象资料搜集较为完整、可靠（包括交易价格、条件、日期、可比对象的内容特征、是否公平交易等）。

（三）成本法。

在以质押融资为目的的计算机软件著作权评估中，由于其投入成本与经济价值的弱对应性，故成本法通常不作为首选方法。但在对于诸如没有可用于对比交易案例也无法合理确定收益的软件可采用成本法进行评估。

第六十六条　计算机软件著作权质押评估涉及的主要参数如下：

（一）预期收益。

计算机软件著作权涉及的运营模式通常有两种：一是收取软件许可使用费；二是销售软件产品。

注册资产评估师应当根据相关的运营模式来合理估计计算机软件著作权的预期收益。

（二）剩余经济年限的确定。

在估计计算机软件著作权的剩余经济年限时，注册资产评估师应考虑以下因素：

1. 软件已使用的时间，软件的维护或升级；

2. 软件的市场情况，包括软件的客户和产品的竞争对手；

3. 软件的功能性特征，包括满足客户的需要程度、达到行业标准等；

4. 软件的技术特征，包括运行的速度、效率、采用的编程语言、有关硬件和操作系统等；

5. 类似软件的历史经济寿命；

6. 结合计算机软件的法律保护期限，从而最终确定软件的剩余经济年限。

（三）折现率的确定。

注册资产评估师运用收益法进行计算机软件著作权评估时，应当综合考虑评估基准日的利率、投资回报率、资本成本，以及著作权实施过程中的技术、经营、市场、资金等因素，合理确定折现率。著作权折现率应当区别于企业或者其他资产折现率；折现率应当与预期收益的口径保持一致。

（四）交易案例因素修正。

使用市场法的过程中要对所有关键因素进行修正，包括交易日期、技术特点、应用领域、实施成本、交易条件等。

第十章　信息披露

第六十七条　注册资产评估师执行知识产权质押评估业务，应当在评估报告中披露必要信息，使评估报告使用者能够合理理解评估结论。

第六十八条　知识产权质押评估报告的名称，应当含有"知识产权质押评估"字句，由评估机构出具，加盖评估机构公章，并有两名注册资产评估师签字。

第六十九条　注册资产评估师出具的知识产权质押评估报告应当满足为确定知识产权质押贷款额度或质押融资决策涉及的额度而提供质押对象价值参考依据的要求。

第七十条　就贷前评估而言，评估目的应当表述为"为确定知识产权质押贷款额度或其他质押融资决策涉及的额度而提供质押对象市场价值/可质押净值的价值评估"；就贷中评估而言，评估目的应当表述为"为了解评估基准日知识产权的市场价值/可质押净值提供参考依据"；就处置知识产权而言，评估目的应当表述为"为确定知识产权处置参考底价或可变现价值或提供参考依据"。

第七十一条　注册资产评估师执行知识产权质押评估业务，应当在评估报告中详细说明评估对象的状况和特点，充分披露知识产权评估的实施过程与方法，通常包括以下内容：

（一）说明知识产权的基本情况、法律权属状况、技术状况、出质前的实施和许可使用状况，以及经营和获利能力状况等；

（二）描述质押对象、范围、质押条件和限制等情况；

（三）说明影响知识产权价值的法律因素、经济因素、技术因素的分析过程；

（四）说明知识产权实施或经营条件；

（五）说明所使用的评估假设及限定条件；

（六）说明有关评估方法的选择及理由，运算和逻辑推理思路、重要参数的来源、分析、比较和测算过程，对评估结论形成的分析、比较和确定过程等；

（七）披露存在的法定优先受偿款、权属纠纷、权利瑕疵等影响质押对象设定及质物价值的事项。

第七十二条 注册资产评估师应当关注知识产权质押风险对评估报告相关信息披露的特殊要求，并对下列事项作出充分的提示、说明和披露：

（一）对质押评估报告的特定使用者的使用限制给予明确的说明和提示；

（二）对质押评估报告及其评估结论的正确理解和使用给予明确的说明和提示；

（三）对预期可能导致知识产权价值变动的各种因素给予充分的分析和说明；

（四）对质押期间，知识产权贬值的影响和可能产生的其他质押风险关注点给予明确的关注和提示。

第七十三条 法定优先受偿权利等情况的书面查询资料和调查记录，应当作为评估报告的附件。

第七十四条 在存在不确定因素的情况下，注册资产评估师作出评估相关判断时，应当保持必要的谨慎，充分估计知识产权在处置时可能受到的限制、未来可能发生的风险和损失，不高估市场价值，不低估知悉的法定优先受偿款和合理的处置费用，并在评估报告中作出必要的风险提示。

第七十五条 对评估结果有重大影响的假设和限制条件因素，应当在评估报告中予以披露，并说明其对评估结论可能产生的影响。

第七十六条 知识产权质押评估报告应当向委托方和评估报告使用者作如下提示：

（一）评估对象状况和知识产权实施市场状况因时间变化对知识产权市场价值/可质押净值可能产生的影响；

（二）合理使用评估价值；

（三）定期或者在知识产权市场价格变化较快时对知识产权市场价值/可质押净值进行持续性跟踪评估。

第七十七条　在跟踪评估知识产权市场价值/可质押净值时，应当对知识产权实施市场已经发生的变化予以充分考虑和说明。

第七十八条　如有约定的，知识产权质押评估报告可以包括评估对象的变现能力分析。

第七十九条　注册资产评估师应结合当地的市场情况与资产的可出售性对资产现在和未来的变现风险进行评估，对出现在质押资产或可比资产的市场异常波动应在评估报告中进行必要揭示，并对变现时间、相关税费、市场波动等因素对质押资产变现能力的影响进行敏感性分析，充分展示质押资产相关价值的长期持续性特征，以及提供的贷款担保作用可能遭受的重大不确定性影响。

第八十条　评估报告应当明确评估报告的使用有效期。评估报告的使用有效期从评估基准日起计，通常不得超过一年；委托方及相关当事人有其他约定的，从其约定；涉及处置质押品评估的或注册资产评估师预计评估对象的市场价格将有较大变化的，应当根据具体情况合理缩短评估报告使用有效期。

超出评估报告载明的使用有效期使用评估报告的，相关责任由使用者承担。

第十一章　附则

第八十一条　本市评估机构在执行知识产权质押评估业务过程中应当遵守本技术规范。

第八十二条　本技术规范实施后，如与相关法律法规和资产评估准则有关规定因调整而发生不一致的，应以调整后的相关法律法规和资产评估准则为准。

第八十三条　本技术规范由上海市资产评估协会负责解释。

第八十四条　本技术规范自 2010 年 7 月 1 日起实施。

6.《海南省专利权质押登记办理指南》

专利权质押是指为担保债权的实现，由债务人或第三人将其专利权中的财产权设定质权，在债务人不履行债务时，债权人有权依法就该出质专利权中财产权的变价款优先受偿的担保方式。专利权质押合同可以是单独订立的合同，也可以是主合同中的担保条款。

专利权质押登记是指以专利权出质的，出质人与质权人应当订立书面合同，并向国家知识产权局专利局办理专利权质押登记手续，质权自专利权质押登记之日起设立。国家知识产权局专利局通过"专利公报"进行公告，并在"专利登记簿副本"中予以记载。

一、专利权质押登记办理渠道

1. 海南省内面交办理地址。

海口市美兰区海府路 89 号国家知识产权局专利局海口代办处（海南省科技厅、知识产权局旁）。

咨询电话：0898 – 65307591、0898 – 65393857。

2. 邮寄办理地址。

北京市海淀区蓟门桥西土城路 6 号国家知识产权局专利局初审部专利事务服务处（信封上注明申请办理的业务为专利权质押登记），邮编：100088。

咨询电话：010 – 62086383、010 – 62084282。

二、专利权质押登记办理所需材料

1. 专利权质押登记申请表（如下表）。

专利权质押登记申请表

		专利名称	专利号	授权公告日
质押专利				
出质人	名称		电话	
	地址		邮编	
质权人	名称		电话	
	地址		邮编	
代理人	名称		电话	
	地址		邮编	

续表

债务合同信息	合同名称		债务履行期限	
	债务金额	人民币（外汇）	质押金额	人民币（外汇）
	债权人		债务人	
	经济活动简述			

专利权是否经过资产评估	是□	评估单位名称	
		否□	

出质人签章：	质权人签章	代理人签章：
年 月 日	年 月 日	年 月 日

1）下载地址：国家知识产权局网站"表格下载"（http：//www. sipo. gov. cn/bgxz/zlqzybg/201310/t20131025_ 860398. html）；

2）尚未授权的专利不能进行质押登记；

3）质押专利数量若大于两个，则另附一页纸填写质押专利信息，申请表的专利名称处填写"见附页"即可；

4）出质人和质权人是中国单位或个人的，可以委托代理机构或其他具有完全民事行为能力的个人办理。出质人和质权人中如果涉及外国人、外国企业或外国其他组织的应当委托依法设立的专利代理机构办理；

5）出质人应当是专利权人。如果一项专利有多个专利权人，出质人应为全体专利权人，当事人另有约定的除外；

6）"债务金额"填写主合同债务金额，"质押金额"填写质押合同中约定的担保金额；

7）"经济活动简述"是指专利权质押发生的原因；

8）根据自身情况选择是否提交专利权评估报告。

2. 专利权质押合同原件。

1）合同参考范本下载地址：国家知识产权局网站"表格下载"（http：//www. sipo. gov. cn/bgxz/#）；

2）专利权质押合同由当事人自行约定，范本仅供参考。合同内容必须包括出质人及质权人的姓名或名称、地址，被担保的债权的数额，债务人履行债务的期限，专利权项数及每项专利的名称、专利号、有效期，质押担保的范围，质押财产清单等，加盖出质人或质权人的骑缝章；

3. 出质人、质权人身份证明。

1）个人需提交身份证正反面复印件；

2）企业单位需提交加盖公章的营业执照复印件、组织机构代码证复印件及企业法人代表身份证复印件；

4. 出质人、质权人共同委托代理人办理专利权质押登记的委托书。

委托书上需加盖出质人与质权人的公章或个人签章，及代理人的个人签名。

5. 代理人身份证正反面复印件。

6. 根据自身情况选择是否提交专利权评估报告。

三、专利权质押登记注销办理所需材料

1. 专利权质押登记注销申请表（如下表）。

专利权质押登记注销申请表

质押登记号				
代理人	名称		电话	
	地址		邮编	
	注销事由			
出质人签章		质权人签章		代理人签章
年　月　日		年　月　日		年　月　日

下载地址：国家知识产权局网站"表格下载"（http：//www.sipo.gov.cn/bgxz/zlqzybg/201310/t20131025_ 860396. html）。

2. 注销证明材料。

内容包括债务人按期履行债务或者出质人提前清偿所担保的债务；质权已经实现；质权人放弃质权；因主合同无效、被撤销致使质押合同无效、被撤销；法律规定质权消灭等其他情形。

3. 专利权质押登记通知书两份原件。

若遗失，提交出质人与质权人签字或签章的声明文件。

4. 出质人、质权人共同委托代理人办理专利权质押登记注销的委托书。

委托书上需加盖出质人与质权人的公章或个人签章，及代理人的个人签名。

5. 代理人身份证正反面复印件。

四、海口代办处受理流程

1. 窗口接收申请人提交的材料；

2. 审核合同中涉及的专利是否在专利权有效期内，是否欠费及是否符合其他进行质押的要求；

3. 在专利合同管理系统中采集相关信息；

4. 扫描相关材料与文件并上传至国知局审核；

5. 等待国知局审批并打印通知书；

6. 电话通知申请人前来领取通知书。

五、办理时限

自收到专利权质押登记申请材料的完整信息之日计：7 个工作日。

六、常见不予登记的情形

1. 出质人不是合法专利权人或不是全体专利权人；

2. 专利申请尚未授权或专利权已终止；

3. 专利权处于年费缴费滞纳期；

4. 专利权处于无效宣告程序；

5. 专利权处于中止或保全期间；

6. 债务人履行债务的期限超过专利权有效期；

7. 合同中约定在债务履行期届满质权人未受清偿时，专利权归质权人所有的；

8. 同一专利权重复质押。

7. 《关于促进湖南省专利权质押贷款工作的意见》

为进一步拓宽企业尤其是科技型中小微企业融资渠道，充分发挥专利权资源的融资功能，推进专利权质押贷款业务，缓解科技型企业融资难题，根据《中华人民共和国商业银行法》、《中华人民共和国物权法》、《中华人民共和国担保法》、《中华人民共和国专利法》、《专利权质押合同登记管理暂行办法》、《国家知识产权战略纲要》、《关于促进科技和金融结合加快实施自主创新战略的若干意见》（国科发财〔2011〕540号）等法律、法规和文件精神，特制定本意见（以下简称《意见》）。

一、充分认识促进专利权质押贷款的重要意义，增强工作责任感

（一）提高对发展专利权质押贷款重要作用的认识。发展专利权质押贷款是成功实现金融创新与科技创新对接的有效手段，有助于科技型中小微企业破解融资瓶颈，实现湖南省专利权资源向生产要素转化，加快全省产业结构调整和优化升级；有助于银行业金融机构拓展业务领域、转变服务方式，推动可持续发展。全省金融系统、各级科技和知识产权行政管理部门要从践行科学发展观的高度，牢固树立"科技创新带动金融创新，金融创新促进科技创新"的理念，进一步解放思想，充分认识发展专利权质押贷款对于促进科技和金融结合，加快创新型湖南建设的重要意义，增强工作责任感，加大工作力度。

二、突出专利权质押贷款支持重点，创新服务方式

（二）突出支持重点。全省银行业金融机构要重点加大对高新技术园区、战略性新兴产业和高新技术企业等专利权资源集聚的区域、行业和企业的支持力度。对国家产业政策鼓励发展、得到国家和地方政府政策支持的专利权优势企业和项目，以及掌握了产业核心技术或关键技术专利权、发展前景好、产业带动力大、市场竞争力强的中小微科技企业和项目申请专利权质押贷款，应给予重点支持。贷款额度方面，可在该专利权的市场公允价值或评估值的50%以内给予授信，对于国家、省重大发明专利可在60%以内给予授信；贷款利率定价方面，鼓励金融机构建立科学合理的科技型小微企业贷款定价机

制；贷款期限方面，根据借款人生产经营实际需要和风险控制的原则协商确定。

（三）创新专利权质押贷款模式。全省银行业金融机构要充分利用国家知识产权战略实施带来的业务发展机遇，积极创新开办专利权质押贷款业务，根据全省专利权质押融资需求情况，灵活运用"专利权单一质押"、"专利权质押＋企业法人或高管个人资产担保"、"专利权质押＋科技担保公司担保"、"专利权质押＋固定资产抵押"、"专利权质押＋企业联保"等多种组合担保模式发放贷款，有效提升借款人承贷能力。

（四）优化专利权质押贷款流程。省内已获得总行授权开办专利权质押贷款业务的全国性金融机构和地方法人金融机构要根据专利权质押贷款的特点，制定专利权质押贷款管理办法和操作规程，优化业务流程，减少业务环节，明确办理时限，打造贷款审批快捷通道，提高贷款发放效率。尚未获得总行授权的全国性金融机构要积极争取总行支持，尽快开办专利权质押贷款业务。

（五）完善授信评级和尽职免责机制。全省银行业金融机构要结合科技型企业的特点，充分考虑专利权、商誉、人力资源、企业家个人信用等非财务因素，科学、灵活评定企业的授信评级，改善内部信用评级体系；在考核专利权质押贷款整体质量和综合回报的基础上，适当扩大风险容忍度，建立尽职免责机制；对于在高新技术企业集聚区域设立的科技支行，尤其要实行专门的授信评级体系和尽职免责、考核奖励机制，加大对科技型企业的信贷支持力度。

三、规范专利权质押贷款管理，坚持可持续发展

（六）明确用于质押贷款的专利权类型和条件。全省银行业金融机构一般应以发明专利、实用新型专利等价值相对稳定的专利权作为质物发放贷款，且该专利处于法定有效状态，并已实质性实施，经济社会效益良好。各银行要结合本行贷款管理办法，明确用于质押的专利权的具体条件和要素，提高可操作性。

（七）规范专利权质押贷款合同和专利权质押合同。各银行业金融机构

（贷款人）与借款人签订的书面借款合同及专利权质押合同，应明确借贷双方、质押双方当事人的权利义务，其中专利权质押合同文本必须满足《专利权质押合同登记管理暂行办法》规定的相关要求。专利权质押合同签订后，借款人、贷款人应共同配合向国家知识产权局或湖南省知识产权局（长沙代办处）办理专利权质押登记手续。经借、贷双方协商同意，质押合同内容需变更的，或者质押合同解除、终止的，当事人应在变更、解除、终止前7个工作日内持变更协议及相关资料向国家知识产权局或湖南省知识产权局（长沙代办处）办理变更登记，同时报企业所在地知识产权局备案。

（八）强化贷款的发放、用途与贷后管理。各银行业金融机构（贷款人）应当遵循相关法律法规和监管部门规章，按照专利权质押贷款合同和质押合同约定及时办理质押贷款发放手续，并妥善保管借款人转移的专利权证书及其他相关资料。借款人对以专利权出质给贷款人取得的信贷资金，应按合同规定用于技术改造、流动资金周转等生产经营活动，不得挪作他用。贷款发放后，贷款人应及时将专利权质押贷款有关信息录入人民银行征信系统，跟踪监控借款人贷后资金运用情况，关注资金流向，防止借款人变更信贷资金用途；密切关注专利权市场流转行情，准确把握影响出质专利权的市场价值因素，强化贷款风险控制与管理，实现专利权质押贷款可持续发展。

四、完善基础条件，构建专利权质押贷款服务体系

（九）加强专利权质押贷款中介服务体系建设。省科技、知识产权行政管理部门不断加强专利权质押贷款中介服务体系建设，指导和规范专利权资产评估业务，鼓励担保机构、保险机构、资产评估机构、律师事务所及其他中介机构以多种方式参与专利权质押贷款工作。

（十）建立专利权质押登记相关服务绿色通道。省知识产权行政管理部门积极配合专利权质押贷款工作，在专利权法律状态核实、专利权评价报告出具、专利权质押合同登记、质押专利权处置等方面提供支持。

（十一）强化专利权流转市场建设。省科技、知识产权行政管理部门积极培育以省技术产权交易所为主体的专利权市场流转体系，畅通专利权交易渠道，完善专利权交易规则，规范市场交易行为。

五、强化政策保障，加大专利权质押贷款的配套支持

（十二）加强货币信贷政策指导。省内各级人民银行要适时对金融机构专利权质押贷款业务开展情况进行评估，对于政策执行到位、业务成效良好的金融机构，综合运用再贷款、再贴现、差别准备金动态调整等货币政策工具给予政策支持。

（十三）完善贷款风险补偿机制。省科技行政管理部门会同省知识产权行政管理部门、人民银行长沙中心支行、湖南银监局积极探索建立科技型中小企业专利权质押贷款风险补偿机制，制定风险补偿、贷款补贴和相关奖励政策，逐步构建政府、银行、企业、担保机构及中介机构共同参与的专利权质押贷款风险分担机制。

六、加强协调，建立专利权质押贷款联动机制

（十四）建立工作协调机制。人民银行长沙中心支行、湖南银监局、省科技行政管理部门、省知识产权行政管理部门建立专利权质押贷款工作协调机制，畅通信息交流沟通渠道，构建专利权质押贷款融资综合服务平台，完善科技、知识产权专家库，为专利权质押贷款项目评审提供专业咨询服务。

（十五）强化沟通合作。全省银行业金融机构要加强与科技、知识产权主管部门、产权交易所、专利权评估机构等方面的沟通与合作，主动参与专利权质押贷款融资服务平台建设，加大专利权质押贷款的营销力度，提高服务水平。

8.《河南省知识产权局关于进一步推动知识产权质押融资工作的意见》

一、充分认识知识产权与金融结合的重要意义

知识产权是国家发展的战略性资源和国际竞争力的核心要素，金融是现代经济的核心。加强知识产权质押融资是贯彻落实党中央国务院关于加强知识产权运用和保护战略部署的积极举措，是知识产权工作服务经济社会创新发展、支撑创新型国家建设的重要手段，是缓解科技型中小微企业资金紧张的有效途径。促进知识产权与金融资源的有效融合，有助于改善市场主体创

新发展环境，促进创新资源良性循环；有助于扩散技术创新成果，全面促进知识产权转移转化；有助于引导金融资本向高新技术产业转移，促进传统产业的转型升级和战略性新兴产业的培育发展，提升经济质量和效益。

二、工作目标

建设流转活跃辐射全省专利权质押融资服务平台，全面推广我省"专利贷"金融产品，继续探索专利权质押融资更便捷服务模式，初步建成我省专利权质押融资服务体系，每年全省完成知识产权质押融资企业数不少于 20 家，推进我省知识产权质押融资工作向常态化迈进。

三、重点工作

（一）加强对企业知识产权质押融资的指导和服务

1. 完善政策，促进知识产权质押融资工作。各省辖市、省直管县（市）要结合本地实际，出台或修订具体支持知识产权质押融资工作的倾斜政策，加大在人才培养、资金投入、提高金融系统参与积极性、质押物流转、扩大社会影响力等方面的工作力度。

2. 开展企业知识产权质押融资巡讲和银企对接活动。编印知识产权质押融资政策汇编，开展针对企业知识产权质押融资的政策宣讲和实务培训，使企业深入了解相关扶持政策、融资渠道、办理流程等信息。各地通过知识产权质押融资巡讲银企交流会、座谈会、项目对接活动，促进各地全面开展知识产权质押融资工作。

3. 加大对银行、企业等机构培训力度。分层次、分类别举办知识产权质押融资相关培训班，邀请中国银行河南省分行等单位专家讲解专利贷业务、知识产权评估等内容，扩大知识产权质押融资工作在银行、企业等机构中的影响力和知晓度。

4. 建立质押融资项目数据库。各地开展知识产权质押融资备选项目征集，对征集入库项目均按照该项目产业规模、产业所属领域、所处研发阶段、所需资金额度、项目建设所在地等标准进行分类整理，提高银企对接效率，提高我省知识产权质押融资成交量。

5. 开发知识产权融资服务网络平台。针对银行找客户、企业找银行、银企找中介服务的需求，开发并上线运行银行、企业、中介服务为一体的多向信息交流网络服务平台，通过质押融资服务网络平台，实现企业融资需求网上申报、融资补贴网上申报、银企中介网上对接等功能，为银企中介充分沟通提供便捷通道。

（二）鼓励和支持金融机构广泛开展知识产权质押融资业务

推动并支持银行业金融机构开发和完善知识产权质押融资产品，提高对中小微企业贷款不良率的容忍度；鼓励各类金融机构利用互联网等新技术、新工具，丰富和创新知识产权融资方式。

（三）完善知识产权质押融资风险管理机制

引导和支持各类担保机构为知识产权质押融资提供担保服务，探索建立多元化知识产权担保机制；利用专利执行保险加强质押项目风险保障，开展知识产权质押融资保证保险，缓释金融机构风险；促进银行与投资机构合作，建立投贷联动的服务模式，提升企业融资规模和效率。

（四）支持发展综合性知识产权质押融资服务公司

鼓励民间资本参与知识产权质押融资服务，在我省重点培养 1~2 家综合性知识产权质押融资服务公司，为企业提供专利价值分析、知识产权评估、专利权质押登记备案、质押物流转、知识产权咨询、法律援助等多种类"一站式"综合服务，提升我省知识产权质押融资服务水平。

（五）探索完善知识产权质物处置机制

结合知识产权质押融资产品和担保方式创新，研究采用质权转股权、反向许可等形式，或借助专利运营公司、各类产权交易平台，通过定向推荐、对接洽谈、拍卖等形式进行质押物处置，保障金融机构对质权的变现，分解降低银行风险。

（六）加大投入，发挥引导资金杠杆作用

1. 协调有关部门，充分挖掘现有的支持政策，做好对银行、企业、担保机构、评估机构、专利运营公司等单位的政策支持。管好、用好现有的专项资金，发挥好资金的引导作用，切实把资金用在降低企业融资成本和防范银行信贷风险上。

2. 积极争取省财政支持，加大知识产权质押融资工作经费、贴息贴评和保险费补贴支持力度。支持有条件的地市设立本级知识产权质押融资风险补偿基金等质押融资专项资金。

四、条件保障

（一）加强组织保障

省知识产权局成立知识产权质押融资工作办公室，由局主管领导牵头，省局协调管理处主要负责，协调各方资源，大力支持我省知识产权质押融资工作。各地知识产权管理部门应加强与金融、财政、银监等部门合作，建立工作协调机制，促进知识产权质押融资工作。

（二）加强经费保障

各地要积极推动建立中小微企业信贷风险补偿基金、补贴资金，对知识产权质押贷款提供重点支持；要加大经费投入，通过补贴利息、评估费补贴、保险费补贴、担保费补贴、购买中介服务等多种形式，深入推动知识产权质押融资工作健康快速发展。

9. 《江西省中小微企业知识产权质押融资管理办法》

第一章　总则

第一条　为贯彻实施《国务院关于加快构建大众创业万众创新支撑平台的指导意见》（国发〔2015〕53号）和财政部等六部门《关于加强知识产权质押融资与评估管理支持中小企业发展的通知》、中国银监会等四部门《关于商业银行知识产权质押贷款业务的指导意见》等有关精神，鼓励金融创新，加强知识产权资源与金融资源的有机结合，引导和扶持中小微企业采取专利权质押方式实现专利权的市场价值，促进专利权市场化运用，推进四众（即众创、众包、众扶、众筹）健康发展，进一步推动江西发展升级和产业创新升级，结合江西省实际，制定本办法。

第二条　本办法适用于在江西省区域内注册的具有独立法人资格、拥有自主专利权的中小微企业和具备相关资质的评估、担保、保险等服务机构。

第三条 江西省知识产权局从省专利专项资金中列支专利权质押融资资助资金（以下简称"资助资金"），分为贴息资助资金和评估、担保、保险资助资金。主要用于补助中小微企业以专利权质押方式向银行贷款所支付的利息和因质押贷款所发生的评估、担保、保险等中介服务补贴。

第四条 着力构建融资服务平台，大力加强政府引导和银担合作，综合运用资本投入、代偿补偿等方式，加大财政支持力度，引导和促进融资服务机构和银行业金融机构为四众企业提供快捷、低成本的融资服务，建立健全知识产权质押融资风险多方分担机制。在知识产权质押融资中发生的风险，由担保机构、银行等融资服务机构和资产评估机构、保险机构共同分担。

第五条 江西省专利权质押融资工作的基本原则是：依法管理、科学评估、合理安排、择优资助。

第二章　融资贷款条件和申办程序

第六条 以专利权向贷款人出质取得的信贷资金主要用于技术研发，知识产权产业化项目建设、运营、管理，技术改造，流动资金周转等生产经营活动，不得从事股本权益性投资，不得用于有价证券、基金、房地产、期货等投资经营活动及监管机关禁止的其他信贷资金用途，法律、法规、规章及银监会规范性文件另有规定的除外。

第七条 出质人用于质押贷款的专利权必须符合以下条件：

（一）已被依法授予专利权；

（二）专利权处于法定有效期限（或保护期）内，且剩余有效期（或保护期）原则上不少于3年，不短于贷款期限；

（三）权属清晰，依法可转让并能够办理质押登记；

（四）专利权不得涉及国家安全与保密事项；

（五）出质人必须将质权价值全额用于贷款质押担保；

（六）知识产权出质人有国有资产成分的，出质前应取得其上级资产主管部门的批准；

（七）出质人应书面承诺质押期间转让或授权许可第三方使用出质权利时，必须经贷款人同意，且同意转让费、许可使用费、实施专利所得收益均须优先用于归还贷款或提存。

（八）专利项目处于产业化初期和扩大再生产的实质性实施阶段；

（九）以实用新型和外观设计专利权出质的，贷款人可以要求出质人出具国务院专利行政部门做出的专利权评价报告或检索报告，或者足以证明其具备专利实质性条件的其它材料。

第八条　有下列情形之一的，不予办理知识产权质押贷款：

（一）出质人非国家行政主管部门法定知识产权文档所记载的知识产权所有人；

（二）知识产权被提出撤销或被启动无效宣告程序的；

（三）被宣告无效、被撤销或者已经终止或提前终止的；

（四）假冒他人知识产权的；

（五）知识产权存在权属纠纷或权属不清的；

（六）质押期限超过知识产权剩余有效期限的；

（七）已被国家专利行政机关强制许可的专利权；

（八）未按时、足额缴纳专利年费的专利权；

（九）已被国家有权机关采取查封、扣押、冻结等强制措施的；

（十）其他不具备办理知识产权质押贷款的情形。

第九条　贷款利率按照中国人民银行公布的利率政策执行。利率上、下浮比例不得超过中国人民银行的规定。

第十条　出质人以知识产权向贷款人出质借款，需向贷款人提交下列（但不限于）相关资料：

（一）知识产权质押贷款申请书；

（二）拟出质知识产权的相关证书（包括但不限于专利证书）原件及复印件；

（三）证明专利权有效的专利登记簿副本原件；

（四）中国银监会《商业银行授信工作尽职指引》规定的相关资料；

（五）贷款人要求提供的其他资料。

第十一条　贷款人根据自身审批流程和审查标准决定是否与相关企业建立授信关系，并确定担保方式。

采用知识产权质押的，应重点审查借款人、出质人以下情况：

（一）信用档案、知识产权是否真实有效；

（二）是否有权将该知识产权转让或许可他人使用；

（三）是否已设定质押或重复设定质押；

（四）知识产权的市场价值；

（五）知识产权价值是否合理，评估机构是否具有知识产权评估资质，注册评估师是否具有知识产权评估资格，是否该评估机构正式专业人员。

第十二条 双方当事人签订借款合同及相关知识产权书面质押合同，明确质押双方当事人的权利义务，自订立合同之日起15日内，共同向国家知识产权局指定的专门机构办理知识产权质押登记，并将质押登记结果报送省级相关知识产权行政主管部门。质权自国务院知识产权有关行政主管部门办理出质登记时设立。

第十三条 知识产权质押合同应包括但不限于以下内容：

（一）被担保债权的种类、数额、资金用途；

（二）知识产权件数、名称、权利要求项数，专利号，专利申请日、授权公告日；

（三）质押担保范围；

（四）质押金额及其支付方式、质押率；

（五）质押到期日原则上不超过贷款到期日后两年。贷款展期的，质押到期日不超过展期到期日后两年。

（六）对质押期间进行知识产权转让或实施许可的约定；质押期间出质人维持知识产权有效的约定；

（七）质押期间知识产权被宣告无效、撤销或者知识产权归属发生变更时是否另行提供担保；

（八）违约及索赔；争议的解决方法；质押期间债务的清偿方式；

（九）依照规定及当事人认为需要约定的其他事项。

知识产权经过资产评估的，出质人还应当提交资产评估报告。

第十四条 出质人必须是合法知识产权所有人。出质人对知识产权享有充分的处分权，若知识产权为共有的，其处分已获得其他共有人必要的同意和充分授权。

第十五条　知识产权经过出质登记后，出质人应及时依照约定将出质的知识产权相关证书移交贷款人。质押登记注销后，贷款人应当返还相关证书。

第十六条　贷款人应当按照借款合同及知识产权质押合同约定及时办理发放质押贷款手续，并妥善保管出质人移交的知识产权证书及其他相关资料。

第三章　融资资助资金申报与审批

第十七条　融资贴息资金原则上每年核拨 1 次，对同一笔贷款项目采取企业还贷后给予一次性核拨的办法，贴息比例为同期银行贷款基准利率的 30% ~50% ，贴息时间从计算贴息之日起最长不超过 2 年，每家企业享受贴息总额最高不超过 50 万元。

第十八条　在同一笔贷款项目中，企业从其他途径获得财政贴息资金的，不再享受本办法规定的资金扶持政策。

第十九条　申报条件：

（一）申报单位必须是在江西省辖区内办理工商、税务登记的中小微企业和评估、担保、保险机构；

（二）申报单位与银行签订了专利权质押贷款合同或申报单位与银行签订了由其它单位担保的贷款合同，同时与担保单位签订了以专利权出质的反担保合同，且上述合同已按约定履行；

（三）申报单位已按期支付利息，不存在违约行为，其中清还本金的优先资助；

（四）申报单位既是贷款合同的借款人，又是出质专利权的权利人；

（五）专利权质押合同已依法在国家知识产权局办理过专利权质押登记手续，并在江西省知识产权局进行了备案；

（六）申报单位出质的专利权质押期间必须权属清晰、法律状态明确有效，且无专利纠纷；

（七）申报单位出质的发明专利或实用新型专利必须有较高的技术含量，市场前景好，符合国家产业政策；

第二十条　申报单位提交的材料：

申请时需要填写《江西省企业专利权质押贷款贴息项目申请表》，并提交以下书面材料：

（一）申报单位营业执照副本；

（二）申报单位出质的专利权证书；

（三）申报单位专利权质押合同登记的证明材料（国家知识产权局出具的专利权质押合同登记通知书）；

（四）申报单位与金融机构签订的专利权质押贷款合同及合同履行相关凭证；

（五）必要时提供专利权评估或担保、保险服务收费合同（协议）、评估报告、评估费用和担保服务费用票据；

（六）申报单位已按期支付相应利息的证明材料（贷款收款凭证和银行利息支付凭证、银行划款凭证等）；

（七）本次申报时间段内已支出费用及贷款利息费用汇总表（含时间、凭证号）；

（八）其它相关证明材料。

以上材料需提交原件及复印件，复印件须加盖申请单位公章，原件经审核后退回。

第二十一条 为方便申请企业，省知识产权局委托各设区市知识产权局对本辖区内的申报项目进行初审，各设区市知识产权局对符合条件的项目签署推荐意见后上报省知识产权局。省直管县参照设区市开展相关工作。

第二十二条 评估、担保、保险资助资金主要用于资助企业用专利权以质押方式从银行金融机构获得贷款时发生的知识产权评估、担保或保险费用。获得银行金融机构知识产权质押贷款的项目，按贷款金额的2%（单个贷款项目最高5万元），分别对知识产权质押融资的中介机构给予融资中介服务补贴（中介机构包括评估、担保、保险和其它服务机构）。评估、担保、保险服务费用的资助程序另行规定。

第二十三条 根据申报情况，省知识产权局对符合条件的申报项目进行审核，在当年专项经费额度内确定贴息项目及贴息比例。

第四章　监督与管理

第二十四条　申报单位所提交的材料必须真实有效，不得弄虚作假和骗取财政资金。对有违规行为的申报企业，省知识产权局将收回贴息资金，并取消其 3 年内申报贴息项目的资格，依法追究相关单位和个人的责任。构成犯罪的，移交司法机关依法处理。

第二十五条　为加强对贴息资金的监督和管理，省知识产权局必要时可对贴息资金使用情况进行检查监督。接受贴息资金的单位必须自觉接受检查监督，必要时应报送贴息资金使用情况的报告。

第二十六条　鼓励有条件的市、县（区）、国家级高新区和经开区根据实际情况，制定扶持政策，积极参与知识产权质押融资的工作。列入省知识产权融资试点工作的市、县（区）优先享受本办法规定的资助。

第二十七条　若国家政策有重大调整，本办法有关条款将根据国家政策作相应调整。

第五章　附则

第二十八条　本办法由江西省知识产权局、江西省银监局负责解释。

第二十九条　本办法自公布之日起实施。

10. 《天津市专利权质押贷款实施指导意见》

为创新中小企业贷款担保方式，完善中小企业专利权融资机制，切实加强和改善天津市银行业金融机构对中小企业的金融服务，积极支持中小企业健康发展，根据《中华人民共和国物权法》、《中华人民共和国担保法》、《中华人民共和国专利法》、《中华人民共和国商业银行法》等有关规定，结合天津市实际，现就推动天津市银行业金融机构开展专利权质押贷款业务提出如下意见。

第一条　本指导意见所称的商业银行包括天津市辖内的政策性银行、国有商业银行、股份制商业银行、城市商业银行、农村商业银行、农村合作银行和农村信用社。

第二条　本指导意见所称的专利权质押贷款是指为了满足生产经营过程

中正常资金需求，企业（以下简称"借款人"）以自有或第三人合法持有的发明专利权、实用新型专利权出质，从商业银行取得贷款，并按约定的利率和期限偿还贷款本息的一种贷款方式。

第三条 申请办理专利权质押贷款业务的借款人除符合《贷款通则》规定的要求之外，还必须具备以下条件：

（一）能够以合法有效的专利权做质押，具有专利实施能力和获利能力的科技型中小企业；

（二）持有中国人民银行核发的经年检有效的贷款卡；

（三）注册地位于天津市行政区划范围，成立时间须在 1 年（含）以上，有固定生产经营场所，员工队伍稳定；

（四）产权清晰，组织架构合理，管理制度健全，经营规范；

（五）用于质押担保专利权的实施企业，书面承诺质押期间转让或授权许可第三方使用质物时须经商业银行同意，且转让费、许可费、实施专利所得收益均须首先用于归还贷款；

（六）根据商业银行需要，能提供银行或担保机构认可的其他担保方式；能够提供有真实贸易背景的、反映贷款用途的合同、订货单、发票等；

（七）商业银行要求的其他条件。

第四条 用于质押的专利权应具备以下基本条件：

（一）用于质押的专利权限于发明专利、实用新型专利权。

（二）用于质押的专利权须合法有效，获得授权，并具有较强的盈利能力和良好的发展前景。

第五条 用于质押的专利权（包括发明专利和实用新型专利，以下统称"设质专利权"）应满足以下条件：

（一）设质专利权为单项专利的，该专利权至少已进行 2 年（含）以上的实质性实施，且至借款人申请贷款时该专利仍在使用，并具有盈利能力；设质专利权为多项专利的，其中至少 1 项专利应已进行 2 年（含）以上的实质性实施，且至借款人申请贷款时该专利仍在使用，并具有盈利能力；

专利权获得天津市专利奖以上奖励的，设质专利权已使用时间可在 1 年（含）以上；

（二）设质专利权须是借款人的核心专利；

（三）对设质专利权的相关性专利和改进型专利，无论企业实施与否，均应与设质专利权一并质押；

（四）发明专利有效期不得少于 8 年，实用新型专利现有有效期不得少于 4 年；

（五）出质人应向贷款银行如实申明是否存在以同一技术申请实用新型专利和发明专利的情况；如出质人以同一技术申请实用新型专利和发明专利，而发明专利尚未依法获得授权的，可暂将已依法获得授权的实用新型专利进行质押，但出质人应承诺在发明专利获得授权后及时将其质押；

（六）设质专利权不得涉及国家安全与机密；

（七）出质人应当提供由国家知识产权局出具的专利登记簿副本，设质专利权为实用新型专利的，应当提供实用新型专利检索报告。专利权质押期间，出质人须按时、足额缴纳年费；

（八）商业银行规定的其他条件。

第六条　设质专利权除满足第五条规定外，还应满足以下条件：

（一）质物必须产权清晰，可以办理质押登记，按照国家有关规定可在公开产权交易市场挂牌交易，且易于变现；

（二）出质人必须将质物价值全额用于贷款质押担保；

（三）以第三方所有的专利权设定质押的，第三方权利人须出具合法有效的书面证明文件、同意质押的书面文件以及第三方相关基本资料；

（四）质物所有权属于出质人与他人共有的，须提供全部共有权利人同意质押的合法有效书面文件；

（五）借款人为出质人股东或实际控制人的，出质人须出具合法有效的股东会或者股东大会决议；

（六）质物需经商业银行认可的评估机构或担保机构进行价值评估，且商业银行以评估价值与商业银行认可的市场公允价值较低者为准，确定质物价值；

（七）商业银行规定的其他条件。

第七条　下列专利权不能作为质物：

（一）专利权被宣告无效或已被终止；

（二）专利权已被启动无效宣告程序还未结案；

（三）贷款期限超过专利权有效期的；

（四）专利权存在各种纠纷的（包括民事纠纷、行政纠纷）；

（五）不具良好市场前景的专利；

（六）商业银行规定的其他条件。

第八条　商业银行收到借款人的借款申请后，应对借款人的借款用途、资信状况、偿还能力、资料的真实性，以及专利权的基本情况进行调查核实，并及时对借款人给予答复。

第九条　商业银行在贷款前，应审慎分析借款人信贷风险和财务承担能力，根据统一授信管理办法，核定借款人适当的授信额度。

第十条　专利权质押率由商业银行或与之有业务合作关系的专业担保机构依据专利权质量、处置难度及借款人的财物和资信状况与借款人商定。商业银行可以根据自身风险管控能力，在内部管理权限之内自行确定专利权质押率，但专利权质押贷款的质押率原则上最高不超过专利权评估价值的50%。

第十一条　专利权质押贷款利率按中国人民银行公布的同档次贷款利率执行并可依规定浮动。

第十二条　借款人与商业银行达成初步贷款意向的，由借款人委托专利资产评估机构出具专利资产评估报告，并持该报告和相关材料与贷款银行签署《借款合同》和《专利权质押合同》。

第十三条　商业银行审批后，借款人应在订立书面借款合同之日起20日内到国家知识产权局办理质押登记手续。

第十四条　天津市有关知识产权管理部门及服务机构应当积极向商业银行、借款人提供必要的专利权业务咨询、辅导工作。

第十五条　登记手续办理完毕后，商业银行须亲赴质押登记部门领取专利权质押合同登记通知书，并要求借款人提交专利证书等。

第十六条　商业银行在发放专利权质押贷款后，应关注借款人日常经营状况，准确把握影响质押专利权的市场价值因素，持续评估质押专利权的价值，采取有效措施防范和控制信贷风险。

第十七条 借款人应按借款合同的约定偿还贷款本息。商业银行应当在借款合同终止的同时，办理质押登记注销手续，并将专利权质押登记相关证明文件退还借款人。

第十八条 借款人违反贷款合同约定，到期未履行还款义务，经多次催收仍逾期不归还贷款时，商业银行可依法取得对质押专利权的处置权。

天津市知识产权及其他相关主管部门可依商业银行申请，将待处置专利权有关信息在有关公共媒体或专利权相关信息平台予以发布，推动待处置的质押专利权的转让。

第十九条 专利资产评估机构应遵循独立性、公平性、科学性、重要性、真实性原则，按照《专利资产评估指导意见》的有关规定对专利权价值进行评估。对专利资产评估机构故意提供虚假材料的、或因重大过失提供有遗漏的报告而给商业银行造成损失的，应当依照国家有关法规承担法律责任。

第二十条 商业银行可根据本指导意见制定或建议上级部门制定相应的实施细则，规范专利权质押贷款业务。

第二十一条 各商业银行应切实加强专利权质押贷款管理，建立健全专利权质押贷款业务操作流程和风险管理体系，严格按照规定做好贷前调查、贷时审查、贷后管理和贷款收回与总结工作，在风险可控的前提下积极稳妥开展专利权质押贷款业务。

第二十二条 对于严格执行《商业银行小企业授信工作尽职指引》要求及有关法规，在客户调查和业务受理、授信分析及评价、授信决策与实施、授信后管理等环节都勤勉尽职地履行职责的授信工作人员，授信一旦出现问题，可视情况免除相关责任。

第二十三条 天津银监局、人民银行天津分行、市科学技术委员会、市政府金融服务办公室、市知识产权局、商业银行要建立健全信息通报机制。各商业银行应当及时将借款人违约情况及专利权质押贷款业务开展情况向天津银监局、人民银行天津分行报告并抄送市科学技术委员会、市政府金融服务办公室、市知识产权局。

第二十四条 本指导意见由天津银监局牵头会同人民银行天津分行、市科学技术委员会、市政府金融服务办公室、市知识产权局解释。

第二十五条 本指导意见自发布之日起实施。

11.《重庆市知识产权质押融资管理办法（试行）》

第一章 总 则

第一条 为贯彻落实《中共中央国务院关于深化体制机制改革加快实施创新驱动发展战略的若干意见》（中发〔2015〕8号）、《重庆市深化体制机制改革加快实施创新驱动发展战略行动计划（2015～2020年）》（渝委发〔2015〕13号）精神，促进知识产权与金融资源融合，支持科技型中小微企业开展知识产权质押融资，促进科技成果转移转化，着力开创大众创业、万众创新的生动局面，根据有关政策和法律法规要求，结合重庆实际，制定本办法。

第二条 本办法所称的知识产权是指专利权和集成电路布图设计专有权。

本办法所称的知识产权质押融资，是指在重庆市行政区域内经工商行政管理部门批准登记注册的科技型中小微企业（以下简称企业），将其依法拥有的知识产权中的财产权出质，从银行等金融机构获得贷款。

第三条 受市科技行政主管部门委托，市知识产权主管部门负责兑现知识产权质押融资担保或保险费补助、风险补偿，经费使用情况每年报市财政局、市科委备案。经费来源为市级财政科技专项资金。

第二章 质押条件及融资用途

第四条 用于质押融资的知识产权应当符合以下条件：

（一）已依法授予或核准注册的知识产权；

（二）权属清晰、依法可转让并能够办理质押登记；

（三）知识产权处于法定有效期限（或保护期）内，且剩余有效期（或保护期）不短于贷款期限；

（四）知识产权及相关产品符合国家产业政策和其他行政管理规定，具有良好的市场潜力和经济效益，用于质押的专利权项目或者产品处于实质性的实施阶段；

（五）知识产权不得涉及国家安全与保密事项，不得违反国有资产管理规定。

第五条　质押融资时，出质人应当承担相关义务：

（一）存在共同知识产权权利人的，应当已取得所有权利人的同意，以第三方所有的知识产权设定质押的，应当已取得知识产权权利人或授权人的同意；

（二）出质人必须将质权价值全额用于贷款质押担保；

（三）与质押专利权相关的同族专利权等知识产权应一并质押，企业应在申请评估时列出目录；

（四）出质人在质押期间转让或授权许可第三方使用出质权利时，必须经质押权人同意，且转让费、许可使用费、实施专利所得收益均须优先用于归还贷款或提存。

第六条　融资方式

（一）企业将知识产权财产权出质给银行等金融机构，银行等金融机构作为知识产权质权人向企业提供资金。

（二）企业将知识产权财产权出质给融资担保机构或贷款保证保险机构，由融资担保机构、贷款保证保险机构为企业融资提供担保、保证保险，银行向企业提供资金。

第七条　企业以知识产权出质获得的信贷资金，应主要用于技术研发、技术改造、项目产业化和流动资金周转等活动，不得从事股本权益性投资，不得用于有价证券、基金、期货等投资经营活动及监管部门禁止的其他信贷资金用途。

第八条　金融机构应根据借款人生产经营需求、偿债能力、出质知识产权评估价值、担保、购买保险等情况合理设定知识产权质押融资额度、期限和利率。对引入担保、保险机制或纳入科技风险补偿的知识产权质押贷款，利率原则上应低于本机构同类同档次贷款利率平均水平。

第三章　质押及兑现流程

第九条　市知识产权局建立"知识产权质押融资信息库"，并对入库专利的法律状态、权属和有效期限等相关事宜进行核实，提供给银行、担保、保险等机构选择。

第十条 市注册资产评估师协会遴选若干家具有知识产权评估资质和专业能力、在业内享有较高声誉的资产评估机构,推荐给金融机构;经遴选推荐的评估机构须自行与相关的承贷银行提出知识产权评估业务申请,购买执业责任险。

市注册资产评估师协会要加强资产评估机构的行业自律监管,规范资产评估师和资产评估机构的知识产权价值评估行为。

第十一条 引导和支持保险公司开发保险产品,推进知识产权质押融资履约保证保险,保险公司为企业还款能力提供保险,以此获得银行贷款,通过保险分散企业及银行风险,推动保险和银行信贷的优势互补。引导和支持各类担保机构为知识产权质押融资提供担保服务,鼓励开展同业担保、供应链担保等业务,探索建立多元化知识产权担保机制。

企业获得市级相关产业引导基金或其他股权投资机构的股权投资后,利用知识产权质押融资的,担保机构、保险公司和银行应优先安排担保增信、保险增信和贷款融资。引导和鼓励创业投资、质押融资与科技风险担保实行"投贷保"联动,加速培育科技型中小微企业。

第十二条 银行业金融机构应当健全向知识产权质押贷款业务倾斜的考核评价体系和激励约束机制,在资金供给、财务费用、激励考核、人才配备等方面向知识产权质押贷款倾斜,将新增科技型客户等纳入银行客户经理绩效考核,并按科技信贷收益一定比例上浮计算绩效及奖励。推行尽职免责制度,适当放宽风险容忍度,充分调动知识产权质押贷款投放积极性。

第十三条 对企业到期不能清偿债务,金融机构可依法通过知识产权交易机构发布知识产权处置公告,以其知识产权折价或者拍卖、变卖其产权;探索采用质权转股权、反向许可等形式,通过定向推荐、对接洽谈、协议转让等进行质物处置,所获价款优先偿还所欠债务,保障金融机构对质权的实现。

鼓励社会资本参与的知识产权市场化运营机构,开展多种形式的知识产权市场化运营。知识产权处置收益归各知识产权质押融资风险承担主体享有。

第十四条 企业与金融机构签订知识产权质押融资合同后,双方应当在15日内持知识产权质押贷款合同、质押合同、担保(或保险)合同、贷前调查相关记录文件等资料到国家知识产权局专利局重庆代办处办理质押登记和备案手续。

融资期间，若遇知识产权融资合同登记内容发生变更，当事人应当自变更之日起15日内持变更协议、原《专利权质押登记通知书》及相关证明文件到国家知识产权局专利局重庆代办处办理质押登记变更手续。

知识产权质押融资合同解除或到期终止后，出质方应在30日内，持相关材料到原登记机关办理知识产权质押登记解押手续。

第十五条　符合补助条件的企业或金融机构，根据申报通知要求，向国家知识产权局专利局重庆代办处报送以下文件材料：

（一）《重庆市知识产权质押融资担保或保险费用补助申报表》或《重庆市知识产权质押融资风险补偿申报表》；

（二）申报单位营业执照、组织机构代码证、税务登记证和法定代表人身份证复印件，以及相关证明材料；

（三）知识产权质押备案登记文件、贷中审查、贷后检查的相关记录文件、符合监管部门要求的依法合规的损失认定文件、贷款尽职追偿和知识产权质押处置的有效法律文件等与认定知识产权质押损失相关的法律文件。

申报材料一式两份，加盖申报单位公章或财务专用章。

第十六条　市知识产权局会同有关部门对报送材料的完整性、合规性和有效性进行审核，必要时可进行实地核查，提出拟补助项目清单，并向社会公示。对于材料不齐的，限期予以补充；逾期不能补充的，不予受理。经公示无异议或者异议不成立的，市知识产权局会同市财政局下达审批文件，办理补贴资金拨付手续。

第四章　扶持政策

第十七条　对企业知识产权质押贷款提供担保或保险的，给予担保或保险公司不超过每笔贷款金额1%的担保费和保险费补助。

第十八条　建立知识产权质押融资风险补偿制度，按不超过审定企业知识产权质押贷款坏账本金损失的30%给予补偿，每笔贷款损失补偿不超过人民币 150 万元。纳入风险补偿范围的贷款，其贷款的实际利率应不超过同期人民银行贷款基准利率的 150%。

第十九条 各区县（自治县）可参照本办法出台相应扶持政策。鼓励区县（自治县）政府、产业主管部门、园区管理机构、众创空间给予企业知识产权质押融资一定额度的贷款贴息、评估补助，共同推动中小微企业开展知识产权质押融资工作。

第五章　监督及处罚

第二十条 有关部门按照各自职责，依法对知识产权质押融资补助项目的审核过程及资金拨付、使用情况等进行监督。

第二十一条 知识产权质押融资参与的主体单位及责任人采取欺骗手段或者弄虚作假领取知识产权质押融资补助以及风险补偿的，将追回补助资金，3 年内不再受理其知识产权相关补助，并将视具体情况采取向社会公示。涉嫌违法犯罪的，依法追究法律责任。

将以知识产权出质获得的信贷资金，用于股本权益性投资，有价证券、基金、期货等投资经营活动及监管部门禁止的其他信贷资金用途的，应当责令其改正，并可视情形作出追回补助资金的决定。

第二十二条 政府有关部门工作人员在项目审核、管理和监督工作中滥用职权、玩忽职守、徇私舞弊的，按照有关规定给予行政处分。涉嫌违法犯罪的，依法追究法律责任。

第六章　附　则

第二十三条 市科技行政主管部门、市知识产权主管部门以前出台的科技型中小微企业专利权质押融资的管理有关规定与本办法不一致的，适用本办法。

第二十四条 本办法自印发之日起施行。

12. 《关于设立辽宁省知识产权质押融资风险补偿基金的实施方案》

为充分发挥财政性资金杠杆放大和风险保障作用，建立辽宁省知识产权质押融资风险补偿基金（以下简称风险补偿基金），引导银行业等金融机构进一步拓展知识产权质押融资，缓解中小微企业融资难、融资贵，服务大众创业、万众创新，支撑产业转型升级、提质增效，制定本实施方案。

一、风险补偿基金的性质、定位及作用

（一）风险补偿基金的性质

风险补偿基金是由中央财政和试点市级财政共同设立，与银行、保险、融资担保等各类金融机构合作，为支持传统产业转型升级、发展战略性新兴产业、促进大众创业万众创新和服务中小微企业创新发展中的知识产权质押融资提供风险分担和补偿的政府引导性专项资金。

（二）风险补偿基金的定位

风险补偿基金遵循知识产权运营的客观规律和特征，遵循"政府引导、市场运作、科学决策和合理容错"的原则。

（三）风险补偿基金的作用

为我省企业知识产权质押融资风险提供补偿，拓宽我省中小微企业融资渠道，降低融资成本，支持产业关键领域知识产权运营，支撑我省企业"走出去"和产业迈向中高端，营造有利于创新创业的良好环境。

二、风险补偿基金规模、资金来源和运作模式

（一）风险补偿基金规模及来源

风险补偿基金总规模暂定为 1.5 亿元。其中，财政部为我省资助出资5000 万元，在沈阳、大连、鞍山、抚顺、本溪、锦州、阜新、辽阳、朝阳、盘锦等 10 个市开展建立风险补偿基金试点，各试点市按 2∶1 比例共出资 1 亿元。

（二）风险补偿基金的运作模式

按照"政府引导、市场运作、风险共担"的思路，以缓解我省中小微企业融资难、融资贵为目标，与金融机构和保险机构协商，以四种模式运作。

1. 风险补偿基金 + 保险 + 银行模式。由风险补偿基金与保险公司、合作银行协商承担实际贷款损失的比例；银行与保险公司对未收回贷款本息进行追偿，追回的资金按风险分担比例分配。风险补偿基金同时可用于补贴购买信贷履约保证保险和专利执行险，但不能超过贷款额的 2%。

2. 风险补偿基金＋担保＋银行模式。由风险补偿基金与融资担保公司、合作银行协商确定承担贷款本金损失的比例；银行与融资担保公司对未收回贷款本息进行追偿，追回的资金按风险分担比例分配。风险补偿基金同时可用于补贴担保费用，但不能超过担保费的50％。

3. 风险补偿基金＋银行模式（a）

风险补偿基金与银行机构协商确定承担实际贷款损失比例；银行按相关流程对未收回贷款本息进行追偿，追回的资金按风险分担比例分配。

4. 风险补偿基金＋银行模式（b）

风险补偿基金只对不良率高出合作银行各项贷款不良率年度目标3个百分点以内的部分补偿。与合作银行按年度结算。

三、风险补偿基金适用对象和条件

风险补偿基金主要用于我省辖区内拥有自主知识产权的初创期、成长期科技企业和战略性新兴产业、重点产业转型升级和创业创新项目。对纳入重点支持领域的专利质押提供风险分担和风险补偿。

风险补偿基金对补偿项目的限定要求为：省内中小微企业利用专利质押的贷款项目，中小企业单笔贷款不超过600万元，微型企业单笔不超过200万元。同一企业每年累计贷款额最高不超过800万元，贷款期限不超过1年。

风险补偿基金只对专利质押的金额提供风险补偿，对于组合质押则要明确专利的质押贷款额度。

四、风险补偿基金的管理

（一）管理方式

省知识产权局、省财政厅、省政府金融办是省级风险补偿引导资金的管理主体，负责组织风险补偿基金的设立和指导工作。按照知识产权质押融资的市场规律，规范风险补偿基金的使用标准和程序，明确与银行等金融机构开展合作基本原则和要求以及建立债权追偿、质物处置、损失共担等合作机制，提高风险控制水平和资金使用效率。

国家资助风险补偿引导资金按照财政国库集中支付制度规定拨付。

各试点市有关部门可根据本实施方案制定市级风险补偿基金管理办法，组织开展知识产权质押贷款风险补偿工作。

（二）使用要求

获得风险补偿基金的单位，应严格按规定用途专款专用，资金到位后直接将其汇入合作银行风险补偿基金账户，不得与其他账户混用，不得截留、挪用。风险补偿基金不得从事吸收或变相吸收存款、贷款、拆借，期货及金融衍生品交易，抵押和担保业务，房地产投资，赞助和捐赠以及投资管理部门禁止从事的其他业务。

风险补偿基金支持的拥有自主知识产权的创新型企业贷款项目由管理部门推荐，合作银行独立审贷。贷款逾期无法偿还，由风险补偿基金管理部门和合作银行共同组织认定后，按协议约定履行代偿及债务追偿责任。

五、风险补偿基金的决策程序及风险防范

（一）项目筛选

风险补偿基金支持的重点行业或项目，由市风险补偿基金管理部门认定。包括但不限于：传统装备制造企业、战略性新兴产业企业和高校科研院所、高科技园区、众创空间在孵企业以及知识产权持有人创业发起的企业等。支持范围按照名单制管理，每年动态调整一次。

（二）补偿决策

市风险补偿基金管理部门对需补偿的项目进行评审和决策，决策通过后按照程序办理风险补偿手续。

（三）额度分配

省使用国家资助资金为沈阳、大连两个副省级城市各投入 800 万元；鞍山投入 600 万元；抚顺、本溪、锦州、阜新、辽阳、朝阳、盘锦 7 个市各投入 400 万元。一年之内，还未能建立起风险补偿基金或不能达到 2∶1 配套的市，该资金收回省里调剂使用。今后逐年按资金运用效率、放大功能和知识产权运营的实际情况，进行调整出资规模和比例，实现引导资金的激励作用。

（四）风险控制

风险补偿基金应当遵照国家有关财政预算和财务管理制度等规定，建立

健全内部控制和外部监管制度，建立决策和风险约束机制，切实防范基金运作过程中可能出现的风险。风险补偿基金选择商业银行进行托管，银行依托管协议负责账户管理、资金清算、资产保管等事务，对补偿行为实施动态监管。完善社会信用体系建设，对于接受补偿的企业和单位，参考其信用记录，予以补偿。

13.《河北省专利权质押贷款管理暂行办法》

第一章　总　则

第一条　为鼓励金融机构创新金融产品，规范办理专利权质押贷款业务，充分发挥专利权的融资功能，保障专利权质押当事人的合法权益，实施知识产权战略，推进专利技术产业化进程，强化自主创新，助推创新型河北建设，根据《中华人民共和国商业银行法》、《中华人民共和国物权法》、《中华人民共和国担保法》、《中华人民共和国专利法》以及中国人民银行《贷款通则》、中国专利局《专利权质押合同登记管理暂行办法》等法律法规，结合河北省实际，制定《河北省专利权质押贷款管理暂行办法》（以下简称《暂行办法》）。

第二条　本《暂行办法》所称的专利权系指已被国家知识产权局依法授予、目前仍为有效的发明专利、实用新型专利和外观设计专利的财产权。

专利权质押贷款系指借款人以依法享有并可以转让的专利权向贷款人出质，取得贷款人一定金额的人民币、外币贷款，并按期偿还贷款本息的一种贷款业务。

第三条　本《暂行办法》所称的贷款人系指依法设立并经营贷款业务的金融机构。借款人需是经工商行政管理机关依法登记成立并从事经营活动的企业法人。

第二章　贷款用途和条件

第四条　借款人以专利权向贷款人出质取得的信贷资金，应当用于创新中的技术研发、产品开发、技术改造和流动资金生产经营性支出费用，不得从事股本权益、有价证券、股票和期货等高风险投资活动。

第五条　借款人申请专利权质押贷款应当符合以下条件：

（一）借款人应当依法享有专利权；

（二）借款人须有两年以上经营业绩和盈利记录并通过工商部门年检，财务制度健全，恪守信用，无不良记录，有还本付息的能力，企业法定代表人、实际控制人有良好的信用记录；

（三）用于质押的发明专利剩余有效期一般不得少于 8 年，实用新型专利和外观设计专利剩余有效期一般不得少于 5 年；

（四）用于质押的专利处于实施阶段，有较高的科技含量，符合国家产业政策和环保要求，有较好的市场前景和良好的经济效益；

（五）贷款人认为应当符合的其他条件。

第六条　有以下情形之一的，贷款人不予办理专利权质押贷款：

（一）非国家知识产权局专利文档所记载的专利权人的；

（二）专利权已被终止的；

（三）专利权被启动无效宣告程序或已被宣告无效的；

（四）存在专利纠纷的；

（五）假冒专利的；

（六）专利权处于质押期的；

（七）专利权涉及国家安全与保密事项的；

（八）其他不具备办理专利权质押贷款情形的。

第三章　贷款性质、额度、利率及期限

第七条　专利权质押贷款属于商业性贷款，由贷款人自主审查、自主决定。

第八条　借贷双方应当把专利权价值评估结果作为贷款的主要参考依据。由贷款人、借款人协商按专利权评估价值的一定比例确定贷款额度。

专利权价值评估应当由贷款人、借款人委托有资质的资产评估机构进行。

第九条　贷款人应当按照中国人民银行规定的贷款基准利率，合理确定专利权质押贷款的利率。

第十条　贷款期限由借贷双方协商确定，但不得超过专利权有效期限。

第十一条　贷款人在办理专利权质押贷款业务时，应当充分了解专利权

质押贷款可能存在的市场风险，在批准贷款申请前应当考察借款人的还款能力和资信状况，确保信贷安全。

第四章 贷款申办程序

第十二条 借款人申请专利权质押贷款，需向贷款人提交以下资料：

（一）专利权质押贷款申请书；

（二）拟出质的专利证书及复印件；

（三）证明专利权有效的专利登记簿副本原件；

（四）用于质押的专利权评估报告并附专利权评价报告；

（五）工商营业执照、法定代表人或实际控制人身份证明资料、企业贷款卡及复印件；

（六）贷款人要求提供的其他资料。

第十三条 贷款人根据自身审批流程和审查标准决定是否与借款人建立授信关系。

贷款人在受理借款人专利权质押贷款申请时，可寻求专业担保机构提供补充担保支持。

第十四条 借贷双方可向设区市以上管理专利工作的部门征询与质押专利有关的意见。管理专利工作的部门应根据国家知识产权局要求，就专利权质押贷款提供相关服务。

第十五条 借贷双方应签订书面的借款合同及专利权质押合同，并按规定向国家知识产权局或国家知识产权局授权的管理专利工作的部门办理专利权质押合同登记，并将登记结果报贷款银行所在地的设区市以上管理专利工作的部门备案。质押合同自登记之日起生效。

专利权质押贷款申请书、专利权质押合同格式文本由贷款人负责提供。

第十六条 专利权质押合同应包括以下内容：

（一）出质人、质权人及代理人或联系人的姓名（名称）、通信地址；

（二）贷款种类、金额、利率、期限、资金用途；

（三）质押专利件数及每项专利的名称、专利号、申请日和颁证日；

（四）采用担保形式的质押担保的范围；

（五）质押贷款的金额、支付方式及清偿方式；

（六）对质押前专利实施许可情况的说明；

（七）质押期间出质人维持专利权有效的义务；

（八）出现专利纠纷时出质人的责任；

（九）质押期间专利权被宣告无效时的处理；

（十）违约及索赔；

（十一）争议的解决方法；

（十二）双方认为需要约定的其他事项。

第十七条　出质人应当是合法专利权人。如果一项专利有两个以上的共同专利权人，则出质人应为全体专利权人。

第十八条　专利权质押合同经登记后，借款人应当依质押合同的约定将出质的专利权证书移交贷款人。

贷款人应当按照专利权质押合同及借款合同的约定及时办理贷款，并妥善保管借款人移交的专利证书及其他相关资料。专利权质押合同解除后，贷款人应当及时将专利证书及其他相关资料交还借款人。

第五章　贷款管理

第十九条　贷款人在发放专利权质押贷款后，应当监控借款人贷后资金运用情况，关注资金流向，指导借款人合理使用贷款资金。

第二十条　贷款人应当关注国家知识产权局专利权质押公告及专利权市场变化情况，做好贷后管理工作，采取有效措施防范和控制风险。

第二十一条　专利权质押合同内容发生变更的，当事人应在作出变更决定之日起七日内持变更协议及相关资料向国家知识产权局或国家知识产权局授权的管理专利工作的部门办理变更登记。变更登记后，借贷双方及出质人应重新修订借款合同及专利权质押合同，并向所在地设区市以上管理专利工作的部门备案变更情况。

第二十二条　质押合同解除或终止后，当事人应在规定期限内及时办理专利权质押合同登记注销，同时向所在地设区市以上管理专利工作的部门备案。

第二十三条 借款人到期不能清偿债务或发生当事人约定的实现质权的情形，贷款人可依法处置质押的专利权，并就处置所得优先受偿。

贷款人在依法处置质押的专利权前，可就处置专利权的相关问题向当地设区市以上管理专利工作的部门咨询或征求意见。

第六章 附 则

第二十四条 科技、知识产权、财政、金融等主管部门应积极培育专利权交易市场、专利评估担保中介服务机构，为贷款人、借款人提供专利法律政策咨询、信息查询等便捷服务，根据本《暂行办法》积极支持配合当地金融机构做好专利权质押贷款工作。

科技主管部门对获得专利权质押贷款的借款人在科技计划立项和科技经费安排上给予优先支持。

各有关部门可根据国家有关规定，在贷款贴息、评估费、担保手续费等方面对专利权质押贷款的借款人和中介服务机构给予资助或补贴，支持专利权质押贷款工作开展。

第二十五条 鼓励各市、县对专利权质押贷款给予贴息、担保，支持专利权质押贷款工作的开展。

鼓励创业（风险）投资、担保机构及其他各类投资基金积极介入专利权质押融资业务。

鼓励保险机构研究开发专利权质押贷款保险产品，鼓励借贷双方采用保险方式降低专利权质押贷款风险。

第二十六条 各级人民银行应加强窗口指导，积极引导金融机构合理设定信贷审批权限，改进服务，规范办理专利权质押贷款业务，在风险可控前提下简化手续、提高效率。

第二十七条 开办专利权质押贷款业务的金融机构可根据本《暂行办法》制定相应的实施办法，落实相关业务部门及工作人员负责办理并积极拓展专利权质押贷款业务。加强对专利权质押登记和质押贷款档案的管理工作，每宗专利权质押登记和质押贷款卷宗应记载规范，材料完整齐全。

第二十八条 本《暂行办法》自发文之日起施行。